书话文存

书旅

李乔 著

商务印书馆

2010年·北京

图书在版编目(CIP)数据

书旅/李乔著.—北京:商务印书馆,2010
(书话文存)
ISBN 978-7-100-06805-5

I.书… II.李… III.随笔—作品集—中国—当代
IV.I267.1

中国版本图书馆 CIP 数据核字(2009)第 194925 号

SHŪ LǙ
书 旅
李 乔 著

商 务 印 书 馆 出 版
(北京王府井大街 36 号 邮政编码 100710)
商 务 印 书 馆 发 行
北京市白帆印务有限公司印刷
ISBN 978-7-100-06805-5

2010 年 5 月第 1 版　　开本 787×960 1/16
2010 年 5 月北京第 1 次印刷　　印张 17½ 插页 2
定价:33.00 元

总　　序

王春瑜

我国历史悠久，并且首先发明了印刷术，历代所印之书，总数虽不可确考，但以一人之力，终其一生，所读之书也不过是存世之书的九牛一毛而已。然而让人纳闷的是，历代读书人写读书心得的书却很多，甚至从东汉起，专门有了“书后”的文体，韩愈、柳宗元文集中屡见之，后人仿效者不少，明代名士王世贞更著有《读书后》八卷（按：前贤郭沫若、钱穆引《读书后》，均在“读书”下加逗号，将“后”字与下文联属，不知《读书后》乃书名，此一时疏于查考所致也）。不过，这类书与诗话类体裁有别，更与近代的书话有很大不同。从严格意义上说，书话是从上世纪三十年代兴起的，其中最为读者熟悉的是郑振铎的《西谛书跋》、阿英的《阿英书话》、唐弢的《晦庵书话》。前年是郑振铎一百一十周年诞辰，中华书局重新编选郑先生的书话文字，印成《漫步书林》，堪称郑振铎书话精华。1996年，北京出版社出版了姜德明主编的《现代书话丛书》，除《阿英书话》外，另有《鲁迅书话》、《周作人书话》、《郑振铎书话》、《巴金书话》、《唐弢书话》、《孙犁书话》、《黄裳书话》。就我而言，上世纪五、六十年代在复旦大学历史系读本科、研究生时，鲁迅、阿英、郑振铎、唐弢的书话，深深启迪了我。鲁迅的名文《买〈小学大全〉记》，使我感受到了清代文字狱的血腥，此文我反复读过好几遍。郑振铎的《西谛书跋》，丰富了我的目录学知识。阿英的《小说闲谈》对研究明代文化，特别是社会生活，有重要的参考价值。1961年，唐弢在《人民日报》副刊上连载《书话》，虽属千字文，但文笔清新，我每篇都必看，增加了现代文学史的知识。后来结集出版，我买了一本，爱不释手。所谓书话，无非是有关书及著者的种种话题。这类作品，受到包括我在内的读者的欢迎，我想根本的原因是，这些书都是学者作家化或作家学者化的结晶。单就郑振铎、阿英、唐弢而论，郑先生是中国文学史的权威、藏书家，也是文学家；阿英先生是中国近代文学史专家、藏书家，也是文学家；唐先生是中国现代文学史专家，也是有“鲁迅风”之誉的杂文家。因此，他们写的书话，信手拈来，道人所未道，文字简洁，甚至文采斐然，读后不仅增加学养，还因文字娱目，而感到愉悦。这几本书无疑是传世之作，书话这种文体，也必将传承下去，并发扬光大。

正是本着传承书话文体的愿望，我主编了这套《书话文存》。诚然，先贤们的学问成就、文学业绩，我辈难以企及。但是，加盟本文存的作者，都既是学者，也是作家。王学泰不仅是研究中国古典文学的学者，也以研究游民及江湖文化驰名学界，并写了不少杂文、随笔；李乔是研究中国行业神的专家，有专著行世，并以大量的杂文、随笔活跃于文坛；伍立杨对中国近代史、特别是民国初年的政治史，有深入的研究，出版了有影响的专著，更以散文家为读者熟知；赵芳芳虽没有以上诸位的名气，但从她已出版的散文随笔集《一花可可半梦依依》、《朱颜别趣》以及收入本文存的新作来看，她不仅饱读诗书，且文字温润似采采流水，她写的书话，别具风格，使人耳目一新。知识性、可读性是书话的命脉。就此而论，我敢说，本文存是与前辈们的书话一脉相承的。

编一套书话文存，余有志于此亦久矣。前年京中及陕西有出版社编辑来舍下约稿，我提出编此文存，他们都表示欢迎。但后来报选题，都被单位一把手否决。老实说，时下某些出版社的一把手，根本就是学术外行。去年我跟商务印书馆的王乃庄、常绍民、丁波先生说起出版这套文存，他们都很支持，此书才得以面世。这里，我对商务印书馆深表谢忱与敬意！

2010 年 2 月 20 日

农历年初七，于老牛堂

目　录

卷一

卷二

卷三

卷四

卷五

卷一

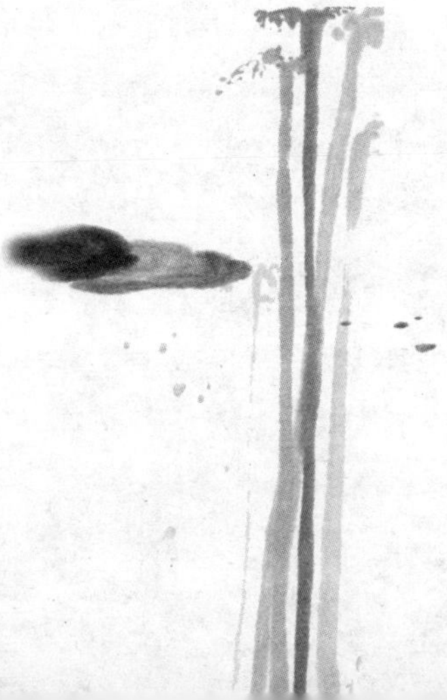

细听太史公的绝唱

——写在《韩兆琦〈史记〉新读》边上

一、韩先生有大学问

按照钱锺书的标准，中央电视台“百家讲坛”和北京电视台“大讲堂”上讲的那些学问，其实都算不上是学问。钱锺书说，“大抵学问是荒江野老屋中二三素心人商量培养之事”，也就是说，学问哪能像眼下这样，熙熙攘攘的，这也叫学问？但这个标准，委实也太高了，照此，我看也就是钱氏的《管锥编》和王国维的《观堂集林》、陈寅恪的《金明馆丛稿》、陈垣的《通鉴胡注表微》等高深著作算是学问，其他低一层次的著作也就是一堆纸。我看不能用这个标准。

“百家讲坛”及“大讲堂”所讲的，还是应该算是一种学术，只是这是一种“普及型的学术”。讲这种学术的人，还是很有些学问的，而且很会用浅显明白的语言把学问讲出来。这种既能“深入”又能“浅出”的功夫，着实不容易。有人讥贬这些讲者“浅俗”，我不这么看。他们的讲座，让各行各业的中国人多少懂了一点学问，知道了一些历史，我看还是颇有功劳的。当然他们的讲座并非没有毛病，比如，有时为了有趣而失之谨严，为了附会今人思想而曲解古人原意，等等。这些毛病，概言之，就是正说中带上了戏说的色彩。

我是比较喜欢纯正的正说的，但我所喜欢的这种正说，又必须是通俗易懂而不是佶屈聱牙的。最近，一位知道我喜欢这类书的出版界朋友，向我推荐了一本北京燕山出版社出版的《韩兆琦〈史记〉新读》，我细读了一过，感到这正是我所喜读的那种正说之书。读这本书时，我常有感想涌出，便随手写在书页正文两侧的空白处，亦即“书边”上，后增广之，遂成此文。

《史记》，金圣叹把它称为“才子书”，鲁迅说它是“史家之绝唱，无韵之离骚”。历代史学文人，评论《史记》的文论不可胜数，我存有一本《历代名家评史记》，60 万字之多，几乎都是盛赞与阐述《史记》之优长的文字。《史记》，乃是一部中国读书人非读不可的书，而且是必须细细来读的书。我上大学时买了一套中华版的标点本《史记》，二十多年来不知翻读过多少次，也曾用里边的材料写过文章，但由于文言水平不高，书里的许多内容都似懂非懂，融会贯通更谈不上，所以至今也只是略懂了《史记》的一些章节片断而已。评论司马迁及《史记》的名著，我读过李长之先生写的《司马迁之人格与风格》。这是一本卓然特出之作，堪称“才子读才子”之书，但这本书的着眼点主要是文学的和美学的，所论重在《史记》的“史诗”性。我更需要的是一本主要从历史学角度解读和评论《史记》的专书。

《韩兆琦〈史记〉新读》就是这样一本书。这本书既讲《史记》的写法，又解读书里的史实，眼界宏大开阔，讲说细致绵密，对我这个以获取历史知识为主要目的的读者来说，极富导读的作用。许多历史事件，原来在我脑子里是支离破碎的，读了《新读》，碎片衔接了起来，变得完整了，许多历史场景，原来感觉很模糊，现在则像是图片一样清晰。当然，读《新读》一类导读之书并不能代替读原书，但却是帮助读懂原书的津梁。

一般来说，具有导读作用的书必须由专家来写才好，越是大专家，导读水平就越高。韩兆琦先生就是研究《史记》的大专家。他是师从蒋天枢先生研究《史记》的，蒋先生是史学大师陈寅恪的入室弟子，因此，可以说韩先生是陈寅恪的再传弟子。韩先生著有《史记笺证》、《评注本〈史记〉》、《史记通论》、《史记博议》、《史记选注》等多部研究《史记》的专著，其中既有扎实精密的史料考据之书，又有史识宏通的史事论评之书，其学术水准之高，研究题目之广，在国内国际都是第一流的。他是中国《史记》研究会名誉会长，这一头衔也说明了他在《史记》研究界的学术地位。

韩先生本来是象牙塔中人，也就是钱锺书所说的那种素心人，但他却又是个有使命感的人，这使命就是传播和光大中国优秀传统文化。所以，他走上了北京电视台的“大讲堂”，又把讲稿精心编订为《韩兆琦〈史记〉新读》一书。我与韩先生并不相识，只是在电视上见到过他讲课，他的天津静海方音很重，我听不大惯，所以还是愿意埋首看他的书。从他走上电视讲坛这一点来看，他应该属于被称为“学术明星”的易中天、于丹那一个系列的人，但若是看了他的书，却又很难把他与“明星”这个名号挂起钩来，因为他没有丝毫“明星气”。

二、司马迁的知音

韩先生这本书名曰“新读”，确乎新也。多年来，他研究《史记》，新见迭出，这本书中便融入了他的许多新见。书的写法也很新，比如，第一讲《司马迁笔下的秦始皇》，他不按教科书那样讲，而是以几个大问题为纲，统摄秦始皇的个人经历和当时历史，而这些问题都是读者最关心的，如秦始皇的身世之谜、焚书坑儒的真相与评价、秦朝的灭亡与秦始皇政策的关系，等等。这种写法，凸显了问题，使读者易于抓住秦朝史的大纲大目，对秦朝史获得较深印象。在每节正文之后，韩先生都列有两种附录，一是历代人士对《史记》的评论，一是历代吟咏《史记》所记史事的诗词。这些附录的选录，是极见学术功力的，非研究《史记》的行家莫办。

韩先生解读、评议《史记》中的史事，常常会贯通地谈及发生于其他时代的相类之事，因而使人能获得一种“通感”，即贯通地观察历史的眼光。例如，在分析秦始皇是否为吕不韦的儿子时，他举出了西晋的“马家皇帝牛家种”和“乾隆皇帝是海宁汉人陈阁老的儿子”等说法做参照，这就找出了一条历史的潜规则，一种编造历史的类型。韩先生对此评论说："这种故事的编造者都是阿 Q，靠军队打不过人家，于是便编造出这样的故事来满足自己的虚荣心，以获得精神上的胜利。"这一评论，颇似鲁迅所说的讽语"单靠生殖机关便革了命"（意谓以"乾隆是汉种"之说便革了满洲人的命）。我想，韩先生大概是受了鲁迅影响的。司马迁讲"通古今之变"，韩先生这种贯通地讲史的方法，大概也是受了司马迁的影响。

司马迁写《史记》，是为了发表自己的一家之言，故《史记》又名《太史公书》，而这种一家之言，往往隐含在叙事之中，所谓"寓论断于序事"。这就需要研究者成为司马迁的知音，把司马迁心底的真实意思挖掘出来。韩先生正是司马迁的知音，他能从字面看出司马迁的真心思。比如，他观察到，《史记》写战国时代的东方人物往往充满歌颂和同情，如写廉颇、蔺相如、魏公子、鲁仲连、屈原、荆轲等；而写秦国人则突出其残暴，如写商鞅、张仪、白起等，这实际表明了司马迁对秦始皇的暴政和骄奢淫逸的厌恶。做司马迁的知音，谈何容易？司马迁的许多真意，有时一般读者是不大容易看出来的，但有韩先生的书在，他一点拨，我们就明白了。

韩先生看似是在讲故事，说的又是大白话，但实则字字有来历，句句有史料根据，很多行文，其实都是《史记》原文的不露痕迹的译述。他这样记述尉缭向人介绍秦始皇其人："秦王的鼻子长得像马蜂，胸脯长得像鹰，说话的声音像豺狼，为人残暴凶狠。不得志的时候他可以屈居人下，一旦得了志他就可以肆意杀人。"也许有人看了这段话会以为这是韩先生在编故事，实则这段话是对《史记》原文的译述。原文是："秦王为人蜂准，长目，挚鸟膺，豺声，少恩而虎狼心。居约易出人下，得志亦轻食人。"可知，韩先生讲的故事，其实都是历史实录。读韩先生的译述，对理解《史记》原文，大有好处，以往我读尉缭这段话的原文时，只是理解个大概，但一读韩先生的译述，便彻底明白了。

讲史的时候以精警的诗词辅助之，这是韩先生讲史的一大亮色。

这极大增加了我对《新读》的喜爱。书里除《附录》征引了许多诗词外，正文中还常援引古人的咏史诗来评说史事，如谈到刘邦杀功臣时，引了唐人刘禹锡写的《韩信庙》："将略兵机命世雄，苍黄钟室叹良弓。遂令后代登坛者，每一寻思怕立功。"仿佛道尽了皇权之下功臣如被烹之走狗的命运和无奈，特别是后二句，尤为精警和沉痛，令人喟叹再三。关于项羽，韩先生特别看重其悲剧英雄的特征，在评述了司马迁"为项羽悲慨抒情"的态度之后，又在《附录》中引录了清人王争先写的一首《满江红·广武怀古》，词曰："衰草连天，浑不是、战争旧界。当日个，斩蛇逐鹿，许多豪概。隆准笑分俎上肉，重瞳泪滴樽前黛。到而今，荒垒穴鼯鼪，巍然在。　　拔剑舞，真无赖；撞斗碎，谁能耐？叹残冷灰烧，几多年代。亚父呔余竖子愤，楚军歌歇田夫卖。局将收，一著画鸿沟，棋全败。"词风苍凉雄浑，豪迈悲怆，楚霸王之霸气和悲慨仿佛能从字缝间流溢出来。这些绝妙好词，若不是韩先生引入书中，真不知到何处去寻觅。

三、我的古今之思

读历史，时常会产生"古今相似"之感，正所谓"太阳底下没有新鲜事"。我读《新读》，就常有这种感觉。书里写刘邦战场溃逃："刘邦在向西溃逃的路上遇到他的一对儿女时，车夫把两个孩子抱上车来，刘邦则怕因此车子太重，跑不快，一连几次地把两个孩子从车上踢下去。"看到这句话，我油然想到国共两党对待老百姓的态度，便写了一句眉批："共产党学刘备，不学刘邦。"刘备撤退时，带着老百姓一起走，而刘邦却如此不仁不义。国民党军押着老百姓冲锋，其恶劣远甚于刘邦，而解放军却宁肯自己牺牲也要掩护老百姓。书里写萧何之功：楚汉战争中，"萧何总是及时地把新兵从关中送上前线，不用皇上下命令，几万人就送到了。这样及时地给皇上弥补亏缺解决燃眉之急，已经有很多次"。我又写了一句批语："扩红干将。"萧何是汉军的总后勤部长，为战胜楚军立下大功。我军的扩红机关、后勤机关，可谓革命战争中的“萧何”。洪学智上将在抗美援朝战争中堪称志愿军的“萧何”。书里写吕后的变化：“吕后原是一个善良、好心的妇女，后来怎么变得如此凶残？这就是权势、利益和其做了皇后以后的地位决定的。”我又做旁批道：“阿金、江青。”阿金是鲁迅笔下的人物，原是个乡下妇女，到上海做家仆后学得很坏，鲁迅说自己因厌恶阿金甚至动摇了几十年来认为女人没有多大破坏力的看法，他推测阿金说：“假使她是一个女王，或者是皇后，皇太后，那么，其影响也就可以推见了：足够闹出大大的乱子来。”（《阿金》）确乎如此，假使阿金是刘邦的皇后，那么必定也是吕后式的人物。江青更是与吕后绝大相似，此人原也不坏，骑着马，跟着毛，转战陕北，但“文革”时却仗着“皇后”身份干下滔天罪恶，因之，她倒台后人们多以“吕后”称之。

“黄老哲学”这个词，我见过无数次，也知道是道家的哲学，知道汉初曾把黄老哲学作为治国学说，但道家为什么要把黄帝和老子拉到一起，我却多年来始终不解。韩先生用几句话就把个中原因说清楚了：“这是出于百家争鸣的需要。儒家标榜尧舜，道家说：我的祖师是黄帝，比你的尧舜早得远哩！”原来如此。我曾经研究过中国的祖师崇拜，知道中国人一向有“尊古贱今”的心理，但由于不懂得“黄老哲学”的取名也是出于这种心理，所以没有把这条材料写进自己的专著《行业神崇拜》里，真是个遗憾。

儒家和道家各有什么特点？我原有的印象主要是儒家进取，道家退守，儒家自强不息，忙忙碌碌，老子“一事不做，徒作大言”（鲁迅语）。韩先生在评论张良时，对儒道两家的处世哲学做了一段说明，使我对儒道各自特点有了新的了解。韩先生说：“儒家讲究坚持原则、宁死不移，讲究‘杀身成仁，舍生取义’等等，夏朝有龙逢，商朝有比干，春秋时吴国有伍子胥等等，都是为了劝谏君主而送了性命。但道家不是这样的，他们所看重的是生命，如果连生命都没有了，那还有什么别的可讲呢？”于是，我又悟出了一条对儒道的新认识：儒家思想多造就强硬、耿直之士，道家思想多造就实惠、滑头之人。实际上，在我们日常生活中，也常能看到上述这两类有“儒家气”和“道家气”的人。韩先生又说，张良是个“用黄老思想武装起来的人”，所以懂得如何在残酷的宫廷争斗中保全自己。这个评语真是精到，大有启发性。纵看张良身后，各朝代皆不乏张良式的人物，即便在革命党中，亦常能见到这类人物。这无疑是道家思想以及张良的示范作用对中国政治文化的影响。

希特勒把血腥的法西斯统治叫做“国家社会主义”（纳粹），“四人帮”把专无产阶级的政说成是“无产阶级专政”，他们都擅长用美好的词句包装自己的恶行。韩先生在“千秋功过说汉武”一节中，讲到了汉代头号酷吏张汤编纂《春秋决狱》一书的事，让我豁然明白，原来“四人帮”是有祖师爷的！儒家原本是反对武力与刑罚的，素有“仁善”之名，汉武帝为了遮盖自己严施刑罚的政策，便想出了借用儒家的好名声来为自己敷粉的办法——让张汤从儒家经典《春秋》中摘引了一些词句编成了《春秋决狱》一书，专门给法官判案用。“四人帮”成天用马列语录忽悠人，那个陈伯达曾为林彪编过“天才语录”，他们的手法，真可谓得了张汤的真传。

四、《史记》的“真”与“不真”

《史记》是史书，按一般人惯常的理解，史书所记的必定是确凿发生过的史实，不可能有一丝虚构。其实并不尽然。《史记》中的一些记载就是司马迁采撷的传说故事，未必都是曾经发生过的真史，这是《史记》的文学性特征之一。对于这些传说故事，我总是抱着一种宁信其有、不信其无的态度，因为我不愿意看到《史记》的“不真”。韩先生对此则完全采取一种科学的态度，对于《史记》中哪些内容是确实发生过的史实，哪些又是具有小说性、描写性的故事，他都做了科学的辨析。对于非真史的部分，以往学界多使用“文学性”三字来概括，韩先生则径称之为“小说性”，明确地告诉读者那些内容都是经过司马迁艺术加工的。他举证说:“试想,赵高与李斯密谋、蒯通与韩信私语,这些能记录在案、能公布于世吗?”实际上,指出这一点,并无损于《史记》的史料价值,反而会引导人们正确地认识《史记》的史料价值。钱锺书说:“古史记言,大半出于想当然。马(司马迁)善设身处地,代作喉舌而已。”代作喉舌,谈何容易,而司马迁就有这个本事。韩先生所说的“小说性”与钱先生说的“代作喉舌”显然是相通的,比较两说,“小说性”一词似乎更具有概括性。

要弄清《史记》中哪些内容是具有“小说性”的,并非易事。韩先生精到地辨析出了许多具有“小说性”的内容,使读者对这些材料的认识更加科学和理性。但韩先生也有个别的判断似乎可以商榷。比如,他对《魏其武安侯列传》中一段内容的辨析就似乎不够准确。《列传》记了这样一件事:田蚡仗势杀害窦婴、灌夫后,自己忽然得了一种病,总是喊求饶。家里人找来巫师察看,巫师说在田蚡两边坐着窦婴与灌夫的两个鬼魂,是他们总拿棍子打田蚡。就这样,田蚡被两个鬼魂折腾死了。对这段记载,韩先生认为不是真的历史:“这是历史吗?这是司马迁在抒情。”我却觉得事情并不那么简单。我推测,这段记述实际上是曲折地反映出了一件事实:田蚡因为亏心杀人,患了医学上称之为“迫害狂”的精神疾病,就像鲁迅笔下的狂人那样,总是觉得别人要害他,生怕冤死者前来索命,所以脑子里出现幻觉,总是恍惚觉得被害人在打自己,最终惊吓而死。清代以来,很多杀人过多的刑名师爷都患有这种“迫害狂”的病症。田蚡也应该属于这一类人。所以,我觉得韩先生把田蚡之死作为《史记》之“小说性”的例证有些欠妥,至少是不那么牢靠。在此提出来,仅供先生参考。

用两杆秤读一部传记

读到一部人物传记，我总是用两杆秤来称称它，一是看它识人功夫的深浅，一是看它文笔的巧拙。写传记，自然要先识得人物，要把传主弄个透，如此，传记才算有了根，有了魂。传记写的是人物，人物是有血有肉的，最需文笔精巧，如此，传主才会有血色，有光彩。我用这两杆秤去称田居俭先生的《李煜传》，结果得了两句结语：识人的功夫，流彩的笔。

鲁迅先生说，识人要识得全人。田先生就是这样去追求的。他在跋语中说，这书要“再现李煜这个集诗宗与君王、天才与庸才、成功与失败于一身的人物的全貌”，这既是他追求的目标，也是他对李煜全面考察后的评语。这个评语，是识得李煜全人以后才说得出的。对于李煜的性格和行为，田先生既看到了他是个“风流半生，哀伤半世”的词人帝王，也看到了他面对北宋雄主赵匡胤，曾以外柔内刚之法“倔强不朝”。这与鲁迅说的既看到陶渊明“采菊东篱下”的悠然，又看到他“猛志固常在”的金刚怒目是一路思想方法，都是全面识人。

要写好传记，必须善于识得传主心态。田先生极善于捕捉李煜的各种心态，在他的笔下，人们可以看到一个思想感情极为丰富、复杂的帝王的内心世界。可以看到少年李煜因受到宫廷血案刺激而产生的自甘寂寞、思慕隐士，甚至想皈依佛门的心境；看到作为附属国末代皇帝的李煜自甘暴弃、情愿寄人篱下的卑微情感；看到李煜与手足兄弟离别后产生的牵肠挂肚、忧心如焚、望穿秋水的思念之苦；看到他沦为亡国之君以后那种孤寂、恐惧、绝望、忧郁、怅恨交织成一团的复杂心态。田先生还以他细腻的观察力，发现了李煜痛苦的心境与大自然的微妙关系："秋雨梧桐叶落时"，是李煜最为凄凉伤神的季节，春意阑珊的雨夜，更是李煜伤神愁苦的时分。

为古人做传，大抵是写行状易，写心态难，因为古人之心不易得。但要得知李煜之心，倒是有个有利条件，李煜是个词人，诗词是人的心态表露得比较多的一种文字。田先生抓住了这个有利条件，细细地琢磨、品味李煜的词作，从而窥到了深藏在李煜心灵深处的许多东西。

孟子有所谓"知人论世"法，依此法，读某书某诗文时，必须知作者其人其事，知其人其事又必须洞察其所处时世。田先生熟谙此法。他在跋语里说，写这传记是以哺育李煜成长的南唐兴亡为经，以李煜的生平为纬的。可知他笔下的李煜，身后有个大背景，就是南唐史，他通过论世来知人，通过深知南唐史来深知南唐的后主。这就使我们看到，恰是李煜"薄命君王"的遭遇，玉成了他"绝代才人"的勋业；恰是国破家亡的陵谷之变，使他融血凝泪，直面人生，写出了一批眼界阔大、感慨殊深的词作。

文史结合本是中国史学的一个优良传统。《史记》既是"史家之绝唱"，又是"无韵之离骚"，堪称文史结合的典范。但不知何时，文史结合的传统逐渐衰颓，"文之与史，较然异辙"(《史通·核才》)，本来应该极具个性的人物传记变成了一张干燥枯窘、没有生气的履历表。田先生立志要破除这呆板模式，刻意要写一部文学色彩浓厚的史传著作。在田先生的笔下，优美、精炼、雅洁的传记文字汩汩涌出，若行云流水又文采飞扬。他写李煜国破家亡前夕以酒浇愁的颓唐道："为了摆脱王朝末日这种'鸦啼影乱天将暮'的恐惧与烦恼，李煜万般无奈，只好遁逃醉乡，借酒浇愁。他整天伴着杯中物来消磨时光，特别是那些烛残漏断、万籁俱寂的漫漫长夜，更是醉复醒，醒复醉。"真不愧为传神之笔。

一部历史传记要具有文学性，细节描述是不可缺少的。但历史资料所提供的史事却往往很简略，这就需要史传作者根据已有史料，设身局中，"悬拟设想"，写出合情合理的历史细节。钱锺书先生曾论说过史家的这种功夫，他说："史家追叙真人实事，每须遥体人情，悬想事势，设身局中，潜心腔内，忖之度之，以揣以摩，庶几入情合理。”(《管锥编》)“悬拟设想”，实际是史家用艺术家欣赏古代绘画、雕刻的眼光去处理史料、叙述史事，像文学色彩极浓的历史名著《左传》，就常采用“悬拟设想”之法。《李煜传》中的许多历史细节也是这样写出的。在这一点上，可以说《李煜传》颇有《左传》遗风。

田先生的这部人物传记，不只使我认识了一个鲜活的李煜，更让我懂了不少关于历史传记的知识和学问。我甚至因此也产生了写一本人物传记的念头，但静心一想，又觉得自己识人的功夫不大行，文笔也难得流彩、传神，便打消了这个念头。但“识人”与“文笔”这两杆秤，却在我心中高高地悬起来了，此后我读到人物传记时，眼光便苛刻得多了。

读《看了明朝就明白》

王勃的《滕王阁序》里有“四美具”三个字，我想移来概评王春瑜先生的史学随笔集《看了明朝就明白》。史识精卓、学养深厚、文采焕然、裨时益世，即王先生之书的“四美”。这“四美”恰好就是曾国藩给好文章立的标准，即义理、考据、辞、经济（经邦济世）四项。曾国藩的标准，实际就是“四美具”的标准。

先说史识。我与王先生相交二十余年，算是相知颇深，我感觉，他可能是当今史家中受鲁迅先生影响最深的一位，他的精卓史识，常与鲁迅相通，许多就是由鲁迅的启发而来的。他的许多读史随笔、札记和杂文，“鲁迅气”很重，不论是思想，还是文章作法。“看了明朝就明白”这个书名，这个立意，我看就大有鲁迅的影响在。鲁迅爱谈明史，特别是晚明史，他挖起封建老根来，常常举明朝的故实做例子。他常说，现在的一些事，“原来古已有之”。他说的“古”，好多都是指的明朝。王先生敬仰鲁迅先生，有极强的忧患意识，故著文时常步鲁迅遗踪，着力于挖封建老根，以图清除我们社会中的封建遗毒。由于王先生自身就是明史学者，所以他在挖封建老根时，自然常常论及明朝。王先生先看懂了明朝，然后写出了这本书，于是我们就可以随着他的指点，先弄懂明朝的一些事，进而便可以弄明白现代的许多事的历史根由。比如，“四人帮”控制的专案组何以竟能将堂堂的国家主席、开国元帅囚禁起来，折磨致死，殊令今人特别是年轻人所大惑不解，但书中的《明朝特种监狱——诏狱》一文，给出了答案。一看明朝的诏狱，就会明白了，原来，这是由于“四人帮”步了明朝锦衣卫的后尘，搞法外之法。

再说学养。书中的《明朝的阿Q》一文，也很让我有“看了明朝就明白”之感。阿Q本是民国时未庄人氏，但王先生以他的考据功夫，从繁杂的明代史料中爬梳挖掘出了好几位明朝的阿Q，让人既感到新奇，又让人明白了：原来明朝也有阿Q，原来阿Q精神的历史是那么的悠久绵长，真不愧是千古相传的“国粹”。王先生写史学作品，一向重考据，他引证的许多材料，若不是读了无数史料是发现不了的。我写《行业神崇拜》时，读过百余种野史笔记，自我感觉已经不少了，但一读王先生的书，真有一种“关公门前耍大刀”的惭愧。“文革”中给挨斗者挂黑牌，是否有历史渊源可寻？王先生根据一本稀见的《闲中今古录摘抄》（黄溥作）考证出，挂黑牌之举乃是朱元璋的一大发明。朱元璋因对元朝降臣危素不满意，便下令“作二木牌，一书‘危不如象’，一书‘素不如象’，挂于危素左右肩”。他不仅给危素挂黑牌，还把危素的名字拆开来写，以示污辱，这与“文革”中给“牛鬼蛇神”挂黑牌，并把黑牌上的名字打上叉子是多么的相似，真是看了明朝就明白呀！王先生的考据功夫，与他师从谢国桢、陈守实二位先生关系甚大。谢陈二师都是极重考据的史学名家，王先生既深受二位先生的教泽，又颇有出蓝之象。

再说词章。史家写美文，自古不多见，能把史著写成美文，委实不容易。司马迁的《史记》，可谓史家写的美文，鲁迅谓之“无韵之离骚”。当代许多史家都在追求写“史学美文”，但成功的不多，王先生应该算是比较成功的一位。王先生的文字，清雅、洗炼、劲健、自然，常含有一种深挚的忧患情怀，让人读后怦然心动。如他在书中评点明朝的一个太监做的一首诗时写道：“‘曾入皇家大网罗’（笔者按：太监诗中的一句），真是可圈可点。金碧辉煌的紫禁城，其实就是一张黑暗的大网，插翅难飞的宫女、太监，像笼中鸟，失去自由，消耗尽青春年华，直到无声地死去。他们是何等的不幸。”这样的史评文字，流溢着历史的沧桑感和忧患情怀，深含着对封建皇权制度的深刻批判，行文则是清雅、洗炼、自然，给人以难得的美感。

最后说此书可以裨时益世。也许在有些人看来，历史上的事，不过是隔帘花影，与现实是不大挨边儿的。但实际上，现实都是由历史而来的，现实也终将会成为历史的一个片断。谈历史，常常就是为了谈现实。在这本书的每篇文章的末尾，都有一节文字，题“金生叹曰”（金生叹是王先生的一个笔名），内容是将谈论明朝史实与谈论现实杂糅在一起，再引出对当今社会有益的教训和哲理。“金生叹曰”显然是源自司马迁的“太史公曰”和蒲松龄的“异史氏曰”的，其简洁、精警也有类先贤，但其内容则都是站在现代的视角来审视历史的。如《长啸·王孙·名妓》一文末尾，金生叹曰：“朱元璋大封诸王，控制要害，分制海内，目的是为大明江山‘广磐石之安’。在朱元璋看来，‘龙生龙，凤生凤，老鼠的儿子打地洞’，他的子孙都是龙种，不会挖自己的墙脚，因此最靠得住。但历史事实，终于粉碎了他的迷梦。……其子朱棣谋反，夺了其孙建文帝的权，搞得天下大乱，鸡飞狗跳。在明末大乱中，他的子孙何尝起过半点屏藩作用！可见血统论早已休矣！谁还想将这种封建僵尸复活，肯定是对历史潮流的反动。”这一“金生叹曰”，既有睿智的史识，又有沉重的慨叹，使人不禁油然联想起三十多年前血统论嚣张至极的动乱年代，那是我们曾经亲历过的可怕的年代。王先生的“金生叹曰”，实际上是在提醒人们，一定要铭记“文革”的历史教训，千万不要让那段痛史重演。

关于《蜀碧》

一

《蜀碧》这书名我很喜欢，简括、古意盎然，还有几分神秘。但闻其名久矣而总未睹其貌，只听说这是一本写张献忠杀人的书，杀得妇女的小脚都堆成了小丘，也不知是真是伪。川中友人寄来《张献忠剿四川实录》一书，内收《蜀碧》全文。这是我第一次读到《蜀碧》，也知道了书名的取意源自苌弘之血三年化碧之典。

《蜀碧》这书字数很少，印成单行本大概只有薄薄的一册。但由于详记了张献忠杀人的行迹而成为名著。许多近现代文化人都很看重这本书，认为史料可贵。作家许钦文曾携这本书去看望过鲁迅先生，鲁迅也于病中细读过此书，且觉得颇有味道，并在多篇文章中加以引用。川哲李劼人先生在《二千余年成都大城史的衍变》中认为，要了解成都的历史，需读坊间流布的数种野史，《蜀碧》是其中一种。

《蜀碧》的作者是清康乾时期的一个文人，名叫彭遵泗，字声泉，别号丹溪生，四川丹稜人。此人做过翰林院庶吉士，又当过兵部主事，文笔不错，大概还略通军事。他在《蜀碧》书序中介绍说："《蜀碧》者，哭蜀也。"意为这是一本记录兵燹祸蜀的史书，一本四川痛史。

翻开《蜀碧》，确可以看到大量张献忠屠川杀人的记录，杀人之多，情状之惨，正如野史所谓"骨山血海"，令人毛发倒竖。但这些记录是否真实呢？是基本可信，还是基本不可信呢？若干年前，许多史学家基本否定《蜀碧》的可信性，说它记录的张献忠的残暴，多是夸大捏造，荒诞难信，是诬词，是谤语。权威的《鲁迅全集》注释，对《蜀碧》的可信性也表示过否定，其《蜀碧》注文曰："内容系记述张献忠在四川时的事迹，特别夸张了他杀人的事。"即认为《蜀碧》对张献忠杀人的记录是大大夸张了的，不可信。

对于这些认为《蜀碧》基本不可信的看法，我总抱有几分疑惑。说《蜀碧》的记载是"特别夸张"、"荒诞难信"，何以见得呢？有多少史料反证呢？做过逐条驳斥《蜀碧》的切实考据吗？如果确有史料反证，确有能驳倒彭遵泗的史料考据，那无疑应当把《蜀碧》这个诬告案翻过来，把扣在张献忠头上的一切诬蔑不实之词推倒。但如果没有，或只是某些零碎的、个别的反证性史料，就不能断定《蜀碧》全是夸大捏造，荒诞难信。其实，一本野史，由于史料来源复杂，所记内容有失真夸大之处是完全可能的，但基本的主要史实不错，就应该承认它是基本可信的。《蜀碧》就是这样一本书。据彭遵泗自己说，这本书是他"儿时稔闻遗老聚谈"，长大后又"博采群书"而写成的。也就是说《蜀碧》是民间传闻和文献记录相结合的产物。这个成书过程决定了《蜀碧》既是基本可信的，同时又必有失真处。但我觉得，它的失真程度绝不至于到了"特别夸张"乃至"荒诞难信"的程度。实际上，一本野史的若干失真，不仅仅表现为对史实的某种夸大，也可能表现为对史实的缩小。《蜀碧》对张献忠杀人的记录就完全可能存在缩小的情况。这是因为，一本书所记的见闻毕竟有限，许多残酷杀人的具体事实更不可能在一本书中全都记录下来。

《蜀碧》对于张献忠杀人的记录，不论是夸张，抑或缩小，其具体程度实际上都已经无法确切考明了。因为那时没有录像，没有随军记者，也没有统计局，留下的历史资料也很有限。但这是否妨碍我们确认《蜀碧》的可信性呢？是否妨碍我们对张献忠杀人的状况有个基本的估计呢？我想，不妨碍。如果我们不拘泥于《蜀碧》记录的某些细节，那就应该承认，《蜀碧》基本上是真实可信的。有《蜀碧》这本书在，还有不少类似《蜀碧》的野史、笔记、志书在，那也就应该承认，张献忠确实曾屠川杀人，而且相当残暴，“骨山血海”之说，不为虚也。当然，野史中所用的“骨山血海”这四个字，只是一种概括性的形容，并非真是人骨堆成了高山，人血汇成了大海。若是将此四字坐实，进而斥之为“夸大的记载”，那就有些迂阔了。

二

鲁迅先生读过《蜀碧》，先生对这本书是怎样看的呢？请看：

> 《蜀碧》一类的书，记张献忠杀人的事颇详细，但也颇散漫，令人看去仿佛他是像“为艺术而艺术”的一样，专在“为杀人而杀人”了。他其实是别有目的的。他开初并不很杀人，他何尝不想做皇帝。后来知道李自成进了北京，接着是清兵入关，自己只剩了没落这一条路，于是就开手杀，杀……他分明的感到，天下已没有自己的东西，现在是在毁坏别人的东西了，这和有些末代的风雅皇帝，在死前烧掉了祖宗或自己所搜集的书籍古董宝贝之类的心情，完全一样。他只有兵，而没有古董之类。所以就杀，杀，杀人，杀……
>
> 但他还要维持兵，这实在不过是维持杀。他杀得没有平民了，就派许多较为心腹的人到兵们中间去，设法窃听，偶有怨言，即跃出执之，戮其全家（他的兵像是有家眷的，也许就是掳来的妇女）。以杀治兵，用兵来杀，自己是完了，但要这样的达到一同灭亡的末路。我们对于别人的或公共的东西，不是也不很爱惜的么？

这两段话见于他写的《晨凉漫记》一文。可以看出，鲁迅先生相信《蜀碧》一类书的记载，相信张献忠在四川曾大杀特杀，他没有质疑《蜀碧》的记载，说是“特别夸张”；而是在《晨凉漫记》里又特别说了一句：“张献忠的举动，一看虽然似乎古怪，其实是极平常的。”

鲁迅确信张献忠曾滥杀，还可以从他的《病后杂谈》一文中看出来。

文中在谈到中国的剥皮史时，特别列出了“张献忠式”，即张献忠剥人皮时所采用的具体方法，所举的史证也是《蜀碧》：

> 又，剥皮者，从头至尻，一缕裂之，张于前，如鸟展翅，率逾日始绝。有即毙者，行刑之人坐死。

刽子手就像庖丁解牛一样剥下了人皮，那技术之高超，就像深通现代解剖学一样。但若是刽子手不小心没剥好，让受刑者一下子毙命（本应“逾日始绝”），那他自己就要被处死。鲁迅在《病后杂谈》里还说过，“大明一朝，以剥皮始，以剥皮终，可谓始终不变”。所谓“以剥皮终”，说的就是张献忠的剥皮，以及张献忠的养子兼部将孙可望的孙式剥皮。

鲁迅读明末清初的野史，读得很多，他对晚明史的了解和评论，大都以读过的这些野史立论。以《蜀碧》论张献忠杀人即是。鲁迅对这些野史的可信性有较高的估计。他认为，野史与正史比较起来，要可信得多，野史不摆史官架子，就像月光透过繁密的树叶照在莓苔之上，能够反映出许多当日的事实。

总之，鲁迅依据《蜀碧》一类野史笔记对张献忠残酷杀人的史实的认定，是很值得我们重视的。

对于明末清初野史笔记中关于张献忠杀人的记载，不少史学家曾对其真伪做过考证，订正过其中的某些谬误。例如，顾诚先生曾根据翔实可靠的史料，考证出清初人毛奇龄对张献忠杀人数字的记录是夸大的。（见顾诚《明末农民战争史》）这种具体的切实的考据，较之笼统地说“野史对张献忠杀人的记载，是特别夸张的，是荒诞难信的”，要有说服力得多。

但为什么过去一些史学家及《鲁迅全集》的注释者比较喜欢做笼统否定《蜀碧》一类野史的真实性的结论呢？我揣度，这大概与在“以阶级斗争为纲”的年代所形成的极端性思维和论史习惯有关。这种思维和习惯就是：先认定写野史笔记的人是封建文人，而封建文人又依附于封建统治阶级，必与农民对立，因之他们所写的野史笔记也就必说农民的坏话，必然恶毒攻击农民起义，因此，他们的每一句话都值得怀疑，或者干脆全然不可信。

这种思维和习惯有很大的荒谬性。首先，照此逻辑，封建社会的文人哪个不是封建文人呢？范仲淹不是？郑板桥不是？如果是文人即所谓封建文人写的东西就不可信，那么到哪儿去找不是文人而又能著文写史的农民呢？其次，难道只要是文人，就一定会站在封建当局一方去编排农民的不是，去给农民起义造谣吗？恐怕不能做这种绝对化的阶级分析。当然，某些文人的阶级偏见会对其笔下的文字产生影响，文人们所记的，并非是可以尽信的。但造成这种不可尽信的原因很复杂，绝不能单纯归因于这些作者是所谓封建文人。

三

在看待《蜀碧》一类野史的史料价值这个问题上，鲁迅头脑中没有那种绝对化的阶级分析方法。他用的是实事求是的眼光去看待这些历史资料，而没有因为这些野史的作者是封建文人就先入为主地满腹狐疑，断为伪史。在对待这类资料的问题上，鲁迅的态度如此，马克思的态度也是如此。

马克思在 1862 年写的《中国纪事》中，摘引了驻宁波的英国领事写给驻京英国公使的信，对太平军进入宁波后的暴行表示了极大的愤慨，指出："他们的全部使命好像仅仅是用丑恶万状的破坏来与停滞腐朽对立。"（《马克思恩格斯全集》第 15 卷，第 548 页）又说："太平军就是中国人的幻想所描绘的那个魔鬼 in persona（化身）。但是，只有中国才能有这类魔鬼，这类魔鬼是停滞的社会生活的产物。"可以看出，马克思对太平军的暴行的谴责相当严厉，措辞十分尖锐。而这种谴责所依据的材料是英国驻华外交官之间的通信。这些驻华外交官是什么性质的人呢？无疑，都是帝国主义分子。他们对太平天国的看法往往带有很深的偏见。但是他们所记录的太平军的暴行是否就不可信了呢？不是的。马克思就没有否定驻宁波英国领事信中所记录的事实的真实性。书信，在各种史料当中，是可靠性很高的一种，因为它是亲友熟人之间私下交流的工具，是一种少粉饰、多纪实的文体。马克思相信英国领事信中的记录，完全是有道理的。他并没有因为这是帝国主义分子之间的通信就否定其真实性。

但马克思也像鲁迅——引用《蜀碧》而《蜀碧》的真实性被注释者质疑——一样，遇到了人们对其所引材料的真实性的质疑乃至否定。《马克思恩格斯全集》的中文译者就在《中国纪事》的注释中写道："信的内容与事实不符。"（转引自叶凡《〈怀旧〉随笔》，见《鲁迅研究月刊》2002年第12期）意思是马克思所引的帝国主义分子的信是对太平军的污蔑，太平军其实并无暴行，那完全是帝国主义分子编造出来的，总之，马克思谴责太平军所依据的材料是完全不可靠的。我想，《马克思恩格斯全集》中文译者在写这条注释时的心态，与完全否定《蜀碧》真实性的史家和《鲁迅全集》注释者的心态是完全一样的。其思想逻辑就是：英国领事是帝国主义分子，帝国主义分子必对农民起义有偏见，因而他在信中所说太平军的坏话必不可信。即便是马克思引用了这条材料，肯定了这条材料的可信性，也不行。为了维护太平天国的声誉，为了使农民阶级的伟大形象不受玷污和歪曲，管他马克思说了什么！说来也好笑，马克思是阶级分析方法的老祖宗，他引用英国公使的信时，能不懂得阶级分析方法吗？还劳驾我们去告诉他吗？马克思又是辩证法大师，他没有那些非此即彼、绝对化的思想框框，没有"凡是对农民起义有异议的人写的东西必定可疑，必不可信"，"凡是农民起义，即便是胡乱杀人，也不能称为暴行"的"凡是"观。

实际上，在农民起义过程中出现滥杀现象本不奇怪，农民阶级是有着较强的自私性、狭隘性和散漫性的阶级，其领袖要建立的是自己一家一姓的王朝，这些都是他们滥杀的原因。鲁迅分析张献忠滥杀的原因时，就特别指出了张的自私性、狭隘性，说他"开初并不很杀人，……后来知道李自成进了北京，接着是清兵入关，自己只剩了没落这一条路，于是就开手杀，杀……他分明的感到，天下已没有自己的东西，现在是在毁坏别人的东西了”。农民军队更不比共产党领导的红军和八路军，他们是不懂得“革命军人个个要牢记，三大纪律八项要注意”的，对他们的军纪，本来就不应当期望过高。

但也应当看到，农民起义绝非都是一贯滥杀的，更绝非都像张献忠那样胡乱杀人，而是也有军纪严明、秋毫无犯的。大抵说来，在起义之初，在发展壮大时期，农民起义军的军纪往往是严明的，例如李自成在起义初期就提出过“杀一人如杀我父，淫一妇如淫我母”的口号，李自成的谋士李岩在当时也提出：“取天下首先要得民心，请勿杀人，收天下心。”而一旦农民军队到了腐化之期，滥杀现象便随之出现。如张献忠的滥杀，就与他的大西政权已开始腐化变质有极大关系。张献忠入成都后，生活很快帝王化，仅后妃就多达三百余人(《圣教入川记》)，与此相连，太监自然就不会少，张献忠还把封建帝王一贯采用的恭避御讳的做法学了去，不准人们使用“献”、“忠”二字，犯者严惩(清陈祥裔耦渔辑《蜀都碎事》卷三)。作为农民领袖的张献忠一腐败，其手下军队的军纪可想而知，以往纪律严明的起义军必定要蜕化为乱兵、兵痞。

被马克思谴责的那支在宁波滥杀的太平军，据考也是太平天国已进入腐化时期的军队。这支部队是从石达开西征的部队中分化出来的，由吉庆元、朱衣点等将领率领，军纪荡然无存，到处杀人放火，奸淫掳掠。本来，太平军在其发展壮大期间是一支纪律严明的队伍，但到了腐化期，到了天京事变之后，到了天国诸王穷奢极欲、荒淫暴戾之时，其手下的一些军队也随之变质了，纪律严明、爱护老百姓的军队，变成了胡作非为、滥杀无辜的军队。马克思在《中国纪事》里所谴责的那支太平军就是这样的军队。

“挺经”蠡测

曾国藩的好友欧阳兆熊，写过一部有名的笔记，叫《水窗春呓》，里面写了不少关于曾国藩的史事。在“一生三变”这条笔记里，有这样一句话：“（曾国藩）尝自称欲著《挺经》，言其刚也。”关于曾国藩的“挺经”，曾国藩的孙婿吴永在所著笔记《庚子西狩丛谈》卷四中也曾谈及，他记李鸿章曾对他说：“我老师的秘传心法，有十八条‘挺经’，这真是精通造化、守身用世的宝诀。”（下引此书时皆见卷四）李鸿章所说的老师，就是曾国藩。曾国藩是否确曾著过“挺经”呢？从这里举出的两条笔记看，似有两种可能：一是著过；一是仅仅有腹稿。若是著过，大概也只是自藏本，因为从未见过有《挺经》流传。但曾国藩有“挺经”心法，则当是确实的。因为上举两条笔记，都是出自与曾国藩极接近之人的手笔。

“挺经”的内容是什么呢？李鸿章说有十八条。但他只举出了一条，即吴永在《庚子西狩丛谈》里所记的李鸿章亲口向他讲的一条。李鸿章说道：

> 我试讲一条与你听：一家子，有老翁请了贵客，要留他在家午餐。早间就吩咐儿子，前往市上备办肴蔬果品，日已过巳，尚未还家。老翁心慌意急，亲至村口看望，见离家不远，儿子挑着菜担，在水塍上与一个京货担子对着，彼此皆不肯让，就钉住不得过。老翁赶上前婉语曰：“老哥，我家中有客，待此具餐。请你往水田里稍避一步，待他过来，你老哥也可过去，岂不是两便么？”其人曰：“你叫我下水，怎么他下不得呢？”老翁曰：“他身子矮小，水田里恐怕担子浸着湿，坏了食物；你老哥身子高长些，可以不至于沾水。因为这

个理由，所以请你避让的。”其人曰：“你这担内，不过是菜蔬果品，就是浸湿，也还可将就用的；我担中都是京广贵货，万一着水，便是一文不值。这担子身分不同，安能叫我让避？”老翁见抵说不过，乃挺身就近曰：“来来，然则如此办理：待我老头儿下了水田，你老哥将货担交付与我，我顶在头上，请你空身从我儿旁边岔过，再将担子奉还。何如？”当即俯身解袜脱履。其人见老翁如此，作意不过，曰：“既老丈如此费事，我就下了水田，让尔担过去。”当即下田避让。他只挺了一挺，一场争竞就此消解。这便是“挺经”中开宗明义的第一条。

曾国藩的这一条“挺经”，是李鸿章转述的，是通过一个故事来表达的。这条“挺经”的含义是什么呢？颇有些费解。吴永虽是当面听李鸿章讲的，但他也觉得“意用何在，亦殊不甚明白”。经过一番推敲琢磨，他推测这条“挺经”的意思是：“大抵谓天下事在局外呐喊议论，总是无益，必须躬自入局，挺膺负责，乃有成事之可冀。”（《庚子西狩丛谈》）这个推测，很难说准确，因为从故事里很难明确看出这层意思。吴永自己就说他的看法是“臆度之词”，但也很难说就没有吴永推测的这层意思。因为这条“挺经”虽然说的是一个具体故事，实际含义却很抽象，所以似乎做什么样的解释都有些道理。今人黄裳对这条“挺经”也做了些解释，主要是强调它表达了一种“将欲取之，必固与之”的策略，认为从中可以看出曾国藩是一个“得心应手地运用黄老之道的高手”（《妆台杂记·关于挺经》）。

我觉得，欲解“挺经”，不可拘泥于李鸿章转述的这个故事，而是需从更广的范围加以考察。

先说“挺经”二字。“挺经”，意即言“挺”之经。“挺”，是所言的内容；经，指关于“挺”的原则、经验、秘诀。何谓“挺”？我认为“挺”是指一种立身状态、处世态度，即李鸿章所言的“守身用世”的态度。具体说，“挺”就是指刚烈强硬、坚劲挺拔这样一种立身处世的态度。本文开头所引的欧阳兆熊的话里，有“言其刚”三字，这“刚”字，可以说是对“挺”字的确诂。同时，“言其刚”三字也是对整个“挺经”内容的解说和概括。“挺”者，刚也；“挺经”者，刚之经也。这个精简的解释，大抵是近乎曾国藩原意的。

李鸿章对“挺经”的运用，更可以清楚地说明“挺经”是一种以刚劲强硬为特征的处世哲学。李鸿章与翁同龢闹矛盾时曾运用过“挺经”。吴永在《庚子西狩丛谈》中对此做了记述。李鸿章做直隶总督时，与翁同龢相互排挤，对翁“怨之颇切”。一次，袁世凯作为翁同龢的说客来劝李鸿章乞休开缺，以使翁同龢能顺利顶补，做成协办大学士。《庚子西狩丛谈》记道，李鸿章对袁世凯说：

> 想补我的缺，万万不能？武侯言“鞠躬尽瘁，死而后已”，这两句话我也还配说。我一息尚存，决不无故告退，决不奏请开缺。

袁世凯走后，李鸿章又对吴永说：

> 袁世凯，尔不知耶？这真是小人！他巴结翁叔平，来为他作说客，说得天花乱坠，要我乞休开缺，为叔平作成一个协办大学士。我偏不告退，教他想死！我老师的“挺经”，正用得着，我是要传他衣钵的，我决计与他挺着，看他们如何摆布？

从李鸿章的话里，可以清楚地看出，他以强硬的态度对付袁世凯，是以曾国藩的“挺经”作为处事方针的。“与他挺着”，就是以坚劲强硬的态度与翁同龢相抗衡。李鸿章对“挺经”的具体运用，可以说是对“挺经”涵义的极好注释。李鸿章自诩是真传曾国藩“挺经”的衣钵的，想必他对“挺经”内涵的理解，是比其他人要准确得多。

“挺经”是一种以刚劲强硬为特征的处世哲学，还可以曾国藩一贯的处世哲学为佐证。姑举曾国藩的几段家书，以见其一贯的处世哲学。

其一，同治五年(1866年)十二月十八致沅弟信：

李申夫尝谓余怄气从不说出，一味忍耐，徐图自强，因引谚曰："好汉打脱牙，和血吞。"此二语是余生平咬牙立志之诀，不料被申夫看破。余……打脱牙之时多矣，无一次不和血吞之。弟此次郭军之败，三县之失，亦颇有打脱门牙之象。来信每怪运气不好，便不似好汉声口。惟有一字不说，咬定牙根，徐图自强而已。

其二，同治六年(1867年)三月初二致沅弟信：

然事已如此，亦只有逆来顺受之法，仍不外悔字诀、硬字诀而已。

其三，同治六年三月初七致澄弟信：

余意此时名望大损，断无遽退之理；必须忍辱负重，咬牙做去……(《曾国藩与弟书》)

从这三封家书中，足可领略曾国藩平时的处世哲学。这种以刚劲强硬和坚忍为特色的处世哲学，与"挺经"完全是一致的。所云"打脱牙，和血吞"，"咬定牙根"，"咬牙做去"，"硬字诀"等，可以说就是"挺经"的注脚。家书里的这些话，其实既是曾国藩的处世哲学，也是曾国藩的性格的直接反映。曾国藩的性格，是"挺经"产生的主要渊源之一。

曾国藩发明"挺经"，又与他实行"法申韩"的治术有关。"法申韩"，即尊奉申韩法家烈日秋霜的治国治军治民之术。"挺经"之"挺"(刚劲强硬)，与法家的烈日秋霜是相通的。曾国藩发明"挺经"，大概深受了申韩法家的影响。欧阳兆熊说曾国藩一生三变：做京官时讲理学；办理团练军务时讲申韩；做了大官后学老庄(《水窗春呓·一生三变》)。如此看来，曾国藩发明“挺经”之时，或是“挺经”臻于成熟之时，很可能是在他办理团练军务那一段时间。曾国藩“法申韩”的治术，可于以下两段书信中大略见之。

其一，致徐玉山太守信：

> 但求于孱弱之百姓，少得安帖，即吾身得武健严酷之名，或有损于阴骘慈祥之说，亦不敢辞。（转引自谢兴尧《堪隐斋随笔·谈曾国藩》）

其二，致沅季两弟信：

> 既已带兵，自以杀贼为志，何必以多杀为悔。（《曾文正公家书》卷七）

曾国藩如此“法申韩”，便得了个“曾剃头”的绰号。曾国藩大剃人头，大概既是孕育他发明“挺经”的酵母，也是他发明“挺经”后对“挺经”的实践。

回过头来，再来诠解李鸿章具体举出的那条“挺经”。这条“挺经”，其基本思想，其骨子里，无疑是“挺”，即刚劲强硬。因为这条“挺经”只是整个“挺经”的具体的一条，其主旨自然是合于整个“挺经”的主旨的。从故事表面看，似乎老翁是让了一步，但实质上，老翁的精神是刚劲强硬的，是在困难面前不退缩，是用“挺”的精神来克服困难。故事里说的老翁“挺身就近曰”，老翁“只挺了一挺，一场争竞就此消解”，就都透露出老翁是以“挺”的精神，即刚劲强硬的精神来解决这场竞争的。但是，从具体战术上说，老翁又有一点灵活性，讲了一点策略，结果是“退一步，进两步”，目的达到了。这个策略，就是黄裳所谈到的“将欲取之，必固与之”。从这一点上看，“挺经”是掺杂了一些黄老之道或老庄哲学的色彩的，是刚中有柔的，或者说是“以刚为本，兼有柔术”的。欧阳兆熊说曾国藩“一生三变”，先理学，后申韩，再后老庄，似乎奉申韩与奉老庄是截然分开的，是先刚而后柔。实际上，曾国藩的所谓“一生三变”只是主要倾向，他在奉申韩时，未必完全不要老庄；奉老庄时，也未必完全不要申韩。刚与柔，并不是截然分开的，而往往是一个为主，另一个为辅的。

毛泽东评《经史百家杂钞》

曾国藩的著作,十多年来,如风起,如潮涌,密匝匝地遍布了全国各地的大小书店书摊。从已出版的曾氏著作的选题来说,更是大有竭泽而渔之概:家书,出了;家训,出了;日记,出了;"治兵语录",出了;格言睿语,出了;全集,也出了。这些书,不论是全本、选本,正牌、杂牌,都受到了不同类型的读者的欢迎。

但是,有一部曾国藩编纂的古文选本,却被冷落了,没有受到应有的重视。这就是《经史百家杂钞》。其实,《经史百家杂钞》是一部极有价值的书。晚清、民国时期,《经史百家杂钞》因其自身独特的价值,备受广大读者的青睐,有着广泛的社会影响。在青睐这部书的广大读者当中,有一位就是后来缔造中华人民共和国的毛泽东。

青年毛泽东在给黎锦熙的一封信里说过这样一句话:"吾于近人,独服曾文正。"这句话,现在已成为人们所熟知的名言。"独服曾文正",其重要表现之一,就是嗜读曾国藩的许多著作。对于曾国藩的著作,可以说,毛泽东是遍读了的。在这些读过的曾氏著作(包括编纂的)中,《经史百家杂钞》是毛泽东相当钟情、甚为推崇的一部书。

他认为,《经史百家杂钞》是一部囊括经、史、子、集四部精华的优秀的古文选本,是一部研习国学的入门书。

他推崇这部书的意见,集中反映在他写给萧子升的一封信里。他写道:

顾吾人所最急者,国学常识也。昔人有言,欲通一经,早通群经。今欲通国学,亦早通其常识耳。首贵择书,其书必能孕群籍而抱万有。干振则枝披，将麾则卒舞。如是之书，曾氏“杂钞”其庶几焉。是书上自隆古，下迄清代，尽抡四部精要。(《毛泽东早期文稿》，湖南出版社1990年版)

所谓“国学”，就是中国的传统学问，就是关于中国传统文化的系统知识，大体说来，也就是经、史、子、集四部包含的学问。

毛泽东认为，要弄通国学，必须先从研习国学常识入手(“早通”，就是先弄通的意思)，而要研习国学常识，首先要做的事就是选择入门书。毛泽东提出了这种书的标准，即：在体式上，必须是包孕、萃集许多古籍的综合性书籍(“孕群籍”)；在内容上，必须包括万事万物、方方面面(“抱万有”)。毛泽东做了个比喻，说这样的书，犹如支配树枝的树干、统帅士卒的将领，是有着提纲挈领的功能的。

毛泽东在论述了一番择书的重要性及择书标准之后，便提出了他心目中的国学入门书的名字——《经史百家杂钞》。

《经史百家杂钞》，是曾国藩作为选家编纂的一部古文精华本子。毛泽东对这部书的编选功力是非常赞赏的。他在给萧子升的信中所说的“是书上自隆古，下迄清代，尽抡四部精要”一语，就是对这部书的编选功力的精当评语。“抡”者，选择也，选编也。这句评语的意思是：《经史百家杂钞》已经把从古时到清代的经、史、子、集几方面的精华都囊括其中了。

在清代，在曾国藩之前，社会上已经流行着两部很有名的古文选本，一部是康熙年间吴楚材、吴调侯编纂的《古文观止》，一部是乾隆年间姚鼐编纂的《古文辞类纂》。这两部书，各有其优长，影响也都很大。但在许多方面，却比不上《经史百家杂钞》。

《古文观止》，可以说是一部相当成功的古文选本。但是，由于它是供学塾使用的读本，故而所选文章偏重文采，偏重通俗，缺少一种学术的厚重和大文化的广博。《经史百家杂钞》则不然。《经史百家杂钞》在网罗文献的广博上和选文思想的学术底蕴上，无疑都是超过了《古文观止》，而所选许多文章的可读性和观赏性，也是并不亚于《古文观止》的。“观止”者，观此为止也，其他不必看也。《经史百家杂钞》，可以说就是曾国藩编纂的一部“古文观止”。《经史百家杂钞》，也可以叫做《曾氏古文观止》。

《古文辞类纂》也是编纂的比较成功的一部古文选本。但它的侧重点，在于辞章，在于帮助读者研读、模习和应用古文，故而所录文章以古文辞为限而不及经史，缺少对社会、政治、天下大势的关注。《经史百家杂钞》则补救了《古文辞类纂》的这一阙失。《经史百家杂钞》虽然是以《古文辞类纂》为基础编纂的，但却如李光弼代郭子仪而军，给人一种壁垒一新、脱胎换骨之感。

曾国藩不仅对《古文辞类纂》的分类做了重要调整，还更换、调整了许多选文，减去了一些内容空泛的应酬文字，新增了经、史、子三类文章，从而编成了自家的《经史百家杂钞》。曾国藩最重要的创意，是在《古文辞类纂》的三目——“义理”、“词章”、“考据”之外，又增加了一目——“经济”，从而根本改变了《古文辞类纂》的狭隘眼界。此所谓“经济”，并非我们今天所说的经济，而是指“经邦济世”、“经世济民”，即大体相当于我们今天所说的“政治”。曾国藩的这一创意，最根本的意义，是使文章与政治结合，使读者通过对文章的学习，了解历代的治乱兴衰、典章文物、学术思想和经国济民之道。也就是说，《经史百家杂钞》里不仅有“文”，而且有“道”，是“文”与“道”结合的一部分。比之主要是注重辞章的《古文辞类纂》来，《经史百家杂钞》的实用价值无疑是远超其上的。

毛泽东对《经史百家杂钞》的这一优点评价很高，他在给萧子升的信中说：“国学者，统道与文也。姚氏《古文辞类纂》畸于文，曾书则二者兼之，所以可贵也。”毛泽东认为，国学的内容，包括“道”与“文”两个方面，但《古文辞类纂》只包含了“文”这一方面，而《经史百家杂钞》则二者兼之，所以《经史百家杂钞》很可贵。可以看出，毛泽东之所以把《经史百家杂钞》作为研习国学的入门书，其重要原因之一，就是因为《经史百家杂钞》中包含了“道”与“文”两个方面的文章。曾国藩与《古文辞类纂》的编者姚鼐在编书眼光上有很大不同，曾国藩虽也着眼于文学辞章，但因他主要是个政治家，因而在编纂《经史百家杂钞》时，在相当程度上用的是政治家的眼光，姚鼐则主要用的是辞章家的眼光。毛泽东之所以看中《经史百家杂钞》，说《经史百家杂钞》比《古文辞类纂》好，也是因为他不仅仅着眼于辞章，更重要的是以一种政治家的眼光来评论和取舍二书。

在曾国藩的诸种著作中，《曾国藩家书》的影响极大，这已为人们所熟知。《经史百家杂钞》出版以后，也曾在社会上产生过相当广泛、深远的影响，对这一点，今人则知之甚少。《经史百家杂钞》出版以后，备受文人学子的欢迎，使许多希望得国学之门而入的读书人有了一部精粹、实用的入门书。毛泽东就是这许许多多学子中的一个。由于《经史百家杂钞》的部头较大，定价较高，为了适应一般贫寒士子的阅读要求，一些书坊还出了《经史百家杂钞》的简编本。曾国藩曾经手录这部简编本，送给友人。

曾国藩家书中的教子书部分，其中许多内容是教子读书的，曾国藩不仅告诫子女要做读书种子，而且精心推荐了阅读书目或篇目。但这些阅读书目或篇目，都是零散的，不成系统的，而且散见于教子书中，今人不易查找。《经史百家杂钞》则是一部集中了许多名篇、系统性很强的国学读本。曾国藩在教子书中推荐的一些古书，《经史百家杂钞》不仅选入了其中的一些篇章，而且将这些篇章系统地归入了某一文章部类，使读者不仅仅便于集中阅读，而且能够清晰地看出这些篇章在整个古代文章中的位置。例如，曾国藩在一封给其子曾纪泽的信中提到，四书五经之外尚有十一种必读书，其中《史记》、《汉书》、《庄子》、《韩文》四种“最宜熟读”。在《经史百家杂钞》中，曾国藩便精选了这四种书中的一些名篇，并将其归入某一文章部类。如在《史记》选的《太史公自序》、《十二诸侯年表序》，归入了“序跋之属”；《汉书》中选的《封燕然山铭》、《高祖泗水亭碑铭》，归入了“词赋之属”；《庄子》中选的《逍遥游》、《马蹄》，归入了“论著之属”；《韩文》中选的《进士策问十三首》、《祭鳄鱼文》，归入了“诏令之属”。

可以这样说，《曾国藩家书》之教子书只是零散地向子女、向世人推荐了一些国学读物，而《经史百家杂钞》则是曾国藩向世人（也包括家人）推荐的一部有系统的国学读本。

毛泽东的国学根底是极其深厚的，这一点，世所公认。在毛泽东一生的思想材料中，国学是一大来源。研究毛泽东的专家李锐说过这样一段中肯的话：“通观‘毛选’五卷，极少引用马恩原著，列宁著作也限于哲学，引用斯大林著作稍多几处，而中国古籍则信手拈来，触目皆是。从四书五经、诸子百家、二十四史、《资治通鉴》到诗词曲赋、历史小说、各家笔记等，能找到几百条成语典故，可以说，中国传统文化是毛泽东一生的主要思想土壤。”李锐又曾对“毛选”四卷里来源于中国古书的成语典故做过一个粗略的统计：30 条以上者有《左传》，20 至 30 条者有《论语》、《孟子》、《史记》、《汉书》、《朱子语类》等，其他 10 条左右者有《大学》、《中庸》、《战国策》、《后汉书》、《三国志》、《孙子兵法》、《诗经》、《晋书》、《尚书》、《老子》、《易经》、《国语》等。李锐的统计，确实证明了他下的一个结论，就是：中国传统文化是毛泽东一生的主要思想土壤。

这种思想土壤，对于毛泽东一生的功与过都发生过极为重要的影响。关于这一点，这里不详论。这里只是想说明一个事实，即《经史百家杂钞》肯定在毛泽东的国学知识结构的形成过程中发生过重要的作用，肯定是毛泽东的思想土壤之来源的一个组成部分。细读《经史百家杂钞》，可以发现，“毛选”四卷中的那些典故，有许多就包含在《经史百家杂钞》中。可以肯定，毛泽东之所以对那些典故极为熟悉、能够信手拈来，无疑与他年轻时熟读过《经史百家杂钞》有直接关系。毛泽东一生对四部之书都极为重视（1949 年一进北京，就购置了一部《四部备要》），更是甚为熟悉，而这种重视和熟悉，显然也与他早年曾熟读过被他评为“尽抡四部精要”的《经史百家杂钞》分不开。

好的选家，必须首先是一个学问家、批语家。《经史百家杂钞》之所以编选成功，首先就是因为它的编选者曾国藩是一个学养深厚的学问家、文学家。《经史百家杂钞》之所以流传甚广，为世人所青睐，固然与曾国藩是个声名显赫的大人物有关，但更重要的是因为《经史百家杂钞》本身所蕴含的学养、价值和魅力。曾国藩在学术上，是有很深的造诣的，被人们看做“一代儒宗”，有人甚至评之为“文章学问，卓绝一世”。在文学上，他是著名的桐城文派的“振衰”者，是著名的湘乡文派的魁首。他读书品文时的眼力，非常犀利、老到，评断之语相当准确到位，且常常出语不凡。如在一封家书中评论诗文的趣味时说：“凡诗文趣味约有二种：一曰诙诡之趣，一曰闲适之趣。诙诡之趣，惟庄柳之文，苏黄之诗；韩公诗文，皆极诙诡；此外实不多见。闲适之趣，文惟柳子厚游记近之，诗则韦孟白傅均极闲适。”他对诗文趣味的这种分类，以及对有关诗文家的评说，是极有见地的。正因为曾国藩是一位学养深厚的学问家、文学家，所以他才能编纂出《经史百家杂钞》这样的文选力作。《经史百家杂钞》实际是曾国藩的学养的一个展现。

《经史百家杂钞》一共选入了 700 多篇文章，多为古代文章中具有代表性的作品，选择范围不论从作者还是从体裁来看，都相当广泛，所选文章的内容也都很精当。这部书的用途，是多方面的：既可作为研读经史、哲学、文学等方面学问的入门读物、基础读物，又可作为各种文体的示范读物，还可以作为中国文学史的参考资料，等等。

怎样阅读《经史百家杂钞》这部书，方法可以是多种多样的。毛泽东曾经从“以获得比较完全的国学常识为目的”的角度向萧子升介绍了读此书的方法：

> 为之之法，如《吕刑》一篇出自《书》，吾读此篇而及于《书》，乃加详究焉出于《书》者若干篇，吾遂及于《书》全体矣。他经亦然。《伯夷列传》一篇出于《史记》，吾读此篇而及于《史记》，加详究焉出于《史记》者若干篇，吾遂及于《史记》之全体矣。他史亦然。出于

"子"者,自一"子"至他"子"。出于"集"者,自一"集"至他"集"。于是而国学常识罗于胸中矣。

简单来说,这种方法就是:先读《经史百家杂钞》中的一篇,再读此篇所在的原书,读原书时要细读若干篇,然后及于原书全体。如先读《经史百家杂钞》中的《伯夷列传》,再读《史记》中的其他若干列传,然后及于《史记》全体。如此等等,就可以获得比较完全的国学常识了。

关于对曾国藩的评价,百年以来,可以说是褒贬如冰炭,隔若天渊,但无论何人,都不能不承认曾国藩的学问和能力。如果以一种人归人、文归文的科学态度来看待和评价《经史百家杂钞》,那么,无疑应当承认这部书的宝贵价值,就像毛泽东对待和评价这部书的态度那样。对于中国古代的文化遗产,正确的态度应当是批判地汲取和继承其中的优秀部分。这是马克思主义对待人类文化遗产的科学态度,也是毛泽东的一贯主张。对待《经史百家杂钞》,无疑应该采取这种态度。

关于“读书，人便愚，多读更愚”

一、接着汪澍白的话来谈

毛泽东与中国传统文化的关系问题，多年来一直受到学界的关注，成为一个研究热点，而且成绩斐然。但有个问题，人们似乎注意得不够，就是：毛泽东晚年所发表的一些轻视书本知识的见解，与清代颜李学派的观点颇为相似。对于这个问题，毛泽东研究专家汪澍白先生在一篇题为《〈实践论〉〈矛盾论〉与中国哲学传统》的文章中曾经谈到过。他是这样说的：

> 颜习斋对朱熹的批判是正确的，但也有过头的地方。他强调“读书无他事，只要在‘行’字着力”，便带着轻视理性认识的意味。“读书，人便愚，多读更愚。”这就走向全盘否定书本知识的极端了。毛泽东晚年也多次发表过类似见解。……这就同颜习斋一样，得出了“读书有害”的片面性结论。不过，这是六十年代出现的问题，不能归咎于三十年代的《实践论》。（汪澍白著：《毛泽东思想与中国文化传统》，厦门大学出版社 1987 年版，第 31 页）

虽然所谈的内容非常简略，援引的史料也极少，但却给人提示了一个重要信息：晚年毛泽东与颜李学派在“读书有害”这一见解上，有相似或相通之处。

颜李学派是清朝初年的一个颇有影响的学派，以颜元（字易直，号习斋）及其门徒李塨（字刚主，号恕谷）为代表人物。梁启超在其名著《清代学术概论》中曾这样概括颜李的学说："质而言之，为做事故求学问，做事即是学问；舍做事外，别无学问。此元（颜元）之根本主义也。"《颜习斋哲学思想述》的作者、史学家陈登原认为，颜李学说的精髓，就在"动"、"实"、"习"、"用"四个字。

晚年毛泽东究竟发表过哪些类似颜李的见解？颜李又是怎样论说自己的观点、主张的？毛的见解是否受过颜李的影响？这是几个既重要又让人感兴趣的问题。下面我就根据翻检到的史料，谈一谈自己的看法。实际上，也就是接着前引的汪澍白先生的话来谈，把他未加深谈的话题谈下去。

二、老粗与读书人

汪澍白说，毛泽东晚年多次发表过与颜习斋的"读书，人便愚，多读更愚"的观点类似的见解。毛是怎样说的呢？

> 1964 年 1 月 7 日的一次谈话中，毛泽东提出了一个很直率的命题："老粗出人物"。接着发挥：自古以来，能干的皇帝大多是老粗出身。汉朝的刘邦是封建皇帝里边最厉害的一个。（下面谈刘邦怎么厉害，从略）南北朝宋、齐、梁、陈，五代梁、唐、晋、汉、周，很有几个老粗。文的也有几个好的，如李世民。（引自 2006 年 12 月 21 日《人民政协报·春秋周刊》所刊文章《毛泽东对历代帝王的评说》）

毛泽东的命题是"老粗出人物"。老粗，也就是文盲或识字不多的人，"人物"，是指杰出的人物。毛泽东这段话所列举出的"人物"都是皇帝，都是老粗出身的能干的皇帝。但没有谈到读书人。

在另外几次谈话中，毛泽东则既谈到了老粗，又谈到了读书人，而且是将二者对比着来谈的。如1964年2月13日毛泽东在春节座谈会上说：

> 历来的状元都没有很出色的。……凡是当了进士、翰林，都是不成的，曹雪芹是拔贡出身；明朝搞得好的，只有明太祖、明成祖父子两个，一个不识字，一个识字不多，是比较好的皇帝。以后到了嘉靖，知识分子当政，反而不成事，国家就管不好，书读多了，就做不好皇帝。刘秀是一个大学生，刘邦是个大草包。书是要读，读多了，害死人。（汪澍白著：《毛泽东思想与中国文化传统》，第31页）

状元、进士、翰林，在封建社会中都是被视为顶级的读书人的，但毛泽东却认为他们“都是不成的”。毛又将读过书的皇帝和不读书（大草包）的皇帝做了比较，认为不读书的皇帝“比较好”。他的结论是：书“读多了，害死人”。

毛泽东又曾提出要破除对专家教授的迷信，甚至提出要打破对科学技术的所谓“神秘观念”。他是这样说的：

> 卑贱者最聪明，高贵者最愚蠢。
>
> 专家往往是落后的、没学问的、无创造性的。
>
> 对科学技术要信又不信，要打破对科学技术的神秘观念，破除对专家教授的迷信。（李锐著：《李锐谈毛泽东》，香港时代国际出版有限公司2005年版，第179页）

这些话，虽然都是毛泽东在“大跃进”等一些特殊语境（群众运动高潮期）中说的，但反映出了他对专家教授乃至科学技术的某种怀疑和轻视。相反，他却认为无文化、少文化的“卑贱者”最聪明。

毛泽东晚年说的这些话，在毛泽东时代是尽人皆知的，现在五十岁以上的人大都能记得。我年轻的时候，对毛主席的这些指示都曾细细地学习和领会过，所以至今记忆犹新。毛泽东这些话，其中某些内容，不能说没有一定的道理，但基本倾向则是轻视书本知识和知识分子的。这显然是一种偏向，是违反了毛泽东思想的偏向。

三、颜李轻视书本知识的倾向

汪澍白谈到，颜习斋的理论，“带着轻视理性认识的意味”。所谓“理性认识”，也就是书本上的理性知识。试看颜李是怎样轻视理性认识即书本知识的。

梁启超写过一篇研究颜李学派的专题论文《颜李学派与现代教育思潮》，其中说到颜李是反对读书和著述的：

> 颜李认为，凡纸片上学问都算不得学问，所以反对读书和著书。又以为，凡口头上学问都算不得学问，所以反对讲学。（《饮冰室文集》，云南教育出版社2001年版，第3116页）

按照颜李的说法，他们其实并不反对学问，所反对的只是读书、著书和讲学。他们这种主张，今人听起来恐怕会感到费解：不读书，不听课，能获得学问吗？但颜李却不这么看。他们认为，书本上写的和口头上讲的那些东西，根本是算不上什么学问的。于是，便反对读书和讲学。

试看颜李自己是怎样说的。

一次，颜习斋的一个门生向他请教《中庸》里的“好学近乎知”这句话，他反问这个门生：“你心里是不是认为一定要多读书，才可以破除愚昧之见呢？”门生答：“是。”颜习斋便教育这个门生说：

> 不然，试观今天下秀才晓事否？读书，人便愚，多读更愚，但书生必自智，其愚却益深……（《四书正误》卷二）

在颜习斋看来，天下那些成天抱着书本的秀才，都是不通事理的，他们读了书便愚蠢，而且越读越蠢，本来这些书生是想通过读书破愚的，但却越来越愚。

颜习斋还把读书比做吃砒霜，所以他总是劝说有志向的人少读书：

> 仆亦吞砒人也。……二十年前，但见聪明有志人，便劝之多读。近来，但见才器，便戒勿多读书。……噫！试观千圣百王，是读书人否？虽三代后整顿乾坤者，是读书人否？吾人急醒！（颜习斋《朱子语类评》）

以往，他见了有志青年，总是鼓励人家多读书，后来则变成极力劝诫人家少读书。他劝人家少读书的理由是不读书照样能成大事——试看，上古的三皇五帝等许许多多圣人王者，难道是读书人吗？难道夏商周三代之后的那些有作为（整顿乾坤）的帝王，都是读书人吗？

倘若说，读书读来的不是学问，那么什么才算是学问呢？在颜李看来，“做事即是学问；舍做事外，别无学问。”所以，只有那种“做事”所需要的实用性的知识才是学问。故此，他们又认为，一个人的精力有限，如果成天把心思放在读书上，便没有时间和精力去干实际事，况且，读书越多人就会越糊涂，越没有见识，办事的能力也就会越低下。他们是这样说的：

> 人之岁月精神有限，诵说中度一日，便习行上少一日，纸墨上多一分，便身世上少一分。（颜习斋《存学编》卷一）
>
> 纸上之阅历多，则世事之阅历少；笔墨之精神多，则经济之精神少。宋明之亡以此。（《恕谷年谱》）
>
> 读书愈多愈惑，审事机愈无识，办经济愈无力。（颜习斋《朱子语类评》）
>
> 今之学，与官事风马牛也。以之莅政，迂腐道学，白面书生，为

世诟病。致使豪杰不学者，反出其上。（李恕谷《圣经学规纂》卷二）

所说的“诵说”、“纸墨”、“纸上之阅历”、“今之学”等，指的都是读书、著书、讲学等事；而“习行”、“办经济”、“世事之阅历”等，则是指实行，指干经邦济世的实事。在颜李看来，读书是解决不了实际问题的，读书有什么用？那些能实用的本事才叫真学问。他们认为，如果书读得太多了，不仅害死人，而且能亡国，李恕谷所说的“宋明之亡以此”，就是这个意思。

颜李还举出好多通俗的例子来说明自己的主张。如颜习斋说：

譬之学琴然，书犹琴谱也，烂熟琴谱，讲解分明，可谓学琴乎？故曰，以讲读为求道之功，相隔千里也。（《存学编》卷二《性理书评》）

他把读书讲学比做识读琴谱，认为要想学会弹琴，光把琴谱识得烂熟有什么用？那能叫学琴吗？还得拿琴来练才成。所以，光读书是不能达到“求道”的目的的，与目的地相隔千里之遥哪！

揆度一下上述颜李的观点和主张，可以看出来，他们眼中所看重的，基本上是实用性、操作性强的知识，而对于理性认识，对于书本上的形而上的东西，则表现出轻视的态度。用手弹琴，属于实用性、操作性的技能，他们是重视的，而识读琴谱，属于理性方面的知识，他们便不加强调和重视了。诚如汪澍白所言，颜李的学说，确实存在着轻视理性认识的倾向。

四、矫枉与矫枉过正

那么，对上述颜李学派的学说主张该怎样评价呢？如果用今尺来裁剪古衣，给颜李扣上一顶“反对读书学习，提倡蒙昧主义”的帽子，恐怕是不恰当的，因为颜李并非如此。

实际上，颜李的学说主张是有着极强的现实针对性的，主要是针对明中叶以来盛行的陆王程朱两派宋学以及当时渐趋流行的考据学而发的。颜李认为，宋学空谈心性，迂阔不堪，考据学又太细密和繁琐，所以，他们主张为学要"务以实用为主"，主张"动"、"实"、"习"、"用"，通俗一点说，就是主张放下书本，走出书斋，使自己动起来，去干那些具体、实用的事。所谓"坐着说，何如起来行"。颜氏自号习斋，就是对自家学说的一种宣示。他的弟子钟錂在《习斋纪余叙》一文中，从颜习斋的"习"字谈起，概括了颜李学派的学说精髓及立论的起因：

> 斋以"习"名者何？药世也。药世者何？世儒口头见道，笔头见道，颜子矫枉救失，遵《论语》开章之义，尚习行也。

显然，颜李的学说主张，主要是针对那些以口以笔讲说宋学和做考据学问的儒者而提出来的，在颜李看来，做那一堆所谓的学问实在是一种社会病，是应当矫正的"枉"，而自己所创立的学说主张，便是用来矫枉治病的。颜习斋认为，孔圣人是主张习行的，《论语》所说的"学而时习之"的"习"字，就是习行的意思；所以，应该按照圣人的话去做，去习行、实习、实践。他所取的"习斋"之号中的"习"字，显然也是取自《论语》。

对于颜李所批评的对象的是是非非，姑且可以不去管它，但有一点可以肯定，宋学和考据学这些学问，确实都是不看重时务，不重视兵刑钱谷之类的实用性的本领的。这些学问的盛行，造成了当时士宦阶层崇尚空谈及琐细学问，而不重视实务的风气。对于这种风气的危害，李塨谷在给友人的一封信里写道：

> 自明之末也，朝庙无一可倚之臣，天下无复办事之官。坐大司马堂，批点《左传》，敌兵临城，赋诗进讲；其习尚，至于将相方面，觉建功奏绩，俱属琐屑。日夜喘息著书曰："此传世业也。"以致天下

鱼烂河决，生民涂毒。呜呼，谁实为之？无怪乎颜先生之垂涕泣而道也。（《恕谷后集》卷四《与方灵皋书》）

这是一段痛心疾首的话，从中可见明末以来虚浮、颓败的士风。在此风气下，读书著述与吟诗作赋是第一等事，而兵刑钱谷之类，则被视为无足轻重的雕虫小技。结果，元帅在军帐里还批点《左传》，敌兵打到城下了，还在推敲诗词。国家遇到危难时，竟连个能解决实际问题的官吏都不好找，最后只好土崩瓦解。面对这种士风，难怪颜李要痛心疾首地提出那些激烈的观点。颜习斋曾做诗描摹士风云："愧无半策匡时艰，惟余一死报君恩"，另有人做诗云："平日袖手谈心性，临危一死报君王"，这些有名的诗句，虽都是激愤之言，不无片面的因素，但却从一个侧面写照出了明末一些虽有忠君爱国的气节，却不重实务的官僚士大夫的形象。

颜李学派反对虚空和琐细之学，强调习行，强调实用，这些主张，无疑包含着很大的真理性。在当时，这是一种矫枉的、革命性的主张，因此，梁启超夸赞颜李是"清儒中很特别的人"，"是二千年思想界之大革命者"。

但是，颜李的学说，显然又潜含着一种走极端的、绝对化的倾向。他们所认为的读书便愚，越读越愚，读书有如吃砒霜这样一些见解，已经不仅仅是反对阅读那些宋学和考据学之书了，而是正如汪澍白所言，已经是"走向全盘否定书本知识的极端"，带有从根本上"轻视理性认识的意味"了。过犹不及，真理再向前跨一步就是谬误，颜李学说的弊病正在这里。颜李本来是为了矫枉，但却矫枉过正了。实际上，即便是在当时的社会风气下，也并非是读了书便愚，读书人中还是有很多有出息的人的，绝非都是些专事空谈的腐儒。例如，考据学大师、大思想家顾炎武，若论翻书本，可谓第一流，但他同时又极为重视研究经世学问，重视实地考察，他还曾投笔从戎，参加过抗清斗争。

五、排比出来看一看

汪澍白说，毛泽东晚年多次发表过与颜李的观点类似的见解，又说，毛泽东“同颜习斋一样，得出了‘读书有害’的片面性结论”。为醒目地看出两者之间的相似之处，下面再将两者的一些有代表性的话排比出来看一看。

毛说：“书是要读，读多了，害死人。”

颜说：“读书，人便愚，多读更愚，但书生必自智，其愚却益深……”“读书愈多愈惑，审事机愈无识，办经济愈无力。”

毛说：“自古以来，能干的皇帝大多是老粗出身。”“明朝搞得好的，只有明太祖、明成祖父子两个，一个不识字，一个识字不多，是比较好的皇帝。以后到了嘉靖，知识分子当政，反而不成事，国家就管不好，书读多了，就做不好皇帝。”

颜说：“试观千圣百王，是读书人否？虽三代后整顿乾坤者，是读书人否？”

李说：“今之学，与官事风马牛也。以之莅政，迂腐道学，白面书生，为世诟病。致使豪杰不学者，反出其上。”

这样一排比，就看得很清楚了，无论是从内容，还是从语言表述来看，两者确实都是非常相似的。

两者的相似，自然提出一个问题：他们是“英雄所见略同”的巧合呢？还是毛多少受过一点颜李的影响？对这个问题，汪澍白没有谈及。但他谈到过青年时代的毛泽东曾受过颜习斋的影响。他说，青年毛泽东“广泛接受过早期启蒙思想家顾炎武、王夫之、颜元等人的影响”。这话说得是不错的。毛泽东青年时代曾写过一篇名文《体育之研究》，其中写道：“清之初世，颜习斋、李刚主文而兼武。习斋远跋千里之外，学击剑之术于塞北，与勇士角而胜焉。”可知青年毛泽东对颜李的“文而兼武”即不仅静心学文，而且尚“动”习武，是颇为赞赏的。这说明，青年毛泽东确曾受到过颜李的影响。汪澍白又谈到毛泽东中年时在延安写的《实践论》与颜李学派的“亲知”观点的相通：“在中国哲学史上最重视‘亲知’的莫过于清初的颜习斋。他强调只有‘著取而纳之口’，才能识别蔬菜的味道；只有通过‘诊脉，制药，针灸，摩砭’的实践，才能‘疗疾救世’。《实践论》所说的‘你要知道梨子的滋味，你就得变革梨子，亲口吃一吃’，与颜习斋同样是依据人们日常生活中的经验，来阐明认识来源于实践的基本道理，这正是毛泽东与习斋哲学相通之处。”（汪澍白著：《毛泽东思想与中国文化传统》，第30页）《实践论》所说的亲口吃梨子，与颜习斋所说的亲口吃蔬菜，确实是很相似的，毛泽东的实践观点与颜李的“亲知”观点，确实是相通的。

那么，晚年毛泽东所发表的诸如书“读多了，害死人”等一系列见解，是否受过颜李学派的影响呢？我的看法是：不能绝对肯定，但很有可能。不能绝对肯定，是因为我没有发现能够直接证明毛泽东受过颜李学派思想的影响的材料，也没有看到过毛泽东对颜李学派的思想观点做过评价的材料，所以，很难确认晚年毛泽东的那些见解肯定受到过颜李的影响。但是，也不好说二者之间完全没有一点关系。是否可以这样来推测：从晚年毛泽东与颜李在读书问题上的见解相通、甚至语言也相似来看，又从毛泽东历史上曾受过颜李的影响来看，晚年毛泽东的书“读多了，害死人”等见解，还是多少受过一点颜李学派的影响的。

叹《水云楼词》

蒋鹿潭这个名字，对我来说，前不久还是完全陌生的。一天晚上，史学家王春瑜先生来电，邀我同他一起去泰州溱潼镇，参加蒋鹿潭的水云楼重建落成仪式，我却浑然不知蒋鹿潭为何许人。经王先生解释，我才知道，蒋鹿潭是晚清的一位大词人，在清代词史上居于殿军位置。但说到蒋鹿潭的名字，由于我的寡陋，加之王先生的建湖口音，他说了几次，我都写错了，最后是查了词学家夏承焘编的《金元明清词选》，才写对了这位词人的名字，并弄清了他的一些概况。这是我初识这位陌生的大词人时，遇到的一点尴尬。

蒋鹿潭名春霖，鹿潭是他的字，世人出于尊敬，多以鹿潭相称。他是清代咸同年间人，籍贯江苏江阴，少时便以诗才出名，曾登黄鹤楼赋诗，一时有"乳虎"之目。他一生落拓不得志，虽有才学，但只做过几年盐场的小官。丢掉官职后，靠着盐商和友人的接济，住在泰州溱潼镇的水云楼中读书、写作。中年过后不再写诗，专事填词，存世的 106 首词刊刻为《水云楼词》。

溱潼，是一个烟水拥抱的苏中小镇，水云楼就建在镇上一处四围皆水的小渚上。乘着镇政府建造的画舫，在潋滟的湖光中，我偕王先生一起来到了水云楼前。复建的水云楼，巍峨、端庄，又透着娟秀，楼前的蒋鹿潭铜像，儒雅中带着洒脱之气，目光中却现出一丝忧郁。参加落成仪式的百余名文化界人士，伫立楼前，仰望铜像，一片肃穆、景仰的气氛。我凝望着艳阳下的水云楼，既有喜悦，又有怅惘，喜的是旧物光复，怅惘的是旧物无存，那可是一座明清时代的苏中名楼啊！可惜"文革"中被一些无知而又蛮横的当道者下令毁掉了。

《水云楼词》在文学艺术上有着极高的成就，识者将其与清代另一伟大词人纳兰容若并称，赞为“词学巨擘”。夏承焘先生曾写诗评论《水云楼词》：“兵间无路问吟窗，彩笔如椽手独扛。常浙词流摩眼看，水云一派接长江。”称蒋鹿潭的词笔为如椽大笔，赞《水云楼词》与不废长江同在，评价可谓甚高。红学家冯其庸先生对蒋鹿潭及词作均有深入研究，著有《蒋鹿潭年谱》，这次复建的水云楼，即由他题匾。冯先生对蒋鹿潭及词作也评价甚高，称蒋为“有清一代的伟大词人”，认为《水云楼词》“在中国词史上，应占有重要的一页”。水云楼的楹联，也是冯先生题写的，从中也可见他对词人的推重：“云水苍苍，蕴天地浩然之气；兵戈扰扰，育乾坤百代词人。”

落成仪式结束后，我有幸得到了一部根据蒋氏自藏本印制的线装《水云楼词》，上面钤有蒋鹿潭印，还有冯其庸先生的“瓜饭楼藏书印”，函装一册，古朴淡雅，令我摩挲把赏不已。翻览之间，感到一缕哀怨婉约而又深沉旷远之气溢出纸面，吟味再三，仿佛看见了鹿潭先生清癯的面容和忧郁的眼神。“芳草闲门，清明过了，酒滞香尘。白楝花开，海棠花落，容易黄昏。　　东风阵阵斜曛，任倚遍红阑未温。一片春愁，渐吹渐起，恰似春云。”这首写春愁的《柳梢青》，既有李煜、李清照的风致，又自铸伟词，别具一格，特别是末句，将人的愁绪喻为渐吹渐起的春云，既入微，又贴切，真是神来之笔。《水云楼词》堪称绝妙好词，但大陆却迄今没有印本，若想看全词，只有港台本，但却极难觅得，因此，我手中的这函线装《水云楼词》，就显得格外珍贵了。

在溱潼之行的这几天里，我脑海中总是回旋着这样几个问题：蒋鹿潭，这样一个被识家冠以“伟大”称谓的词人，怎么就会长期湮没无闻，姓名不彰呢？《水云楼词》，这样的绝妙好词，怎么就没有出版社刊印呢？水云楼，这么好的名楼胜迹，怎么就给拆毁了呢？我感到深深的疑惑。向王春瑜先生请教后，才知道了个中原委。原来，由于《水云楼词》中有对太平天国不够恭敬的微词，蒋鹿潭便被戴上了“反对太平天国起义”的帽子，其人其词便被打入另册，湮没不彰了。蒋鹿潭这个名字，不仅对我来说是陌生的，对于词学彀外之人，恐怕大都是闻所未闻的。这就是阶级斗争年代对蒋鹿潭进行政治审查造成的结果。

或问，蒋鹿潭是怎样"反对太平天国起义"的呢？这就需细细审读一下《水云楼词》了。全词分为上下两卷，共106首，我查检一过，确实发现了几处对太平天国不够恭敬的字样，可以算是罪状了。如《虞美人》小序云："金陵失，秦淮女子高蕊，陷贼中数月，今春见于东淘，愁蛾蓬鬓，不似旧时矣。"说的是太平军攻陷金陵(南京)后，一个叫高蕊的女子被困城中，后与词人见面时头发蓬乱，一脸愁容，已无往日风采了。这个小序的错处，在用了一个"贼"字，其他字样则并无不妥。那么，词本身的内容又如何呢？"风前忽堕惊飞燕，鬓影春云乱。而今翻说羡杨花，纵解飘零犹不到天涯。　　琵琶声咽玲珑玉，愁损歌眉绿。酒边休唱念家山，还是兵戈满眼路漫漫。"首句的"惊飞燕"，说的该是飘零女子高蕊了，接着就是描摹这个弱女子在战乱中的惶然流离之貌，这些当然都无不妥；涉及太平天国战争的字样是"兵戈"二字，但词人对于"兵戈"的吟咏，都是出于家乡之念，出于渴望安宁之思，也并无什么不妥。总体看来，这首《虞美人》，最大的问题，就是用了一个"贼"字，这确是对太平天国不恭的字眼。类似这首《虞美人》的词作，《水云楼词》中还有三四首。

但是，就凭这样几首词作，就该把蒋鹿潭打入另册，把《水云楼词》一笔抹杀吗？我期期以为不可。理由有几条。

太平天国时期，国家处在战乱之中，许多老百姓背井离乡，颠沛流离，吃尽苦头，像蒋鹿潭在词中所写的弱女子高蕊，便是这众多离乱人中的一个。蒋鹿潭同情这些因战乱而飘零无助的弱者，代他们表达出对兵戈扰攘的不满和对和平安宁的渴望，这有什么不可以呢？难道非要他去参加太平军，或是像范文澜、罗尔纲一样，欢呼太平天国战争才行吗？蒋鹿潭因埋怨战乱而称太平天国为"贼"，也是可以理解的。因为这种说法是当时的主流意识形态，是政府语言、流行语言。其实他本人与太平天国并无宿怨和过节儿，使用"贼"字，不过是在用流行语言表示对兵戈扰攘的不满。当时许许多多受到战乱扰害的老百姓，恐怕也都会按照清政府的说法，把战乱的责任诿之于太平天国的，蒋鹿潭自然也不例外。

或问，这些老百姓，包括蒋鹿潭，对于太平天国的看法究竟对不对呢？应当说，不对。但是，应当明白，蒋鹿潭并不是共产党，他是不懂得阶级分析和阶级斗争的。此其一。

即便蒋鹿潭对太平天国的认识有偏差，也不宜因此抹杀他的全人和整个词作。试问，我们能因为岳飞镇压过农民起义就否定他是伟大的民族英雄吗？能因为王阳明曾“破山中贼”而否定他是伟大的哲学家吗？当然不能。蒋鹿潭也如是。此其二。

不应以太平天国划线，搞“凡是”，即认为凡是说太平天国好话的必是好人，凡是对太平天国有过微词的必是坏蛋。太平天国作为一个历史事件，内涵极为复杂，优劣功过杂糅，极难辨析，今人尚且论断不一，纷争不已，怎么能要求蒋鹿潭这个百余年前的清朝士人必须科学地评价太平天国呢？此其三。

即便真是称太平天国为“贼”称错了，也不过是笔伐了一下，发表了一下言论，对太平天国并无多大危害，因此不应当据以定为政治罪、言论罪。实际上，蒋鹿潭的诗作所表现的主要情绪，是悲天悯人，是求做太平犬而已，而决没有要与太平天国分庭抗礼、为敌做对头之意。冯其庸先生说的好：“因为蒋鹿潭身处太平天国时期，所以他的词作真实地反映了太平天国时期的战乱，反映了人民的疾苦和灾难。”我想，认识《水云楼词》与太平天国的关系，主要应该从词作反映了当时的历史面貌和人民的疾苦这个角度去考虑。这也是《水云楼词》的最大特色。此其四。

让世人感到陌生的蒋鹿潭，随着溱潼镇水云楼的重建落成，必将逐渐为人们所熟悉。反思一下蒋鹿潭之所以长期湮没不彰的原因，究诘起来，根子就在一个“左”字，即以“左”的政治思想，以“左”的评价历史人物的标准，来看待蒋鹿潭。我曾猜想过，蒋鹿潭作为词学的大内行，是深知自己的《水云楼词》的重大价值的，他一定会认为自己亡故后，词作必定流布天下，但他何曾会料到，绝美的《水云楼词》竟会遭到“左”倾政治的冷遇。但终究还是他想的不错，水云楼词毕竟会如夏承焘先生的诗句所说，是要与不废的长江同在的。水云楼的重建，就标志着蒋鹿潭和他的词作又重新为世人所肯定和推重。

溱潼之行，我与王春瑜先生都感慨系之，遂各赋七言诗一首，以记此行。王先生诗云：“家山念破水云旁，愁对烽火写衷肠。劫后名楼今又见，鹿潭魂归话苍凉。”我写的是：“出水入云百尺楼，绝妙好词画吴钩。冷雾曾遮溱潼月，争奈大江万古流。”

从《十批判书》到《读〈随园诗话〉札记·论秦始皇》

一、郭老骂"秦"

关于秦始皇,从古便有赞秦派和骂秦派,赞派对秦始皇的评价甚高,如明朝狂士李贽赞秦始皇是"千古一帝",骂派则对秦始皇大加贬斥嘲骂,如唐代诗人章碣写的《焚书坑》:"竹帛烟消帝业虚,关河空锁祖龙居。坑灰未冷山东乱,刘项原来不读书。"在古代,骂秦派最多,绝大多数史论家和诗文作家,都属于这一派,赞秦派则极少。在这两派之外,现代又有了辩证派,即对秦始皇一分为二,该赞的赞,该骂的骂。无疑,辩证派是对的。

"文革"中,我读到了毛泽东作于1973年8月5日的七言律诗《读〈封建论〉呈郭老》:"劝君少骂秦始皇,焚坑事业要商量。祖龙魂死秦犹在,孔学名高实秕糠。百代都行秦政法,《十批》不是好文章。熟读唐人《封建论》,莫从子厚返文王。"那时,我年纪尚轻,完全不懂历史,更不懂政治,只是隐约地感到毛主席是表扬秦始皇的,郭沫若是骂秦始皇的,又想,既然毛主席让郭沫若"少骂",可见郭老对秦始皇是骂过不少的,后来,又逐渐从"焚坑事业要商量"这句诗,体会出郭老对于秦始皇的焚书坑儒,是特别予以责骂的,而毛主席在这点上要与他"商量",也就是不同意郭老骂秦始皇焚书坑儒了。这是我对郭老的"秦始皇观"的最初印象。

那时,我完全不懂得辩证思维,便用绝对化的想法,把毛泽东看成绝对的赞派，把郭老看成是绝对的骂派，只是后来，才渐渐地弄明白了，严格地说，毛郭二人都应该算做辩证派，区别只在赞与骂的分量的不同。当然，以后更明白了，这赞与骂的分量不同的背后，蕴含着重要的政治内容：郭老骂秦始皇，有影射蒋介石的意思在其中，毛泽东夸赞秦始皇，又有为现实政治服务的意思在其中。

毛泽东从五十年代后期，就开始常常赞扬秦始皇了，而且随着意识形态领域里的斗争的展开，毛泽东的这一倾向越来越强烈。郭老对于秦始皇的评价，则经过了这样的过程：解放前写的《十批判书》，对秦始皇的评价比较全面，既肯定其功绩，也贬斥其罪过，但总的来看，评价不是很高；1961 年底，他在《读〈随园诗话〉札记》一书中写了《论秦始皇》一节，在其他节中也涉及对秦始皇的评价，所有这些文字，对秦始皇的评价都很高，到了"文革"中的 1974 年，郭老就完全以毛泽东对秦始皇的评价标准为标准了。

"劝君少骂秦始皇，焚坑事业要商量。""百代都行秦政法，《十批》不是好文章。"我最初读到这几句诗时，感到特别新奇，很想知道郭老究竟是怎样骂秦始皇的，特别是《十批判书》是怎样贬斥秦始皇焚书坑儒的。但是，在"文革"中，是不可能读到《十批判书》的，我是在"文革"以后很多年，才购读到这部书。"十批"中有"一批"是《吕不韦与秦王政的批判》，这是一篇很长的关于评价秦始皇的文章。文中对于秦始皇统一国家的功绩的赞扬之语，这里就不具引了，只引一下对秦始皇的批判之语——也就是所谓"骂"。郭老写道：秦始皇是"一位极端的秘密主义者、极权主义者、实行万世一系的人"，"他同时又是一位纵欲主义者，大约因为不相信命，所以敢于极端享乐"，"这真是一位空前的大独裁者"，"他是极端专制，不让人民有说话的余地的。就连学者们'偶语诗、书'，都要'弃市'，'以古非今者'要夷三族。他的钳民之口，比他的前辈周厉王不知道还要厉害得多少倍"。应该说，郭老骂秦始皇，确实是骂得比较厉害的。

毛泽东说，"焚坑事业要商量"，那么就看看郭老是怎么评价焚书的。郭老写道："在严刑峻法的威胁高压之下，普天四海大烧其书，所没有烧的就只有博士官所职和医者卜筮种树诸书而已。"又说到焚书的后果："书籍被烧残，其实还在其次，春秋末叶以来，蓬蓬勃勃的自由思索的那种精神，事实上因此而遭受了一次致命的打击。"郭老认为，焚书"无论怎么样说，不能不视为中国文化史上的浩劫"。从这些话可以看出，郭老对于秦始皇的焚书，是深恶痛绝、完全否定的。

我对于秦始皇，没有做过专门的研究。但是，从《史记·秦始皇本纪》等古书的记载中，从历代史家对秦始皇的评论上，还是多少掌握了一点秦始皇的史料，知道了一点秦始皇的"行状"的。我以为，郭老虽然对秦始皇骂得比较厉害，但所骂都是有史实根据的，骂得大体正确。尽管郭老后来觉得骂得有点过分，但我倒觉得大体适当。所以，我还是基本赞同郭老在《十批判书》中的观点。我又觉得，如果仅仅是因为《十批判书》骂了秦始皇，就认为"不是好文章"，那是有些过头的。《十批》从总体来说，终究还是好文章。

二、与《论秦始皇》商量

郭老关于评论秦始皇的文字，还有一篇《论秦始皇》。这是一篇很不起眼的短文，是郭老 1961 年 12 月写的《读〈随园诗话〉札记》一书中的一则。但对这篇短文，却不能轻看，这是一篇与《十批判书》的观点完全相反，亦即颠覆了原有观点的文字。在这里，原来的骂"秦"，已转变成了赞"秦"了。

郭老的议论，是由《随园诗话》所引的罗两峰的《咏始皇》一诗引起的。罗诗云："焚书早种阿房火，收铁还留博浪椎。"前句是说，秦始皇的焚书等恶行，终于招致天下造反，阿房宫也随之毁于楚人一炬。后句是说，秦始皇本想把天下兵器都收完，免得别人反抗，没想到却留下了暗杀自己的铁椎。诗句对秦始皇的焚书和销毁兵器之举，既有责骂，又带着讥嘲，是一首有名的反"秦"诗。

郭老看到这两句诗后，是怎样的态度呢？是痛加批驳！

先是批第一句，郭老说道："以焚书而言，其用意在整齐思想，统一文字，在当时实有必要。然始皇所焚并不多，书多藏在官家，民间欲学书者可就官家学习，此犹今之图书馆也。其焚书最多者实为楚霸王，焚秦宫室，火三月不绝，即所谓'阿房火'也。这不知焚了多少古书！……何能归罪于始皇耶？"细审之，郭老的这段话有这么几个意思：一是焚书是必要的；二是秦始皇焚的书并不多，而藏书最多的官家图书馆的书并没有烧；三是老百姓如果想看书，可以到官家图书馆去借阅，不会影响老百姓的学习；四是不能把项羽焚书归罪于秦始皇。

细酌一下郭老的话，我都不敢同意。其一，所谓"整齐思想"，实际也就是钳制思想，是愚民，即贾谊在《过秦论》中所谓"燔百家之言，以愚黔首"，是强迫老百姓必须与秦始皇的思想绝对划一。这种"整齐思想"的结果，正如郭老自己在《十批判书》里所说的，"使蓬蓬勃勃的自由思索的精神，遭受了一次致命的打击"。郭老说焚书"实有必要"，实际上，是否必要，得看从谁的角度和需要说。从秦始皇要钳制民间思想的需要说，确是"实有必要"的，但若从人民需要思想自由的角度说，就是完全不必要，也是根本不应该的了。郭老又说，为了统一文字，焚书也是必要的，这就令人费解也有些背离实情了。搞文字统一运动亦即文字改革，就必须把原有的书都烧掉不可吗？何况在秦始皇烧书的立意中，果真就包含着为让老百姓不去读那些非秦篆的异体字的意思吗？实际上，《史记·秦始皇本纪》对焚书的起因和目的记得很清楚，焚书所要解决的问题，主要是"诸生不师今而师古，以非当世"、"入则心非，出则巷议，夸主以为名，异取以为高，率群下以造谤"等威胁到秦始皇统治的异动，亦即与秦始皇的思想主张不一致的问题，而与统一文字的关系是不大的。

其二，郭老说秦始皇所焚的书并不多，其所据是不能服人的。的确，《史记·秦始皇本纪》上写着，"博士官所职"的书，亦即郭老所说的官家图书馆的书没有烧，但怎见得这些书就是全国图书的最大宗呢？

怎见得散存于全国民间的书就是“并不多”的数量呢？退一步说，即使民间藏书的数量不及官家，但绝对数量也绝不会“并不多”，因为这毕竟是散布在全国的民间藏书呀！这些民间藏书，除了少量医书、占卜书、种树书没烧之外，其余的几乎烧光了，这能说“始皇所焚并不多”吗？

其三，郭老说，老百姓虽然没了书，但可以到官办图书馆去借，这恐怕是想当然。试想，即使在政治和文化都很昌明的今天，要到国家图书馆借书尚且需要一些并不简便的手续，能想象在治民极酷的秦始皇的统治下，老百姓可以自由出入当时的官办图书馆吗？更何况，远离王都官办图书馆的民间读书人，能为了读一本书，就聚三月粮长途跋涉来图书馆借阅吗？

其四，郭老说，不能把项羽烧阿房宫时连带焚书的罪过，也归于秦始皇，这当然是对的。但似乎并没有人那样说过。所谓项羽焚书，实际只是一种推论——书藏于阿房宫，烧了阿房宫，书也就烧没了。实际上，项羽烧不烧书与秦始皇焚书并没有关系，项羽与秦始皇是各有各的账的。

郭老批完了罗两峰《咏始皇》诗的第一句，又批第二句。第二句是“收铁还留博浪椎”。郭老写道：“秦始皇收天下兵器，毁之以为钟鐻，所收者乃铜而非铁。秦前兵器率用青铜为之，秦以后始专用铁。故始皇毁兵，在中国为铜器时代向铁器时代之过渡。且毁兵器而为钟鐻，不更有偃武修文、卖刀买牛之意耶？罗两峰诗句言‘收铁’，已大误。且意存幸灾乐祸，何妙之有！”的确，郭老说的对，秦始皇所收缴的天下兵器，主要应当是用铜做的，所以才铸了十几个铜人和一些铜钟，但罗两峰写的那是诗呀，并不是考古报告，写“收铁”二字，大概不过是为了照应后边的“博浪椎”，因为刺杀秦始皇的博浪椎是用铁做的。这是做诗的需要，是不必拘泥地理解的。郭老的话中，有肯定秦始皇推动铜器时代向铁器时代转变的意思，这无疑是对的。但郭老把秦始皇收缴天下兵器后铸成铜钟，说成是偃武修文，则似嫌牵强。

偃武修文一词的确切含义，本指统治者夺取政权后停止武备，转而主要以礼教、道德治国。揆诸秦始皇之所为，似乎与此不那么相合，秦始皇收缴民间兵器的立意，我以为主要是为了防止反抗，即贾谊《过秦论》所说，是为了“弱天下之民”，就这一点来说，说秦始皇是“偃武”，是说得通的，但其所偃之武，是民间的武器，并不是官府的武备，他一收缴民间的武器，民间的反抗也就自然偃息下去了。但要说秦始皇把收缴的兵器铸成了钟，就代表着他从此“修文”了，恐怕很牵强。诚然，秦始皇订定文字、划一器械（度量衡），应算是“文”的范畴，但从总体来看，秦始皇并不是以礼教、道德治国的，秦始皇用的是韩非之术，拿手的是政治、军事的高压和严酷的刑罚。《汉书·刑法志》说：“至于秦始皇，兼吞战国，遂毁先王之法，灭礼谊之官，专任刑罚，躬操文墨，昼断狱，夜理书，自程决事，日县石之一。而奸邪并生，赭衣塞路，囹圄成市，天下愁怨，溃而叛之。”可以看出，秦始皇的治国之道，主要是来硬的、狠的，以酷法治国，而不讲以礼教治国，不讲德治。郭老在《十批判书》中也说：秦的“天下是一面大刑狱的网，所谓政事，除游观、建筑、南征北伐、东漕西转之外，似乎也只是断狱了。……刑的严酷与花样之多，恐怕也是古今无两。”郭老在说到这些论点时，举了许多原始史料做证据，可证所谈确凿不疑，因篇幅较长，不再引了。就是这样的一个秦始皇，怎么好只凭他铸了几口钟，就断定他有“修文”之意呢？

除了《论秦始皇》一则，郭老在《读〈随园诗话〉札记》一书中，还有两处论及秦始皇的地方，也都对秦始皇富有褒扬之意。一处在《黄巢与李自成》一则中，郭老在赞扬了黄巢和李自成是“公认的农民起义的英雄”之后，写了这样一首诗：“骊冢茂陵俱被掘，鞭尸戳墓几人存？黄巢李闯终人杰，汉武秦皇与共尊。”秦皇汉武在这里与黄巢、李自成并称同列，一同受到推崇，其地位可谓无以复加，较之毛词“秦皇汉武，略输文采”还要高上一档，于此可见，此时秦始皇在郭老心目中的地位之高。

还有一处在《风骨与辣语》一则中，郭老批评袁枚说：“袁枚，于经信《毛诗序》，信《左氏传》，于史骂倒秦始皇、曹操、武则天、黄巢、王安石、李自成。”在这里，秦始皇再次与黄巢和李自成并称，又与曹操、武则天、王安石这几个曾被郭老自己赞赏过的统治阶级人物并称，其中“骂倒”二字，尤可见郭老对袁枚的不满，从这段话中，再次可以看出秦始皇在郭老心目中的地位。

如果将《十批判书》和《读〈随园诗话〉札记》中的论及秦始皇的文字比较一下，可以清楚地看出，郭老前后对秦始皇的评价，已有了很大的差别，甚至可以说是发生了根本性的变化。在《十批判书》里，秦始皇还是个有功有过的人物，郭老既赞且骂，但在《札记》中，秦始皇的过，已经看不到了，郭老只赞不骂，秦始皇差不多已经与农民起义领袖享受同等待遇了。

三、推测一下郭老赞“秦”的原因

我一手拿着《十批判书》，一手拿着《读〈随园诗话〉札记》，真有些弄不明白了：郭老是怎么转变的呢？从学术研究的常情来说，学者如发现了新的材料，或是用了新的研究方法，是会得出与以前不同的结论，从而修改前说的，这是常有的事，也是正常的事。但郭老的转变是否属于这些情况呢？应该说，也许有上面这些因素在，但这些因素，似乎不是决定性的。实际上，郭老从新中国成立前写《十批判书》，一直到1961年底写《札记》之前，对秦始皇的基本评价，并没有什么明显的变化，虽然到了五十年代曾有过要为秦始皇翻案的念头，但并没有写出文章，这说明，此时的郭老还没有完全走出《十批判书》。那么，怎么到了六十年代初，就来了如此巨大的转变呢？

我以为，这与政治形势有关，与毛泽东对秦始皇的赞扬有关。在现代中国，特别是改革开放以前，学术观点往往是会受到政治形势和政治领导人的观点的影响的，这几乎成了一个通例。更何况郭老又是一个一贯紧跟形势、热爱伟大领袖的学者。所以，我考虑，应当从这方面寻找原因，至少，这是一方面的原因。

1961年12月12日，是郭老《读〈随园诗话〉札记》一书脱稿的日子。这一年以及这一年之前，究竟发生了什么事，以至影响到郭老评价秦始皇的观点发生那样大的变化呢？可能有如下两件事。一件是1958年5月8日，毛泽东在党的八大二次会议上做“破除迷信”的报告时，强调要厚今薄古，称赞“秦始皇是厚今薄古的专家”。何以称秦始皇是厚今薄古的专家？大抵是因为他行新政，下令“以古非今者，族”，又下令烧掉他认为妨碍实行自己的主张、有“道古以害今”之嫌的诸子百家之书。毛泽东既然认为秦始皇厚今薄古，那么焚书一事似乎就该翻案了。毛泽东做了“破除迷信”的报告一个月以后，郭老便在《人民日报》上发表了《关于厚今薄古问题》的通信，响应毛泽东“厚今薄古”的号召。除了“破除迷信”这个讲话，毛泽东在五十年代末期以后，对秦始皇的评价越来越高。我想，郭老不是陈寅恪，在当时那种政治形势下，特别是领袖对于秦始皇已有了明确的肯定意见，他是不可能不受影响，不可能不紧跟，不可能不表态的，于是他也就不可能不开始赞扬秦始皇，不可能还抱着《十批判书》不放。

另一件事，就是随着弘扬“厚今薄古”，史学界同时批判了“厚古薄今”，特别是批判了陈寅恪。就在郭老写《札记》的当年，即1961年，史学界开展了批判陈寅恪资产阶级历史观点的斗争。郭老在史学界，一直是以官方的正统史学家的身份出现的，郭老当时的思想，处在一种偏“左”的状态中，在《关于厚今薄古问题》的信中，他曾号召史学界要“在资料的占有上也要超过陈寅恪”。这种“左”的斗争形势，郭老的这种思想状态，恐怕也是促使郭老修改以往的“秦始皇观”，转而更多地赞扬秦始皇的一个重要原因。

当然，也可能还有其他原因。但我说的这两个原因，应当是最重要的，这大概不会错。总之，郭老修改自己的观点，在《札记》中那样热情地赞扬秦始皇，除了部分学术上的原因以外，恐怕主要是政治上的原因，他的《札记》里的新“秦始皇观”，实际主要是听命于最高领袖的“遵命史学”。但不知怎么回事，毛泽东似乎并没有理会郭老的观点已经转变，所以，在“文革”中仍然拿《十批判书》作为郭老的“秦始皇观”的代表来批判，于是就有了《读〈封建论〉呈郭老》一诗。不知是郭老的《读〈随园诗话〉札记》一书，毛泽东根本没有看到，还是根本不相信郭老的观点已经转变了，反正直到“文革”，毛泽东仍然认为郭老是骂秦始皇的，看来，郭老在《札记》中对秦始皇的新表态，并没有起到什么作用，郭老自然也没有被谅解。由此来看，郭老真是有点冤枉了。

郭老写了《读〈随园诗话〉札记》以后五年多时间，“文革”爆发了，及至“批林批孔”的时候，郭老在评价秦始皇的问题上，就更只能遵命了。1973 年 5 月，江青在毛泽东的住处，看到桌子上放着郭沫若的《十批判书》大字本，毛泽东给了江青一本，并说，我的目的是为批判用的，并顺口念了一首诗："郭老从柳退，不及柳宗元。名曰共产党，崇拜孔二先。"三个月之后，8 月 5 日，毛泽东又做了那首《读〈封建论〉呈郭老》。虽然毛泽东只是做了两首诗，且语带善意的幽默，但其内容却是严重峻切的。郭老只好服从领袖了，也可能此时他的思想真的发生了变化，1974 年 2 月 7 日，郭老以《春雷》为题，做了两首七律诗转呈毛泽东，其中有“十批大错明如火，柳论高瞻灿若珠”之句，完全否定了自己的《十批判书》，这就意味着要更多地赞扬秦始皇了。

“左”倾政治的影响力和压迫力，无疑是巨大的，“文革”的烈焰，更是那样的严酷无情。在“文革”中，郭老虽然略受保护，但也受到冲击，更横遭丧子至痛，真如一叶扁舟，挣扎于惊涛骇浪之中，不能自救。郭老的境遇，无疑是让人同情的，他在那种境遇下写下的那些趋时、认错的文字，也是能让人理解的，但在理解之余，又不能不让人感到遗憾和惋惜。

我们有证据！

——默思《南京大屠杀遇难者名录》

“拿证据来！”日本右翼分子说。他们向我们要南京大屠杀的证据。

我们与这些右翼分了打历史官司，说到底，就是打证据。

我们遇到的对手，是一群不见证据不服软的对手。整个日本民族，证据观念都是极强的，不只是右翼分子。所以，我们拿出的证据，不只是给右翼分子看，也是给整个日本国民看，特别是给读了伪史教科书的年青一代看。当然，还要给国际社会看。

日本人证据意识强，渊源有自。明治维新以来，日本人学到了西方的科学精神，学会了西方学术的实证方法，凡立一说，必讲证据，必以事实材料为立论根据，而且举证崇尚绵密，不惮繁琐。若是看一看日本人写的学术论文，便可一目了然。这是一。其二，日本是个法制森严的国度，一般平民都有很强的法制观念，由此便自然孕育出了浓烈的证据意识，涉讼时擅长举证不说，平时争辩也动辄要别人“拿证据来”。崇尚证据，几乎成了日本的国民性。

这种国民性本来是个好东西，但一到了心术不正的右翼分子手里，就仿佛变成了“皇军”手里的武器。

这种既崇尚证据又心术不正的对手，着实不好对付。

我们怎么办？只能拿出证据来！而且要拿出法理学意义上的确凿证据来。空说“铁证如山”是无效的，尽管南京大屠杀天日昭昭，举世皆知。

证据，其实是举不胜举的，但是，真正有效的、能够制服右翼分子的证据，却又并非是唾手可得的。回想当年东京审判、南京审判，虽然世人皆知松井石根、谷寿夫等恶魔是制造南京大屠杀的元凶，但要定他们的罪，仍须以法律承认的证据为依据，而最后也正是靠了这样的证据才使恶魔受到了严惩。

但是，搜集这样的证据并非易事。当时我方提供给法庭的500多件案例，便是费了极大的努力和周折才搜集到的。关于这些证据之不易得的情形，我方当时有一份报告书这样写道：

涉及名誉赧然不宣者有之，事过境迁人去楼空者有之，生死不明无从探悉者有之，故此五百余件均系经极大困难所访得。

实际上，当时南京大屠杀刚刚过去没几年，殉难者的血仿佛还没有干，而证据就已经如此难以搜集了，更何况半个多世纪以后的今天。

然而，正是在这半个多世纪以后的今天，日本右翼分子向我们索要起了证据！猛然，我们醒悟了，我们发现了自己的失误——战后这几十年中，我们竟未曾用心去刻意地搜集和保存南京大屠杀的证据，以致大量的证据被损毁和消失。譬如，南京大屠杀遇难同胞纪念馆是建在当年屠杀现场上的，但施工时却没有注意寻找遇难者的遗骨，直到纪念馆建成后整理草坪时才发现遗骨。对这一重要失误，一位研究者曾极惋惜地说道："当时就想赶快把馆建成，却没有注意挖掘这么重要的历史证据。"再如，通过向大屠杀幸存者做调查以获得证据，本来是早就应该做的工作，但直到近些年才动手，结果，很多当事人早已亡故，证据也随之湮灭。虽然这项工作后来有所收获，但正如许多研究者所叹息的：我们动手太晚了！即使是在调查大屠杀幸存者的过程当中，我们也有不少失误，比如，一些执行调查的人员由于不够专业或是草率，没能在调查问话时对幸存者做正确的调查引导，致使得到的调查材料上不少写的都是诸如"我们家门前堆满了尸体"、"鬼子杀人放火，无恶不作"之类的证词，而这些证词在法律上几乎没有证明力。

反思我们的失误，它说明了什么问题？一方面，固然说明我们民族太善良，常怀“以德报怨”之心，总把别人往好处想，结果君子被小人算计；另一方面，也说明国人的证据意识太淡薄。

何以证据意识淡薄？我想，原因大约有三。长期的农业社会的生活，使国人养成了一种稀松凑合的思维习惯，凡事不大较真，得过且过，相反，凡事都要认真“确认”的习惯却没有养成。此其一。我国的文化传统中有轻视科学技术的弊端，诸如举证、求证、论证之类的逻辑思维方法很不发达，实际上也就是科学思维、科学精神不发达。此其二。人治传统在我国一向居于主流位置，权势往往是大于法制的，所以证据在解决纠纷乃至打官司时常常并不是最重要的，因此人们的证据意识并不十分强烈。此其三。或曰，我国传统学术中不是产生过崇尚证据的乾嘉考据学派吗？不错，是有这个学派。但他们的考据思想和方法并不普及，而且近几十年来还时常受到讥贬，谓之“饾饤琐屑”。以上种种，都聚而成为酿成国人证据意识淡薄的酵母。

右翼分子强烈地刺激了我们，激起了我们奋起纠正以往的失误。清人魏源有名言云，“师夷长技以制夷”，我们纠正失误的方法，就是要向自己的对手学习，学习他们重视证据的长处。在证据问题上，我们不仅要“师夷”，还要“超夷”，只有这样，才能“胜夷”，即战胜对手。近些年来，不论是一些官方机构，还是民间人士，很多中国人都在自觉地做一项工作，就是搜集日寇侵华证据，举凡能够证明日寇侵华罪行的人证、物证、书证等等，都在搜求、保存之列。《南京大屠杀遇难者名录》的编纂出版（朱成山主编，南京出版社 2007 年版），可谓这种搜集证据行动的一个大动作。这部《名录》，是历史上第一部印成书籍的南京大屠杀遇难者名录，厚厚 7 大册，载入遇难者 9000 余名。这既是一部珍贵的历史档案，一部有力的证据集，也堪称一尊镌刻着殉难者名字的纪念碑。

略举两位遇难者的情况记录，以见《名录》的体例和内容之一斑。

高大有，男，60 岁，厨师。遇难前家庭住址为中华门外宝塔根

105 号，遇难时间为 1937 年 12 月 16 日，遇难地点在自己家，遇难方式为被日军枪杀，加害日军部队番号为中岛部队。

黄蜡红，女，8 岁，汉族，南京。遇难前家庭住址为中央门外五班村，遇难时间、遗体掩埋时间为 1937 年 12 月，遇难地点为中央门外五班村家中，遇难方式为被日军枪杀，遗体掩埋地点为迈皋桥回子山。

可以看出，《名录》的体例是相当严谨和科学的，所记录的内容，包括遇难者的姓名、性别、年龄、民族、职业、住址、遇难地点、遇难方式、掩埋时间和地点、加害者部队番号等十多个项目，这种记录方法，全面呈现了遇难者的情况，其具体性、完备性，使之具有了法律证据的特质。《名录》的严谨和科学，还特别表现在对“南京大屠杀遇难者”身份的识别和确认上。体例规定，书中所载的遇难者，其遇害的时间，必须是在 1937 年 12 月 13 日（南京陷落）至 1938 的 1 月底之间，因为这个时间范围是东京法庭所认定的南京大屠杀的时间范围，只有在这段时间内殉难的，才具有“南京大屠杀遇难者”的身份。这样做，是为了保证《名录》的科学性，亦即证据的确凿性，只有这样，才能不给右翼分子以口实。为此，许多在这段时间之前或之后不久在南京殉难的同胞，就只好不记入《名录》了。这样的一份《名录》，无疑是非常专业、正规和科学的，是证明力极强的法理学意义上的确凿证据。这是真正的铁证如山。

在这样一份证据面前，日本右翼分子倘若不是要赖，不是死硬地与中国人民为敌，那么他们就应该有所震动，有所醒悟，而日本年轻人如果看了这份证据，也应该对自己读过的伪史教科书发生怀疑乃至抛弃教科书上的谎言。

“上穷碧落下黄泉，动手动脑找证据。”我们已经这样做了，我们还将继续这样做。我们不能稍有怠懈，不能停下来，因为日本右翼分子总是没个完。我们不仅要编纂《名录》这种人物档案性质的书，还要编纂其他类型的有保存历史证据功能的书籍，如口述史、各种资料汇编、图册等等。举凡具有历史证明力的人证、物证、书证,都应该在我们的搜集、整理、编辑、出版的视野之内。要抓紧时间办这件事。时光流逝越久,证据就越难以搜集。

30万冤魂在看着我们。为他们讨说法,伸张正义,是我们生者的天职。我们要用自己的行动告慰死难的同胞。

烈烈“三不朽”，凛凛一将军

——读《从战争中走来——张爱萍人生记录》

传记的创体

两周夜读，读完了张胜赐寄的他的签名本大著《从战争中走来——张爱萍人生记录》。厚厚的500页书，我翻来覆去地读，在书上不知画了多少杠杠，书的装订线都快掉下来了，像是韦编三绝。书里的情节，常常袭入我的梦境，令我不能安眠。这本书深深地吸引了我，更震撼了我。

张胜的父亲，是张爱萍上将，这本书就是写张爱萍将军的。张胜本人，曾任我军总参谋部战役局局长，他写这本书，既是为父亲写史，更是为大时代写史。

初看书名，这书像是报告文学，但实际是一本极严肃的张爱萍将军的传记。虽是人物传记，写法上却与传统的传记颇有不同，在通常的传记里，一般都是只记传主之事，作者极少出现在传记情节中，但此书却常有张胜当面向张将军提问的情节，作者也融入了传记。通常的传记，主要是记史实，作者较少发议论，司马迁写传记，议论只有“太史公曰”那几句话。但张胜在书中则常常激情四溢地发议论，而议论风格又常具有思辨性。这种传记写法，前所未见，可谓创体。文体本由人定，文成法立，过分拘泥于传统文体会限制人的思想。张胜这本传记，因采用了创造性写法而获得了很大的自由度。

在序言里，张胜说，为写这本书，他请父亲系统地谈了对人生、对一些重大问题的看法。因之,书中留下大量的张将军的答问记录。这些答问录,都是极珍贵的史料,不仅是这本张将军传记的重要史源和骨干内容,更成为后人研究党史军史的第一手材料。张胜用"访谈"来的材料写传记,这本传记便有了"口述史学"的性质和特点。"口述史学",是最容易接近历史原貌的史学方法之一,看着书里那些张将军忆往说故的文字,真好像又回到当时的历史场景中,仿佛又看到了活着的张将军。的确,还有哪种传记材料,比传主自述自己的历史和发表对历史的看法,更能让人了解传主的生平和看出传主的思想呢?张胜"访谈"张将军,让我联想起司马迁为写《李将军列传》访问李广。司马迁说,"余睹李将军,悛悛如鄙人";张胜写父亲,则是"余睹张将军,如何如何"。张胜写的是《张将军列传》。

写传记需用史笔,史笔一般厚重少文。但张胜的史笔却既有写真的厚重,又有文学的美感。他的文字,豪放中带着洒脱,凛然有风骨,又有天籁般的气息。常说"文如其人",我与张胜略有交往,感到他的文很像他的人。又常说"子如其父",看了这书,又觉得张胜其人其文,颇有一点张将军的遗风。

三不朽的人物

中国传统的论人法,有三不朽之说,立德、立功、立言,谓之三不朽。以此衡之张将军,若用"太史公曰"的笔调书之,则可这样写:"张将军,功大,德高,言真,堪称三不朽之人物也。"

将军 15 岁便投身第一次大革命的洪流。在中央苏区,他是团中央秘书长,抗战时期,是皖东北抗日根据地创始人和主要领导者。他是我军海军的主要创建者,在领导两弹一星和航天事业方面,他有重大的组织和领导之功。在"立功"这一项上,张将军可谓功勋卓著。这些事功,已使他成为不朽人物。

但我觉得,更让张将军成为不朽人物的,还是他的人格,即他的"立德”。其人格，我认为足可感动一切正直、善良的人，可以光耀中华青史。

谈人格也要兼及个性，因为二者相联。张胜对父亲的评说是，父亲是一个刚烈的人，一个透明、率直的人，一个孤傲的人，一个天真的共产主义者。张胜还披露了几位领袖人物对张将军个性的评说。最主要的有三句，毛泽东说他：“好犯上。”叶剑英说他：“浑身是刺。”邓小平说他：“军队中有两个人惹不起，你，张爱萍，就是一个。”看来，领袖们对张将军的个性有共识。他们的话，是赞许，还是责怪？读完全书，我觉得，这当中既有赞许和器重，也有责怪和批评。但从这些话里，我读出了张将军的不凡，张将军的刚直，张将军的了不起。张胜对父亲的评语中，我认为“天真”二字最为传神，也最触及本质，“天真”，就是纯洁无瑕，就是没有杂质，张将军正是这样一种“纯粹的人”。

细读全书后，我对将军的人格和个性也做了一个概括：张将军是一个只服从真理的硬骨头。将军刚烈，此为“硬”，硬，是为了坚持真理，为了坚持真理，将军硬得像块金石。张胜在讲到父亲在“文革”中的表现时，引了一句关汉卿的戏文：“我是个蒸不烂煮不熟捶不扁炒不爆响当当一粒铜豌豆。”说将军像一粒铜豌豆，真乃妙喻。铜豌豆掷在地上，定是响当当的金石之声。

评史论人，孔子说，写空言不如记实事。我还是用实例来说明张将军的人格。

“我谁也不跟，我只跟随真理！”

几十年来，在党内生活和国家政治生活中，特别是在历次政治运动中，有个问题经常尖锐地摆在每个党员特别是高级干部的面前，就是：在不同观点、不同政见的分歧中，是跟理还是跟人？是服从真理还是服从权势？是“不唯上，不唯书，只唯实”，还是相反？这真是个严峻的问题。多少人曾被此困扰，多少人因此栽了跟头。不跟真理跟林彪，一些干部上了“贼船”；不跟真理跟“两个凡是”，一些干部又犯了“左”倾僵化错误。张将军的态度是什么呢？他说，“我谁也不跟，我只跟随真理！”“没有真理，任何人都不能让我低头！”

林彪如日中天时，“学毛著要立竿见影”之说风行天下，谁敢说个“不”字？张将军就敢。他讥刺说：“晴天立竿可以见影，阴雨天怎么见影？”“林彪的这些话，摆摆龙门阵还可以，写进文件里就不妥当了。”

对毛泽东同志，张将军一贯持马克思主义科学态度。对毛的功绩，他是崇敬的，他把毛视为自己的导师，自认是“毛泽东思想的信徒”。但他爱师尤爱真理，毛泽东正确时，他紧跟，毛做了错事，他不盲从。对毛的错误，他持坚定的批评态度。鲁迅说，“师如荒谬，不妨叛之”，将军即如此。“文革”前，有一次毛让总参的几个人包括将军去游泳池谈粟裕的问题，当时的情形，将军后来回忆说：“毛起来，穿上件睡衣，说找你们来，是想谈谈粟裕的问题……。大家都没有说话。在这样的场合，以这样的口气，谈这样的问题，这做派我真不能习惯。回来我就跟你妈妈讲了，有变化了，和从前不一样了。”对领袖的这一即使是起于青萍之末的些微变化，张将军也是反感的。到了“文革”时，对毛的个人崇拜达于癫狂，张将军就更是厌恶之极，坚决反对。他说：“我看出来了，……滋生的帝王思想。这是腐朽的，违背历史进程的，这将从根本上瓦解我们的党。”对于制造个人崇拜的阴谋家，他警告人们说：“党允许这些人如此肉麻地吹捧领袖，是极不正常的，是危险的！”将军的这些观点和态度，早于推倒“两个凡是”许多年，是极为难得的。《关于建国以来党的若干历史问题的决议》证明了将军的观点的正确性。耀邦同志曾高度评价张将军的跟理不跟人的立身准则，他对张胜说：“一个真正的马克思主义者，应该是实事求是的，敢于坚持真理的。就像你父亲一样，即使是毛泽东批准的，决定的，他也敢站出来反对！”

在张将军心目中，只有真理高于一切，无论谁搞了不符合马克思主义真理的东西，他都不认同。在“文革”中，为反对中央的“左”倾错误，他讲过这样一段话：“如果党坚持这些错误，丢掉、背弃自己的宗旨和信仰，那就不是我要加入的党，也不是我要革命的目的。我可以走！”这铮铮之言，只有彻底的唯物主义者才敢说，只有真正的共产党人才说得出。

威武不能屈

张将军说他平生有“四不畏”：不畏天命，不畏大人，不畏圣人言，不畏权势。

“文革”的险恶形势，最能考验人的精神硬度。张将军在“文革”中堪称是“威武不能屈的大丈夫”。造反派批斗张将军，抡起铁链要打，将军愤然举起板凳自卫，迫使对方敛手。将军言：“三军可以夺帅，匹夫不可夺志。”他被诬为“特务”身陷囹圄后，坚决不低头，不检讨，更不揭发别人，坚守做人的气节。张胜从将军自牢中夹带出的纸片上看到这样的字迹：“咬紧牙关，战胜屈辱”，“站着死，不跪着生！”由于下笔用力极重，纸片被戳得满是窟窿。

1975 年，将军跟随小平同志搞整顿，常发“今不如昔”的言论，挨批后，他凛然回答：“说我讲‘今不如昔’就是否定‘文革’，告诉你，我不怕，泰山压顶也不能把我骨头压碎！”粉碎“四人帮”之初，国防科委仍在“批邓联张”，声言“邓小平、张爱萍的案不能翻”。陈锡联当时主持中央军委，极力为张将军说好话：“张爱萍同志不过说了句‘今不如昔’嘛，别人也讲过，张爱萍同志讲的话也不完全是这个意思。”会后，有人把话传给了张将军，没想到将军说道：“怎么不是这个意思？我就是这个意思，文革就是今不如昔嘛。”张将军当然领会陈锡联的好意，但他就是“不识时务”，不认这个错。当年，陈独秀曾因反蒋被指控为“危害民国”，大律师章士钊在法庭上好心为之洗刷，但风骨凛然的陈独秀却不领情，慨然声明：他不代表我，要以我的话为准。张将军颇有点像当年的陈独秀。

战场、刑场，无疑是极能考验人格的，但政治运动对人格的考验，有时并不亚于战场刑场。有些将领和干部，当年打仗英勇无比，无愧是英雄好汉，但在党内斗争中，却不分是非地“紧跟”，屈服于权势，甚至为自保或邀功而倾陷他人。庐山会议批彭老总，某些大员的发言，其悖谬无理，诚如张胜所言："真不敢相信是出自我党高级干部之口。"更有一些人卖身投靠，为虎作伥，如吴法宪、邱会作之流。张将军无论在战场上，还是在政治运动中，人格都是伟岸的。他做到了"威武不能屈"，是个顶天立地的大丈夫。

一生"羞奴颜"

张将军一生鄙夷奴性人格，有很强的人格独立意识，曾说，"羞奴颜"是他平生的座右铭。列宁有句名言："肩膀上应该长着自己的脑袋。"张将军就是一个用自己的脑袋想问题的人。胡德平同志说，张将军有一个"自由的灵魂"。

将军一生，从不攀附谁，依仗谁，不搞小圈子，不是所谓"某某的人"，张爱萍就是张爱萍。有一次张胜问父亲："邓小平 1975 年搞整顿，你和万里、胡耀邦、周荣鑫被誉为邓小平的四大干将，你知道吗?"按一般人的想象，将军听了这话一定会高兴，因为这是赞扬的话。没想到将军竟愠然说道："什么邓小平的四大干将？他们是不是我不知道。我不是！我谁的人也不是！"又说："说我是邓小平派，是他手下的四大金刚，这是对我的侮辱！一个人怎么能成为某一个人的工具、信徒呢？这是把自己的人格都贬低了。"他又解释道：在邓小平领导下搞整顿，"是思想体系的一致，我们之间没有任何个人关系"。初看这些话，我猛然一惊，很觉得有些"另类"，但转而又顿感如醍醐灌顶。是啊，党内正常的人际关系，不正是应该这样吗？党员都是在为党工作，没有谁依附谁、谁属于哪个派系的问题。那种拉帮结派、攀龙附凤、人身依附的恶习，是封建帮会意识和军阀意识的产物，与共产党的原则完全不相容。记得小平同志就说过，他很反感那种结帮依附的庸俗习气。将军的话无疑是拔俗的，将军的人格更是拔俗的。在张将军眼里，独立人格才是宝贵的，一个真正的共产党人，必须要有自己的独立人格。

现代人的奴性，从根本上说，是人类从奴隶社会、封建社会带来的。奴隶社会，人直接当奴隶；封建社会是依附关系，当“准奴隶”，当奴才。人的独立意识，是随着人类的思想解放进程而发展和确立起来的。文艺复兴，人类发现自我，要当自己的主人。无产阶级求解放，不但自己不当奴隶、奴才，还要解放全人类，让人人都不当奴隶、奴才。张将军说他平生“四大畏”，“羞奴颜”，正是一种无产阶级的精神解放的人格。用哲学的语言说，这是一种达到了“人的自觉”之境的人格。这种人格，是人类最高贵的人格。

自古以来，凡人和庸人对于官位，多汲汲以求，唯恐官位不高，张将军则总是淡然对之。十二届一中全会上，许多军队同志提议张将军进政治局，后因各种原因没能进入。小平同志对提议者说，“你们不了解爱萍，他是不会计较这些的”。张将军对小平这句话非常看重，认为小平了解自己。张胜曾跟父亲争辩，说还是应该进政治局，张将军厉声说：“政治局是什么？是领袖！党的领袖！毛泽东、总理、少奇同志、任弼时、彭老总，还有老帅们……我们这些人，只是做具体工作的。”张胜不服，说：“不让你进，是怕你进去搅局。”张将军一下被惹恼了，吼道：“不知耻！叫你进，你就进啊？自己有多大点本事，有多大点贡献，还不知道吗？位置再高，不干事，还不是照样挨老百姓骂！”这就是张将军对待官位的态度。“官位事小，为民事大”——这种价值观，不知如今还有多少人有？还有多少人信？

影响将军人格的因素

张将军的人格，在我看来，是卓然特异的优秀，那么，成因何在，哪些因素影响过将军的人格？从张胜书里和其他材料中，我理出了如下几条。

一是马克思主义的熏陶。马克思主义最讲真理，最求真求实，张将军一生服膺此道。二是中国优秀传统文化的影响，特别是儒家优秀思想的影响。张将军讲话，喜援引儒家名言隽语，孔子的“三军可以夺帅，匹夫不可夺志”，孟子的“富贵不能淫，贫贱不能移，威武不能屈，此之谓大丈夫”，《礼记》的“士可杀不可辱”，等等，都经常为将军所引用。有一次将军在新四军中讲演，在讲到“什么是战士”时，援引并化用了孟子和范仲淹等几位先贤的名言，顿时全场一片沸腾，多少年后，人们仍津津乐道将军当时的风采。张胜在书里称他父亲是“最后一个‘士’”，是有些道理的。三是彭德怀元帅对将军的影响较大。将军曾说：“彭德怀教我做人；周恩来教我做事。”张胜说，“在人格上，对他影响最大的要数彭老总”。彭总刚正不阿，为追求真理，敢于冒犯天威，张将军不也是如此吗？张胜还讲过一句很有启发性的话，他说，彭总带出来的将领多耿直刚烈。细想一下，确是如此。黄克诚、胡耀邦、张爱萍、钟伟，这些刚直之士，不都是彭总麾下的三军团将领么？最后，我感到，张将军身上有浓厚的“五四”气质，这表明，将军曾受过“五四”精神的深刻影响。

“言　真”

“三不朽”之一是立言。在这方面，我想用“言真”二字来说明张将军的特点。诚然，张将军在大“言”大理论方面并无自己的一家言，但他在政治、军事、文化等诸多方面，讲过许多坚持真理的真话实话，发表过许多真知灼见。这就是我所说的将军的“言真”。

什么是社会主义？理论家下过不少定义，至今仍在长篇大论地讨论。张将军也给社会主义下过一个定义：“用我自己的话说，什么是社会主义？第一，人民有发言权；第二，共同富裕。”他又认为，“这两条，我们都没有做好”。这个定义，虽然简短，但抓住了社会主义最重要的特征，既着眼于人民的经济利益，也着眼于人民的政治利益，全面体现了人民至上的原则。定义的第一条，与小平同志讲的“没有民主就没有社会主义”，实质是一个意思，即社会主义必须实行民主政治。第二条，其立意和用语与小平理论皆同，说的是社会主义经济目标。将军的定义，值得我们认真思考。

部队经商，弊端甚大，已为历史所证明，但若干年前却成为一时风气。张将军是反对军队经商的。在军委常委会上，他力陈军队经商之弊："军队和政府经商，势必导致官倒，官倒必然导致腐败。穿着军装倒买倒卖，是军队的耻辱，国家的悲哀。提倡部队做买卖赚钱，无异于自毁长城。"这番话，以精辟的论点，雄辩的逻辑，深切的忧患意识，批驳了"部队经商有理"的说辞。他还用历史教训来说明军队经商是饮鸩止渴，自毁长城。他举出岳飞词《满江红》"靖康耻，犹未雪"一句论道："宋朝皇帝为了弥补军费的不足，推行军队经商之略，结果是武功荒疏，军纪涣散，面对一个西夏小国，也是屡战屡败。金兵入侵时，中央政权失控，徽宗、钦宗二帝被俘。这就是历史上的'靖康之耻'。"岳词《满江红》，熟读者不知凡几，但有几人知晓和思考过其中隐含的军队经商的历史教训？

谁能真正不朽

凡是大人物故去，必言"永垂不朽"。但是，果真都不朽么？未必尽然，要看实践。康生、谢富治就是速朽。康生的告别仪式我奉命出席过，横幅上大书"永垂不朽"云云，谢富治也是"不朽"如仪。但没几年这二人就都进了历史垃圾堆。还有的人物，虽然应基本肯定，但因生前做过许多错事，甚至坏事，所以死后久为世人所诟病，说是"不朽"，实际上也打折扣了。谁才能真正永垂不朽？最终还是要由人民和历史说了算。我称张将军是一位三不朽的人物，是根据将军的生平做出的断语，我相信，这必会得到历史的肯定。

（文中所引材料，皆出自《从战争中走来——张爱萍人生记录》）

初稿写于2008年建军节前夕，2009年元月改定

满天风雨满天愁

有这样一本回忆录，读了以后，仿佛耳边有风雨作响，旧诗中的“风雨之词”——“山雨欲来风满楼”，“满城风雨近重阳”，“黑云压城城欲摧”，“秋风秋雨愁煞人”，“满天风雨满天愁”，一齐奔入脑际。这本回忆录，就是刘冰同志所著的《风雨岁月：1964—1976 年的清华》（当代中国出版社 2008 年版）。读着书中那些惊心动魄的历史情节，特别是曾经震惊全国的“刘冰上书事件”，仿佛又回到了那段黑云翻滚、风雨如晦的岁月中。那段岁月，不仅是刘冰所经历的清华所经历的，更是中华民族所经历的。那真是一段“满天风雨满天愁”的岁月啊！

披露“刘冰上书事件”的内情和细节，是这部回忆录最核心、最重要的内容。刘冰作为这一事件的最主要的当事人，他的回忆无疑具有权威性，是无可替代的第一手材料。刘冰上书，指刘冰牵头，与惠宪钧、柳一安、吕方正一起，两次写信给毛泽东，状告迟群、谢静宜。这次上书，具有重大的政治斗争性质，是我党正义力量向邪恶力量发起的一次进攻。迟群当时是清华大学党委书记，一把手，刘冰是副书记。谢静宜当时是北京市委书记。迟谢二人自称是“主席的两个兵”，权势煊赫。信是由小平同志转的。毛泽东阅后批示说，“他们信中的矛头是对着我的”；又说，“小平偏袒刘冰”。毛的批示，不仅批评了刘冰等同志，也批评了小平同志。对小平的批评，实际成为后来“批邓反击右倾翻案风”运动的先声。这是一起颠倒是非的冤案，“文革”后，又颠倒了过来。

刘冰写信告了迟群什么？当年传达“刘冰上书事件”时，并没有公布信的内容。这次《风雨岁月》出版，作为书的附录，刘冰写给毛泽东的两封信，都公布了。阅读了两信后，产生了一个强烈印象：原来这个号称“主席的两个兵”之一的迟群，竟是一个地道的政治流氓。此人政治道德和生活道德皆败坏，政治上心术邪恶、权欲极重、手段阴毒，生活上堕落腐化、污秽不堪，可谓无信无义又无耻。过去每说及“四人帮”，总说王洪文是政治流氓，实际上，江青就不是吗？张春桥、姚文元就不是吗？都是。在“四人帮”的爪牙中，政治流氓就更多了，如陈阿大之流。这个迟群，也是“四人帮”爪牙中的一个政治流氓。若是细细给“四人帮”及其爪牙定性，他们除了是反革命集团，还是一个政治流氓集团。

最近有人著文提出一个问题：假如流氓气极重的顾顺章没有叛变，活到新中国成立后，会怎样？我想，以顾顺章的资历，身居高位是不成问题的，但他的政治流氓本质，必然会给国家、民族带来巨大危害。这虽然只是假设，但从王洪文和迟群这些政治流氓的身上，多少可以想见顾顺章如活到新中国成立后会是什么样子。有人说，顾顺章叛变事件，可以启发人们思考“革命与流氓”这个问题，这话不错。同样，“四人帮”、迟群之流祸乱神州，不是也能启发人们思考这个问题吗？

“文革”中，教育界遭遇灭顶之灾，但“沧海横流，方显出英雄本色”，刘冰等同志在这场灾祸中，堪称英雄好汉。刘冰被打成“黑帮”，被残酷折磨，但他绝不屈服，绝不自诬诬人；他敢于怀疑“文革”，抵抗“两个估计”，绝不向这些谬误投降；他敢向势焰熏天的所谓“主席的两个兵”斗争，直至给毛泽东本人写告状信；他面对领袖的误解和一些高层领导的冷漠，没有沮丧灰心，而是坚信党早晚会把事情搞清楚；他曾写下遗书，随时准备赴死，而绝不向邪恶乞怜求生。刘冰所遭遇的重压，真如泰山一般，特别是领袖的误解，天下能有几人承受得了？但刘冰没有弯腰俯首，心更没有被征服。在政治局会议上，他虽然做了“检查”，但书中披露的真相告诉我们，那不过是一种姜维式的策略。

刘冰挨了那么多整，但对整过他的那些糊涂的善良人，却报以宽恕，甚至还为这些善良人的错误行为做客观分析，说公道话。他写道：

“在那样严重扭曲了的政治环境中，诚实善良的人们出于某种策略上的考虑，有时也会行为与目的相脱节，甚至发生‘煮豆燃萁’的不幸情况。‘渡尽劫波兄弟在，相逢一笑泯恩仇’。我愿本着‘宽以待人，严于律己’的精神，汲取历史教训，团结一致向前看。”恩仇，就是这样消泯在刘冰宽广的胸怀中。

刘冰固然在“文革”中挨过很多整，但自己也并非全无一点错误，他说过违心话，做过违心事，“文革”前也整过人。这些，刘冰在《风雨岁月》里都坦陈了，也自责了。他不像某些文过饰非者，在“文革”等运动中“左”过，甚至犯有罪过，却总想一床锦被盖过，好像自己从来都正确；也没有像另一些人那样，因为曾向极“左”势力做过斗争，就一笔勾销自己在某些运动中乱整人的历史。刘冰在书里郑重表示：“对于过去在政治运动中经我手处理错了的同志，或者不是经我手而处理错了的同志，我都有责任，在这里我向同志们表示诚挚的道歉。”如此严苛地认错责己，非有大器局者不能做到。

政治局会议是我党核心会议，但具体怎么开，一般人难知其详。早闻小平同志“文革”复出后主持政治局会议时，“四人帮”经常在会上兴风作浪，但具体情形如何，未见有人做过披露。刘冰上书后，毛泽东让小平召开政治局会议讨论有关事宜，并让刘冰列席接受“帮助”。这样，刘冰就在《风雨岁月》里记下了当时政治局开会的一些珍闻。

由于有“小平偏袒刘冰”的最高指示，所以，小平同志名为主持政治局会议，实则是挨批，会议的主动权被“四人帮”及“联络员”毛远新所操控。会前，小平与张春桥曾一起听过毛泽东的一些指示，小平做了一些记录，但因耳背没有记全；在政治局会议上，小平把自己记的两片纸放在张春桥的茶几上，说：“我耳朵背，记不详细，请你把主席讲的整理一下。”张春桥竟狂妄地说：“我不整理，我没有记。”列席政治局会议的，还有胡耀邦、胡乔木、周荣鑫、李昌。王洪文大批胡耀邦、周荣鑫说：“你们和无产阶级专政下继续革命背道而驰，教育部不搞教育革命，专讲一些旧观点、旧思想，搞旧的一套。”姚文元也在一旁帮腔说：

"报纸的记者也有反映,群众对你们有意见。"江青怎样表现呢?她"时而坐在沙发上,时而离开座位在会场旁边走动,嘴里嘟囔着,有时猛然提高嗓门,阴阳怪气说几句什么",内容都"是给王、张、姚打气的"。胡乔木说了一句"刘冰同志的第二封信是我送给小平同志的",江青立即用尖厉的声音喊道:"乔木!你反对毛主席呀!我现在才知道。"由于毛泽东的批示是批评小平和刘冰的,所以有些政治局委员即使在心里支持小平和刘冰,也敢怒不敢言。耀帮同志是唯一直言反抗"四人帮"的与会者。他针对王洪文的一些指责,做了坚决的抗辩:"王洪文副主席对我讲了许多话,我在这里声明,他说的那些问题,说我说了什么话,我都郑重表示,我没有那些问题,也没有说过那些话,请求中央查证。"王洪文无言以对。

这是风雨岁月中的一次政治局会议的真实片断。它让我们看到了那时我们党处在一种怎样艰危的时期,那时"四人帮"的气焰是多么嚣张,小平同志和许多主持正义的同志处境是多么艰难。十年风雨岁月,诚为共和国历史上"最危险的时候"!

写历史不能不写人物,写人物自然要写人物姓名,这是史书写作的通例。但不知从何时开始,我国不少史书甚至回忆录在陈述史实时,常常隐去一些人物的名字,使读者一头雾水,无法了解历史真相。据说这是因为有些人物"敏感",或有些人物虽做过坏事,但仍属好人,一提他们曾做过坏事,就侵犯了他们的"名誉权"。这样的理由,对于历史著述来说,根本不能成立,那种隐去人物真实姓名的史书还叫史书吗?所写的历史还是真史吗?

《风雨岁月》就不是这样。此书凡写到人物,必直书其姓名,坏人的姓名直书自不必说,好人做了坏事,也同样直书姓名。例如,在整个上书事件过程中,刘冰曾两次按照组织原则给当时的北京市委书记吴德写信并请求接见,但吴德的态度很冷漠,不支持,不理睬。书里如实记述了事情的过程,并明确写上了吴德的名字。又如,周赤萍是解放军中将,战功显赫,但在担任清华大学工作组负责人时起劲地抓“黑帮”，整老干部，“左”得很。书里如实记下了他的劣迹，且明确写上了周赤萍的名字（另据材料，周后来与林彪事件有牵连，再后来安度晚年）。《风雨岁月》这种秉笔直书的笔法，正是正宗的太史公笔法，亦即忠于历史事实的笔法，用共产党的语言说，就是唯物的、实事求是的笔法。

史书的主要功能之一是彰善瘅恶，记下人的功绩，便是记功碑，记下人的劣迹，便是耻辱柱。“孔子成《春秋》而乱臣贼子惧”，人做了坏事，写入史书，就会留下千古骂名，人心畏此，便会不做或少做坏事。所以，对于那些做了坏事而又必须写入史书的人，必须如实写上其姓名，这样才能起到警世作用。否则，做了坏事，天地间不留一丝痕迹，不受历史的谴责，那谁还怕做有负于历史的事呢？《风雨岁月》指名道姓地书写历史，必会起到彰善瘅恶的作用。

刘冰在《招来横祸》一章中，记录了他与妻子苗既英的一次谈话，让我不禁心头一震，油然想到“两个凡是”的可怕。毛泽东关于刘冰告状信的批示下达后，苗既英对刘冰说：“按这个批示，就会给你定成反对毛主席，反对毛主席就是反革命呀！批示如果编在‘毛选’里，那我们就永世冤枉吗？我看不能。我们要活下去，在世时不能翻案，也要告诉我们的孩子为你翻案。”苗既英的担心，是完全合乎当时政治斗争和意识形态的逻辑的。她最担心批示被编入《毛选》，因为如果那样，刘冰就是板上钉钉、永世遗臭的坏人了。

批示未及编入《毛选》，四人帮就被粉碎了。但马上又出来一个“两个凡是”。小平同志说，如果按照“两个凡是”，自己就不可能出来工作。刘冰当然更是如此，按照“两个凡是”，刘冰的案是永世不能翻的，就是刘冰变成愚公，他的子子孙孙也翻不了。全国那千千万万的冤案，当然也都翻不了。明明是黑白颠倒，但按照“两个凡是”去办，也不能再颠倒过来，这就是“两个凡是”的可怕。我常想，幸亏当初否定了“两个凡是”，不然中国现在会是个什么样子呢？所以，我要赞美否定“两个凡是”之决策的英明。今年，有不少人写纪念改革开放三十周年的文章，常提到当年否定“两个凡是”的斗争。读着这些文章，再品味一下刘冰夫妇的对话，真是感慨万千。

2008年6月20日初稿

2009年1月3日改定

三松堂里无玄虚

这篇小文,原是一篇日记,记于 1995 年 4 月 29 日,是读了三松堂主人冯友兰先生的《中国哲学史新编》、《三松堂学术文集》等几本书,心有所得而写成的,实际是一篇读书札记。把读书所得写进日记,古人常这样做,有名的李慈铭《越缦堂日记》、孙宝瑄《忘山庐日记》中,就有许多内容是读书札记。这其实很自然,读书人以读书为日课,日记中便会留下记录。我写这篇日记,多少有一点模仿先贤的意思,虽然不一定像。近日翻览到这篇日记,觉得还算有点内容,故稍加整理,成此小文。

学术阐释可以走两条相反的路:一是化玄奥为平常,一是化平常为玄奥。朱熹夫子说:“大凡说书,只就眼前说出底便好,崎岖寻出底便不好。”这其实也正是学术阐释的两条相反的路子。冯先生走的是化玄奥为平常的路。

哲学,浓缩了人类的高度智慧,是高度抽象的学问,所以难懂,费解。于是,一些有心让广众也能学懂哲学的哲学家,便试图把哲学书写得通俗浅近一些。“苏格拉底曾经把哲学搬到了人间,我有野心把哲学从书斋搬到俱乐部”,这是冯先生的话,冯先生有这样的雄心,冯氏哲学也有这样的气概。

“只就眼前说出底便好”,朱熹的这个办法,冯先生用的是非常娴熟的。一个难懂的哲理,冯先生拈来一个眼前的俗例,一下子便解释清楚了。譬如,他曾用征婚启事来解释张之洞《劝学篇》里的“主于中学而以西学辅其不足”之说。民国年间的征婚启事常有这样一句套话:“某某女士,新知识,旧道德。”冯先生说,这恰好就是“主于中学而以西学辅其不足”的注脚。又如,宋明道学经常使用“体”、“用”这一对范畴,冯先生说,“体”和“用”的关系,就相当于电灯泡的构造和发光。冯先生就是这样巧妙地用眼前俗事设喻,解释清了艰深的哲理。

在冯先生的著述中,这类妙喻俯拾可得。又如:

——以木匠拜鲁班喻儒士拜儒教创始人孔子。孔子是儒士的祖师爷,相当于鲁班是木匠的祖师爷。

——以“内阁总理”喻朱熹在中国儒学中的地位。在西方君主立宪制下,内阁总理有实权。孔子虽是“至圣先师”,但不如朱总理有实权:宋明以来,朱熹对士子的实际影响大于孔子。

——以“身在曹营心在汉”喻王国维在民国时的心情,以解释王国维之死因。

——以“换汤不换药”和“换药不换汤”比喻两类社会交替之状。

——以黄天霸、《水浒传》人物注解墨家之余绪。

——说到唐代恢复了民族融合,唐代中国的统一民族称之为“唐人”时,举出今例国外的唐人街来比照说明之。

用眼前的俗事来阐述哲理,并非一件容易的事,一要精通哲理,二要擅长择用眼前的俗事。换句话说,就是要想化玄奥为平常,就必须既要精通“玄奥”,又要稔熟“平常”,必须要会脚踩“玄奥”与“平常”两只船,而要脚踩这两只船,贯通二者,就必须头脑极为清晰。冯先生即为头脑极清晰者。张岱年先生曾有评语:“冯芝生学过西方哲学,所以头脑很清楚。”

冯先生的设喻阐释,除准确、通俗、生动之外,还兼具幽默意味。这些特点的造成,非大明白人莫办。绝大智慧和学问就在这一个个释例之中。文学家最善喻,冯先生也善喻,冯先生乃是哲学家而兼具文学家之秉性者。

冯先生为文,不喜欢故弄玄虚,不愿把哲学著作弄得莫测高深。抗战时期,他写过一部《中国哲学史》,由吴稚晖审查,吴氏嫌冯著写得太直,太明白——意思是:哲学史还是应该带一点神秘性,叫人莫测高深,否则,哲学的尊严就会受到损害。这真是一种怪异的想法,学术尊严竟然要靠别人看不懂来维持。吴稚晖其人,一向怪异得很,此话由他说出,毫不足怪。冯先生宁肯不出书,也没有接受吴稚晖的意见。由此也可见冯先生的学术节操之一斑。冯先生如此坚持己见,我想,与他认为“哲学应对社会有用”有关,他素来极喜爱引用横渠四句——“为天地立心,为生民立命,为往圣继绝学,为万世开太平”,这表明他是一个心忧天下的人,在他心目中,哲学是要做干预社会的工具的。

我不知道冯先生的为文,是否受过惯用“委巷语”的佛家语录及宋儒语录的影响,但有一点不会错,就是他总想让别人看懂自己的书,他不愿意把学问弄得云山雾罩。杜国庠说:“玄虚不是中国哲学的精神。”又说:“玄虚不是人生的道路。”冯友兰之为文,也正是发扬了正宗的中国传统哲学的精神,走的是一条非玄虚而实在的路。三松堂里是闻不到玄虚气息的。

管子说,“论卑易行”。因为“论卑”能让人明白。冯友兰的哲学著述便是“论卑易行”者。读冯先生的书,是会越读越明白的。但近年来某些著述家的书,却让人越读越糊涂。比如,对“文化”一词的解释,定义多得不得了,越弄越玄,让人眼晕。我有一位师弟,名人之后,学问比我大多了,但唯有一条不好,就是专爱写让人看不懂的大文,一改其先人擅长写通俗鼓动文字的文风。我还看过吕叔湘先生举的一些晦涩文章的例子,那种阅读感受,岂止是味同嚼蜡呢,简直是在读“密码”,而一旦“密码”破译出来,便又会让人恍然叹曰:不过尔尔,意是如此肤浅、苍白!

《老子》说:“‘道’之出言,淡兮其无味。”道似寡味,实则高妙。同理,越是大方之家,写出的阐释文字便越清楚明白,不光是哲学,其他学科亦然。钱锺书注宋诗,释文有如清溪淙淙,清澈见底。反观如今某些注释,注跟没注也差不多,倒是这些注需要再加注释才行。我总怀疑,这些注释者自己是否真的把要注的东西弄明白了?如果自己都没弄明白,脑子里还是一盆面酱,哪能写出清溪般的注释文字呢?

鬼才杂文

弄杂文不同于做学问，做学问要功夫，弄杂文要才气。古人说，题跋若写得好，需翻海才、射雕手。其实杂文若写得好，更需如此。杂文之才，高下、品类不一，笔者每读杂文，总窃自分别之。近得一套五册杂文集，包括马识途《盛世微言》、何满子《五杂侃》、王春瑜《牛屋杂俎》、黄裳《春夜漫笔》、邵燕祥《杂文作坊》（成都出版社出版，收入"当代名家杂文系列"），品读一过，蓦然生出四字之评：此"鬼才杂文"也。

是人，何以称鬼才？此元人钟嗣成《录鬼簿》之遗意。钟氏称活着的杂剧家为"未死之鬼"，依此推之，则其杂剧作品皆为"鬼才杂剧"。有鬼才杂剧，便有鬼才杂文。

杂文重思想、尚胆识，鬼才杂文于此皆备。其作者皆素有思辨力，皆曾为牛鬼，曾游"炼狱"，故别具观察人生社会之慧眼，能察人所未察，识人所未识，道人所未道。《万岁考》、《语录考》、《也谈姓资姓社》、《狗咬人不是新闻，人咬狗才是新闻》等文字，都是"一鞭一条痕，一掴一掌血"的深刻卓识之作。

杂文家多具血性，疾恶如仇。文天祥有名言云："生无以救国难，死犹为厉鬼以击贼。"鬼才杂文便有几分如此血性。《"扫法盲"从领导扫起》，《未庄评职称的风波》、《"黑帮"小考》等文字，绝非心如古井者所能写出，而只能出自具有"为厉鬼以击贼"之血性者。杂文面对社会痼疾，最需要韧性的战斗精神，所谓"执著如怨鬼，纠缠如毒蛇"。鬼才杂文秉鲁迅先生韧性之遗韵，在与社会痼疾如"左"倾顽症的战斗中，颇有几分怨鬼的执著。

鲁迅写杂文好引古谈史，然而诚如他自己所言："发思古之幽情，往往是为了现在。”为制今而谈古，便要今古一线牵，出入人鬼间。鬼才杂文于此尤擅。其作者或为史家，或为文史通才，皆博通古事，善操史笔，而机锋所向，又在现世。《牛屋杂俎》的序言为一阙《西江月》，可视作鬼才杂文今古一线、出入人鬼的宣言：“五十六年住世，几度牛屋为家。今古一线走天涯，不管风邪浪大。平生投枪所向，枯藤老树昏鸦。是否击中明暗靶？请君评判高下。”鬼才杂文在谈古制今方面，其用心之良苦、制作之精巧，在一定程度上超过了三家村杂文。

鬼才乃异才，杂文能真正杂将起来，便是有异才的表现。知堂说：“文体思想很夹杂的是杂文。”就杂而言，一篇杂文应是一锅“李鸿章杂碎”。五册鬼才杂文从题材内容、写作路数到所用材料、所引书籍，皆斑驳陆离，极尽博杂之能事，其作者堪称烹制“李鸿章杂碎”的料理高手。这些杂文，在有些学问家看来，也许是野狐禅，在某些杂文评论家眼里，也许似随笔、似小品、似散文、似札记，算不上正宗的杂文。但我觉得这正说明这些文章自备一格，正是鬼才杂文的笔路。

唐代诗人李长吉才气怪谲，故人有“鬼才”之目。鬼才杂文的某些立意、构思、用语，不蹈常规，迥异凡俗，也多少有些才气怪谲的味道。《我们将亡于教育吗？》，道出惊世骇俗之论，《薛宝钗乱煮大锅饭》，乃别出心裁之说，《柏拉图式的金钱恋》，为玄思妙想之喻。几本杂文集的书名，也于朴拙中透出睿智神思。

五册鬼才杂文又各自具有独特的笔路风致。《盛世微言》直面龌龊，谠论纵横；《春夜随笔》闲闲落墨，柔中有刚，绵里藏针；《五杂侃》厚积薄发，侃雅侃俗，庄谐并出；《杂文作坊》犀利善辩，有孟文遗风；《牛屋杂俎》颇得“太史公曰”的真精神。

以上褒评，不知是否算哄抬拔高？好在是一己私见，供参考耳。笔者此文意在诚荐是书，故再借一句金圣叹的话作为煞尾：

愿普天下锦绣才子，皆细细读之！

老牛堂的血脉

“三家村”，在古语中指的不过是荒僻的小乡村，但自从邓拓、吴晗、廖沫沙的名字与“三家村”联在一起，“三家村”便具有了全新的、特殊的文化意蕴。

“三家村”的三位俊杰虽早已作古，但其血脉犹存；“三家村”的精神、风骨和文章神韵，都已被后人继承和光大。历史学家村愚先生就可说是“三家村”后又一家，他的《阿 Q 的祖先——老牛堂随笔》，即一部深具“三家村”血脉乃至中华文化血脉的文史随笔集。

“三家村”的血脉，实溯自鲁迅，老牛堂里也充盈着鲁迅精神的遗响。村愚先生(因其书，我喜称他为老牛堂主人)极服膺鲁迅，对鲁迅之书颇精熟，著文也爱道及鲁迅是何种见解，他自己的见解也常有鲁迅遗风。这些，都是能从《老牛堂随笔》中明显看出的。鲁迅有段名言，将中国历史划分为“想做奴隶而不得的时代”和“暂时做稳了奴隶的时代”(《坟·灯下漫笔一》)。老牛堂主人秉此说之神髓，在一篇谈“国粥”的文章中，将中国史划分为“大多数人尚有稀粥喝的时代”和“大多数人连稀粥也喝不上，不得不改变现存秩序，争取能再喝上稀粥的时代”(《一碗粥装得下半部历史》)。这真是新颖、独到而又精湛的见解。“三家村”的文章之所以每每有深刻见解，直接原因就是继承了鲁迅精神，而老牛堂在这方面也是毫不逊色的。

“三家村”的三位俊杰都是以天下为己任的热血战士，他们的文章总是直面人生与社会，洞察世道与人心，使人读后精神升华，倍增济世之心。老牛堂主人也是个时时将天下兴亡系于心中的匹夫，他的文章充满了爱国忧民的忧患意识。《老牛堂随笔》中的《今古何妨一线牵》、

《读〈明代的儒学教官〉》二文，就是他的忧患意识的自白。他写道："我向来主张，史学家应当有忧患意识，史学著作应当有现实感。"又写道："一个有良知的史学家，他的脉搏，应当与时代、人民的脉搏跳动一致，这样才能写出反映人民心声、触动时代敏感神经的作品。"收在《老牛堂随笔》中的《"父母官"考》、《乌纱帽考》、《起哄考》，以及收入他的另一本文史随笔集《"土地庙"随笔》中的《"万岁"考》、《"株连九族"考》等文，就是他的忧患意识的具体体现。老牛堂主人的忧患意识，不仅与"三家村"的以天下为己任的学者良心相通，而且更是上承了以司马迁为代表的"通古今之变"的优秀史学传统；在这种传统中，浙东史学，特别是章实斋关于学术须经世致用的主张，对老牛堂的影响尤为深刻。左丘失明，厥有《国语》，孙子膑脚，兵法修列，大抵皆其人意有郁结而发愤之作；老牛堂主人"文革"中三陷囹圄，爱妻因受株连死于非命，当也为其忧患意识所生之一大因由。

学养深厚，书卷气浓郁，是"三家村"文章的一大特色，老牛堂的文章也同样具有此种特色。老牛堂主人国学根底厚实，对文史古籍非常稔熟，著文常旁征博引，每立一说，总以众例随之，使之读之如饮浓茶醇醪，好生惬意。一篇两千余字的《麻将风行中国的历史》，就引了《坚瓠集》、《桐堦副墨》、《菽园杂记》、《檈斋漫录》、《梅村家藏稿》等 20 种古籍，真使人觉得进了老牛堂，如入天一阁。老牛堂主人运用材料最不喜旧钱新铸，而是极崇尚顾亭林氏的采铜于山自加冶铸。他鄙称那些买旧钱充新铸、倒卖他人牙慧的做法为"二道贩子"。"三家村"中有两位史学家，老牛堂主人也是史学家，这可谓"英雄所学略同"，而这也正是他们的文章皆具有浓厚书卷气的共因吧。

"三家村"的三家都是才子，老牛堂主人也是极具才情的才人。读《老牛堂随笔》，只感到灵动的才气扑面而来，而绝无呆头木脑的章咒气、偈颂气。《老牛堂随笔》的才气特别表现在文章构思的新巧和行文语言的幽默上。鸡年伊始，谈鸡之文如潮，老牛堂的《雪泥鸡爪》一文，以其别出心裁的构思和幽默的标题弄潮涛头，鹤立鸡群。文章从婴儿之男根被昵称为“小鸡鸡”，谈到古代词作名篇《满庭芳·失鸡》，从“风雨如晦，鸡鸣不已”的《诗经》名句，谈到明清胥吏下乡弄得鸡飞狗跳，最后又以评说一幅借鸡谈改革的漫画做了意味深长的煞尾。全文庄谐并出，文史结合，韵调轻松而又寓意深刻；标题“雪泥鸡爪”由成语“雪泥鸿爪”化来，更是奇巧、幽默之至。老牛堂之文，戏言、戏题颇多，然其中实包含许多重大问题，《马桶与文化》、《闲话猪脬》、《九斤老头论》就是这种庄自谐出的妙文。幽默出自睿智，诙谐系于才情，老牛堂里总是回响着智慧的笑声。鲁迅杂文的幽默是冠绝一世的，“三家村”也颇有幽默气质（廖沫沙的诗尤著），老牛堂的幽默与鲁迅、“三家村”是一脉相承的。

我与老牛堂主人相识有年，自认对他的学问、才思有所了解，所以才说了些赞美《老牛堂随笔》的话。但说的是否对，还要靠广大读者亲自过目、品评，诚如禅语所说：“如人饮水，冷暖自知；领会意旨，一切自看。”

满纸沧桑，满纸清雅

——谈赵珩和他的书

赵珩原来无名，我觉得，他现在成名了。因为他写了两本在我看来可以在人们的书架子上长久地立得住的书。一本是谈饮馔掌故的《老饕漫笔——近五十年饮馔摭忆》，一本是谈近五十年来社会文化变迁的《彀外谭屑——近五十年闻见摭忆》。有了这两本书，赵珩在林林总总的历史文化随笔写手中，可以算是一位卓然特出的人物了。

他写的东西有点像邓云乡，谈琐细的历史，如数家珍，而文情之清雅，又似乎胜过邓云乡。云乡公是我的忘年交，他故去时，我心中悲叹：广陵散今绝矣。但看了赵珩的书，便觉得不只是薪火相传，而且大有积薪之概了。作为文化散文，赵珩的文章在许多方面可与余秋雨比肩，而文笔之老到，对中国传统文化的涵养之深厚，似乎又要超过余先生。赵珩的文章，写的多是自己的闻见所及、亲身经历，但却常将眼光放远，前及辽远的古代，不仅有杨衒之、孟元老写洛阳伽蓝，写东京梦影的风致，也有一点太史公通古今之变的遗音。

赵珩是书香子弟，有颇深的家学渊源，曾祖是清朝大吏赵尔丰，曾伯祖是清史馆馆长赵尔巽，父亲是当过中华书局副总编辑的文史专家赵守俨先生。赵珩家的友朋宾客，多是儒林耆旧、学界名宿，正所谓"谈笑有鸿儒，往来无白丁"。赵珩本人，与朱家溍、王世襄、启功、张中行、周绍良等许多文化大家都是忘年交。如此家世，如此交谊，促成了他对中国传统文化的挚爱和独特领悟。读他的《老饕漫笔》，特别是读《彀外谭屑》，总让我有种感觉，这大概是只有世家子弟才写得出的书，就像《红楼梦》必须是生活在王府贵族圈里的曹雪芹才能写出一样。历史上有战国四公子、民国四公子，我觉得赵珩也有点公子味道，但又很难说他像谁。赵珩就是赵珩，我想用一个自造的名词来称呼他，这就是："传统文化遗民"。

赵珩的书虽然多谈晚近之事，但传统文化底蕴极厚，不仅对历史掌故和传统文化知识顺手拈来，而且文笔渊雅，古意纵横。赵珩是个传统文化的杂家，他懂碑帖，懂书画，懂京戏，懂古代风俗，懂古代地图，更懂古来的烹饪饮馔。他的懂不是浮泛的浅知，而是内行眼里的门道。他的这些杂学，他对这类看似不在主流的杂项学问的偏爱，颇有一点朱家溍、王世襄先生的余韵。对于大的历史问题，赵珩似乎研究的不多，但却也时有自己独到的看法。如评论历史人物，他颇懂得钱锺书先生所提倡的"遥体人情，悬想事势，设身局中"之法，一切从历史实际出发，因而总能获得对古人的思想行为的正确理解。

例如，清初大思想家顾亭林晚年择友时，不光考虑政治操守，也考虑学术文化上的认同，以及个人习性的相近。对此，赵珩评论说，近百年来的学者，对顾亭林以及和他同时代的士人们行谊的审度，一直离不开单纯用"政治操守"这把量尺，结果总是局限在"君臣"一义上，而不顾其他一切复杂纠缠的人情物理关系。他写道，"用这样一个导源于乾隆朝修《贰臣传》之际的'阐释架构'，来评价亭林以及其他清初的人士，不但有欠公允，也是不符合于从历史本身来说明历史的准则的"。赵珩所言，当然不是说顾亭林衡人择友时不使用"政治操守"这把量尺，而是说他不仅仅使用这把量尺，同时还考虑到了其他因素。赵珩这样来评说顾亭林，实际是考虑到了当时历史情况的复杂性，考虑到了人的多面性，而他的这种考虑，无疑是符合于"从历史本身来说明历史的准则"的。赵珩对顾氏的论说，应当说是精当和公允的，不但矫正了以往的有简单化倾向的是非标准，也廓清了人们心理上惯有的"英雄都是清一色的"的迷误。

赵珩不但懂很多传统文化，有时还身体力行，按古人之法行事。俗人寄寓寺庙之中，是自古以来中国社会生活的一个奇特现象。对此，赵珩不仅做了研究，还先后在二十余座寺庙里寄寓过，以体验这种古风。赵珩并不信佛，他寄寓寺庙，是因为懂得文学崇尚性灵，故效仿古人到远避尘嚣的寺庙中陶冶气质。赵珩送人礼物，常送题字的扇面。这也是一种古风。扇面上的字都是他自己用端庄秀美的小楷题写的，写的大都是王羲之的《兰亭序》。这种交谊方式，显然是古代文人之习。赵珩不仅仅是个传统文化的观察者、研究者，还是个躬身效法古人的实践者，所以我说赵珩是个“传统文化遗民”。当今急速变化的社会，使许多传统的东西渐渐逝去；生命法则，又使真正懂得原汁原味的传统文化的人越来越少，而赵珩却精力健旺，用他一肚皮的学识，把那些已经逝去或行将逝去的东西讲得富有生机。从这个意义上，我又要说赵珩是个“传统文化遗民”。

富有历史感的人，爱怀旧的人，大抵写出来的忆旧文字，常常透出一缕淡淡的哀伤，这种哀伤，或蕴含着对一去不返的时光的怀恋，或包含着对不堪回首的岁月的谴责。但这种怀恋和谴责，大都是含蓄的，需要读者细细品味。赵珩书中的许多文章都浸透着这种哀伤。《彀外谭屑》中的《幻园补记》一文最为典型。幻园，是赵珩家的一栋住宅和小园，其父祖辈时，许多名人曾到过这里，张学良、陈叔通、梅兰芳、张君秋、陈半丁、王福厂、徐石雪等，都曾做过访客或寄寓于此。这里可以说是北京近现代历史的一角。至今犹存却已然颓败的幻园，是那样深深地唤起了赵珩的无限遐思和感慨，他想到了《封氏闻见记》所记载的唐代大历年间长安第宅更迭变易之速的文字，想到了不知多少古代名园没过几代便化为丘墟。他庆幸幻园未亡的命运，又叹喟时世变迁的迅猛：“半个世纪的时间，很难说是一瞬，其间有多少世事沧桑，然而小园还是那样的宁静。秋风飒飒，黄叶飘零，旧园老屋仍在，已是物是人非。”淡淡的哀伤，流溢在文字间，哀伤的背后，是浓烈的沧桑感和对已逝去的诸多中国传统文化的内容的挚爱和怀恋。《字纸篓儿》一文，更透出了赵珩对世事的哀伤。他写道：“在‘史无前例’的年代，人们除了用旧书报去废品收购站换钱，字纸确实很少见了。‘祸从文字出’，但凡是手书墨迹、往来信函，大都以火攻水淹的办法处理掉，免得招来莫须有的麻烦，字纸篓儿中空空如也，字纸篓儿也几乎失去了原有的作用。”有过“文革”经历的人读了这段文字，都会理解，这实际是一段很沉痛的文字，不只是哀伤，而且是哀怨、哀痛，是对那段荒唐岁月的愤懑和批判。赵珩的书，绝不是只谈风月，不谈兴亡，《彀外谭屑》绝不等同于李渔的《闲情偶寄》。

赵珩的文字很美，简直一出手便是美文。我曾与他一起开会，他的有些发言，仿佛记录下来就是好文章，真是天籁，而他若是精心结撰，那就必是美文无疑了。《彀外谭屑》中有许多极美的文字，令我拍案称绝，也令我这个多年弄笔杆的写字匠心生嫉妒。他写南方水巷的帘子：“至于江南水巷，那帘多是挑出窗外的。轩窗无檐，每将竹帘垂下，南方人多会用根棍子将帘支起，谓之挑帘，其目的多是为了使窗与帘之间形成一个小小的空间，有如北方廊檐下悬帘的作用。近水轩榭，竹帘轻挑，无论是临窗把酒，还是凭栏品茗，间壁的粉墙乌瓦，河中的柔橹轻篙，都会从帘中透过，成动静等观之趣。”小小一个水巷的帘子，他竟能说出这么多道理，品出这么多意趣，写出这么多自然与人工之美，真是一种文化的匠心。讲建筑学的道理，他有点像陈从周先生，而文字之清雅、空灵，又颇像晚明的小品文。

赵珩好古，但绝无迂腐气，他在读古书、谈古事之余，也时常关注外国文化，关注现代的外国人，这在他的文章中多有反映。《三百年来淡巴菰》一文，古今中外的吸烟史，他都能娓娓道来。他谈到，雪茄烟过去叫吕宋烟，吕宋就是菲律宾，而真正最好的雪茄是淡巴菰的故乡古巴。美国的室内绝不许吸烟，但法国是吸烟者的天堂，在法国塞纳河左岸的拉丁区，可以看到法国姑娘在咖啡室里抽烟斗，对此，赵珩评论说：“拉丁区的自由精神与浪漫情怀，大概正在于此吧。”他把抽烟之状看做是文化精神的一种反映。这真是一个有趣而又有意义的发现。

我虽算是赵珩的朋友，但相交并不很深，可我向别人谈起赵珩，总是爱说“我的朋友赵珩”，这委实有一点炫耀的意思，就像当年的文人炫耀"我的朋友胡适之"一样。这是由于,我觉得赵珩有点不凡,人不凡,文更不凡。眼前书桌上,正放着他的《老饕漫笔》和《彀外谭屑》,随手翻翻,便觉得满纸沧桑,满纸清雅,满纸古典情怀。赵珩其文其人,的确有点不凡。

卷二

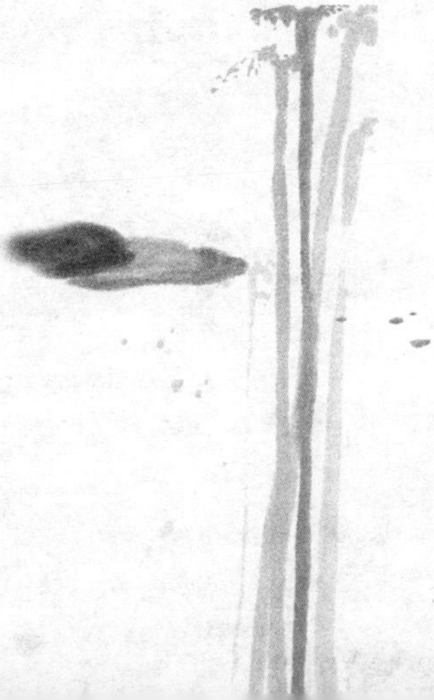

师爷的著作

从明朝中晚期，历经清朝一代，降至民初，在大约三百多年的时间里，中国的官府衙门中，活跃着一批被人们称为"师爷"的人物。"师爷"是一种俗称，正规些的叫法应是"幕客"、"幕宾"，但师爷一称最为广泛，也最为今人所熟悉。由于绍兴人当师爷的极多，且遍布全国，名声极大，故久而久之形成了一个专门称谓——"绍兴师爷"。"绍兴师爷"一称除了指绍兴籍师爷以外，又经辗转流传，几近成为一般师爷的统称。但比较起来，还是"师爷"二字的涵盖面最大，也最通俗、最通行。所以，我这篇小文，就以《师爷的著作》名之。这也就表明，我所谈的师爷，既包括绍兴籍的师爷，也包括非绍兴籍的师爷，总之是所有一切从事幕业即师爷行业的人。

几年前，我应商务印书馆之约写《中国的师爷》一书时，发现历史上不少师爷，包括终生从事幕业和曾经从事过幕业的师爷，都有著作行世。这些著作，或是幕业教科书，或是师爷间的通信集，或是文史类的学术专著，或是生平自传，还有笔记小说、风土记、诗词之类的杂著。我感觉，师爷的著作，俨然成了一个门类，就仿佛我们平时所常说的"文人的著作"、"学者的著作"、"政治家的著作"那样。师爷的著作，自然会有自己的特点，这主要是职业特点，即带有浓重的幕业气息。那么，幕业是怎样一种职业？师爷又是怎样一类人？要想读懂师爷的著作，这两个问题是必须要首先弄清的。

清代有句谚语，叫做"无幕不成衙"，意思是：一个衙门，若是没有幕客即师爷，也就不成其为衙门了。也就是说，有衙门必定有师爷。这句谚语，反映了师爷在当时社会中极为兴盛的情况。师爷是地方官府中的主要官员私人聘请的“佐治”人物，他们从主官（幕主）那儿拿薪水，只对主官个人负责。师爷“佐治”的内容，包括帮助主官判案、催收钱粮、书写信札文告等等，因之师爷又具体分为刑名师爷、钱谷师爷、书启师爷等名目。清代著名小说家李伯元所著的小说《文明小史》第三十回写道：“什么叫做‘作幕’？就是各省的那些衙门，无论大小，总有一位刑名老夫子，一位钱谷老夫子。”所谓“作幕”，就是佐治当师爷；刑名、钱谷老夫子，一个是帮官员断案的，一个是帮官员收税征粮的，他们是州县衙门中最重要的两种师爷。

师爷是官府衙门中极为活跃、极其重要的人物。他们被主官“倚为左右手”，不可或缺。他们本身虽然不是官，却“操三寸管，臆揣官事”，手中掌握了相当一部分官府的实际权力。他们名义上虽是“佐官以治”，实际在很大程度上是“代官出治”。他们是一群没有官位、官品的实权人物。他们的活动，对于当时的政治生活和社会生活，产生了极为重要和深刻的影响。他们的思维方式和行为方式，对于后世的影响，直到今天仍是余音袅袅，不绝如缕。我们知道，明清时代，相当多的地方官是科甲出身，终身所习，无非八股，脑袋里除了“起承转合”就是子曰诗云，一旦外放为一方父母官，催粮征税，审人判案，送往迎来，做报告递文呈，一样也做不来，在事务堆里，脑袋像一盆浆糊，所以非得有具有“专业知识”的师爷帮衬乃至替他们当家不可。府县两级的师爷是中低级师爷，绍兴人极多，大抵功名不高，甚至没有功名，但是他们的“专业知识”世代相承，秘不外传，俨然是一门独家手艺，明清两代几乎所有基层的政务，全由他们一手包办。他们的经济收入，除了从聘他们的幕主手里领得薪水之外，一旦行政机器运转起来，他们还会按官场“行规”和社会上的“行情”，收取薪水以外“该得”的酬劳。

道台以上的官所聘的幕宾系高级师爷，他们大抵有高级功名，至少是个举人，当然也有以秀才之身因特别出色被人看准的，高级师爷所办理的事务与一般州县师爷不同，办的多是军政大事，而非刑名、钱谷一类俗务，因而威风得很。当年左宗棠给骆秉章做师爷时，所有军政大事，一手专断，晚清大学问家樊樊山的父亲身为正二品的总兵，只因惹着了左师爷，左师爷一句话，总兵大人的乌纱帽就丢了。包办奏章的文案夫子一支笔往往又辣又刁，夸谁可以使之上天，整谁就叫你入十八层地狱。当年曾国藩要参劾翁同书，无论如何参不动，李鸿章（时为曾之幕宾）一支笔，立马给翁判了个"死缓"（斩监候）。另外，像为了给某武员掩饰败绩，而上奏将"屡战屡败"改为"屡败屡战"的生花之笔，更是师爷的杰作。

正因为师爷能办官员办不了的事，甚至有摆平一切棘手之事的能耐，所以在官衙中的地位颇尊贵，主官尊称他们为"老夫子"或"老师"，衙役们更是要仰首望之。的确，从某种意义上讲，如果没有了他们，清王朝的行政机器便难以正常运转，而有了他们，官员们便仿佛黑夜有了蜡烛，而且，有心的官员们还能从"老师"身上学到不少办理刑名、钱谷事务的本领。凡是当过师爷的人再走仕途，往往都会成为非常干练而且务实的官僚，因为，作幕的经历为他们提供了做官的经验，至少，他们不容易被人"忽悠"了。

清代许多著名人物和民国以来的许多名人的先世或亲戚，都当过师爷。这是师爷曾经广泛存在并深刻影响当时政治生活的鲜明印记和证据。例如，清代著名思想家李恕谷当过桐乡县郭子坚的师爷，名幕兼学者汪辉祖当过16位幕主的师爷，著名学者孙星衍当过陕西巡抚毕沅的师爷，《聊斋志异》的著者蒲松龄当过宝应县令孙惠的师爷，林则徐当过两江总督百龄和福建巡抚张师诚的师爷，李鸿章当过曾国藩的师爷，左宗棠当过骆秉章的师爷，戊戌六君子之一的杨锐当过张之洞的师爷，袁世凯和《老残游记》的作者刘鹗都当过山东巡抚张曜的师爷，秋瑾的祖父秋桐豫当过东三省总督赵尔巽的师爷，辛亥革命志士朱执信的先世、国民党元老胡汉民的先世、国民党领袖蒋介石的父亲，都当过师爷。鲁迅先生家族中有十多人当过师爷。例如，其表兄阮和荪长期在河北、山西等地当师爷，辛亥革命后在北京谋事，《鲁迅日记》中关于他的记载有七十余处之多。鲁迅的表弟阮久荪，也在山西当过师爷，后患精神病来到北京，鲁迅的著名小说《狂人日记》中的“狂人”就很有些阮久荪患病的影子，有的研究者认为这位当过师爷的阮久荪就是“狂人”的原型。还有，周恩来的祖父周殿魁和外祖父万青选也都当过师爷。

师爷，不论是从他们在当时社会中的重要作用以及对后世的影响讲，还是从许多名人与他们的关联讲，他们都是值得史家认真注意、好好研究的一个社会群体。

在许多人的心目中，师爷都不是好人，而是一群心术不正、阴险奸猾、舞文弄墨、谋私作恶的家伙。在不少小说和戏剧中，师爷也被派为反角，成为人们奚落和嘲讽的对象。实际上，这里存在着一个很大的误区，即以偏概全的误区。历史的真实情况是：师爷不过是一种职业，师爷是有良莠之分的，好师爷在历史上被称为“良幕”、“上幕”，坏师爷被称为“劣幕”。师爷的良莠是有发展阶段的，从师爷的整体状况看，清朝中期以前，师爷中“良幕”居多，清朝中期以后，师爷逐渐“劣幕化”，坏师爷越来越多。但即使到了晚清，也不能说凡师爷皆坏。若是把师爷作为一种文化现象来看，就更可以看出，对师爷是不能笼统否定的。“师爷文化”中有许多值得肯定的东西，比如：师爷因长期操办具体事务而养成的周密的思维方式和干练的办事作风；刑名、钱谷、书启师爷在法律、财会和文书业务上的办事技能；许多师爷是诗文家、学者，他们写出的文章、著作、诗词、尺牍、日记等等，都是宝贵的文化财富。

若是把三百年来的师爷以及曾经当过师爷的人写的作品统统网罗起来，一定是极可观的，但这很难做到，也没有必要。有选择地编辑、注释若干位师爷以及曾经当过师爷的著名人物的著作出版，则是很有意义的。从这些著作中，我们不仅可以了解到师爷这一社会群体的概况，可以窥见当时社会和官衙中的许多实况，还可以通过这些作品的丰富内容和优美的文笔学到许多知识和作文的办法。缘于这些考虑，我主编了一套《中国师爷名著丛书》。这套书共含 7 种，每种为一部或两部师爷著作。这些著作的原名，今人看起来是很费解的，不知它在说什么，所以我为这些著作取了新名字，原名作为副名。这 7 种书是：《一个师爷的官场经》，包括清人汪辉祖的《学治臆说》和《佐治药言》；《一个师爷的办案经》，包括清人王又槐的《办案要略》和佚名《刑幕要略》；《一个师爷的执笔经》，包括清人许同莘的《牍髓》及《公牍学史（清代）》；《一个师爷的牢骚话》，即清人龚未斋的《雪鸿轩尺牍》；《一个师爷的家常话》，即清人许葭村的《秋水轩尺牍》；《一个师爷的案牍生涯》，即清人杨恩寿的《北流日记》和《长沙日记》（节选）；《一个师爷的生活自传》，即清人沈三白的《浮生六记》。这 7 种书的著者，皆为清人，清代的师爷最为典型，所以这 7 种书具有典型性。这些著者当中，有的一生做师爷，有的先做师爷后当官，有的又当师爷又经商，有的一生做了许多事，当师爷只是一段生涯。但从书所收入的他们的书，则都与他们的幕业生涯有关，都具有“师爷性”。《浮生六记》以往总是作为文学名著出版，从来没人注意过它的“师爷性”，收进了这套丛书，这部书的“师爷性”便可以凸显出来。

师爷虽然是中国的土特产，但国人真正认真地研究他们并通过他们去认识中国社会，还只是近些年的事。这当中，有许许多多的工作可做，选编师爷著作，便是工作之一。我主编这套《中国师爷名著丛书》，是这种选编工作的一个尝试。陆游曾写过一句对“尝试”抱悲观态度的诗：“斜阳徒倚空三叹，尝试成功自古无。”若是认可了他这种说法，那就干脆什么都别尝试，守着旧物呆着就是了。我还是相信胡适先生的话：“天下绝没有不尝试而能成功的事，也没有不用尝试就可预料成功的事。”所以，我尝试了一下。现在，这套《中国师爷名著丛书》就要由九洲出版社出版了，我想，一旦书投放进市场，我的尝试是否成功，很快就能被检验出来。

绍兴师爷的恐惧

鲁迅的家族、亲戚中有十来个当师爷的，其中有两三个作幕多年后得了精神病，鲁迅以他们为原型，塑造了“狂人”的形象。“狂人”的原型是绍兴师爷，这不全是偶然的巧合。这当中隐含着一个重要的信息，就是绍兴师爷特别是清朝中后期走下坡路的绍兴师爷，是一群普遍存在心理失衡乃至精神障碍的人群，其中有不少人甚至一如《狂人日记》中的那位迫害狂患者。

绍兴师爷的这一精神特征，以往明清史家绝少谈及。最近读到的一本王振忠著的《绍兴师爷》，则抓住了这一精神特征，揭开了绍兴师爷这一社会人群内心世界的重要一角。

绍兴师爷以刀笔杀人，不论杀得对否，都常有一种负罪感，或叫“原罪感”，而他们又深信“种瓜得瓜，种豆得豆；夙业牵缠，因缘终凑”的说教（纪昀《阅微草堂笔记·姑妄听之四》），所以总怕遭报应，怕那些死在自己手里的案犯、冤鬼前来索命，他们常常夜里做噩梦，白天精神恍惚，梦见和恍惚看到死者前来报复，有的甚至惊吓而死。作者对绍兴师爷的这一精神现象做了较细致、深入的描摹和解析。《梦魇——轮回报应的恐惧》是谈及这一现象的专节，从标题看，“轮回报应的恐惧”，是对绍兴师爷心理失衡及精神症状的精到概括，“梦魇”，又把恐惧之状概括得很传神。文首劈头引了一句绍兴师爷的同乡——祥林嫂的话：“一个人死了之后，究竟有没有魂灵？”“那么，也就有地狱了？”更是一竿子插到了绍兴师爷那充满轮回报应观念的灵魂的深处。文末又对鲁迅笔下“狂人”的恐怖、幻想症状的起因做了论断，认为是“源于绍兴师爷对轮回报应的恐惧”，这实质是对绍兴师爷心理失衡及精神症状的起因下的论断。作者在开掘此类史料上下了不少工夫，从师爷的自传、尺牍及清代笔记野史中找到多条颇能说明问题的材料，如书中所举的名幕汪辉祖梦见一妇人拉他到阎罗王面前去评理，刑名师爷郑春潭恍惚见到有冤魂前来索命，就都是很能反映绍兴师爷精神状态的典型材料。

从人心可以观世事，而且可以更深刻地洞明世事。从冯小青的性心理变态，可以深刻体察到古代妇女受压抑的程度，从八旗子弟的"玩心重"，可以洞见旗人"残灯末庙"的颓败。同样，从绍兴师爷的病态心理，可以深刻地反观绍兴师爷及其相关制度的种种积弊。这种联系，合观《梦魇》及《师爷判案的技巧与伎俩》等书中其他章节就可以清楚地看出。

> "老师爷讲述办事的经验，诉讼要叫原告胜时，说他如不真是吃了亏，不会来打官司的，要叫被告胜时便说原告率先告状，可见健讼。又如长幼相讼，责年长者曰，为何欺侮弱者，则幼者胜，责年幼者曰，若不敬长老，则长者胜，余仿此。"（周作人《知堂集外文·〈亦报〉随笔·师爷笔法》）

这种"师爷笔法"，在清朝中后期曾经相当流行。有了这种"师爷笔法"，便有了"衙门深似海，弊病大如天"，"公堂一点朱，下民一点血"，"冤死不告状"等等饱含着小民血泪的俗谚，也便有了师爷的"轮回报应的恐惧"。师爷精神上所以出现病态，是他们的笔刀、苦嘴、辣手酿出的苦果，是他们造下的罪孽的报偿，是清朝幕府制度、法律制度弊端的折射。

"师爷笔法"是个带血腥气的名词，诸如断章取义，随意加减，歪曲事理，诛心构陷，等等，不知造下了多少"笔孽"。"师爷笔法"值得好好研究。从《绍兴师爷》探讨了绍兴师爷流布各地后给当地风俗变迁带来的影响，使我想到也应该研究"师爷笔法"给清朝及后世政治生活带来的影响。清朝及后世的文字狱，大抵深受了"师爷笔法"的浸润，森森笔刀之下，不知结果了多少性命。“文革”中的无限上纲、诛心之法，更是深得“师爷笔法”的三昧。“师爷笔法”给中国人的政治生活和精神生活打下的印记太深了，可以说于今也未能尽去，这是很耐人寻味的。

清代“考工记”

久闻清代有所谓“匠作则例”，推测与工匠、工程有关，然不得其详。忽一日，收到牛皮纸包裹邮件一份，系北京古籍出版社编辑阎慰鹏君所寄，拆包一看，不想竟是一册《清代匠作则例汇编·佛作门神作》。有书自远方来，不亦乐乎！

此书出版者即为阎君所在之古籍社。书为小32开，硬皮精装，灰底色封面，上有石雕佛像一尊。书名诸字为民国间建筑学者朱启钤墨迹，落款为“紫江朱启钤题”，钤印为“蠖公”，蠖公为朱氏之号。

此书编著者为王世襄。世襄先生为文博大家，学界奇人，大名鼎鼎。所著《锦灰堆》等二十余种书多为奇书，每书问世，皆国人争睹，洛阳纸贵。我仰慕先生久矣，特托人持《清代匠作则例汇编》造府请求题字，先生欣然应之；“雅鉴”云云，令我既喜且愧。

清代营造界，不论官府抑或民间，编有大量“匠作则例”之书，以为营造法度、工匠规矩。然除刘敦桢、王璧文、梁思成诸先贤对此有过整理研究外，问津者极少，众多则例之书星散无序，或被隐为枕中秘本，既难寻觅，更难利用。幸有世襄先生孜孜矻矻，“上穷碧落下黄泉，动手动脚觅则例”，编成《汇编》巨帙。我所得到的北京古籍版《汇编·佛作门神作》，只是整部《汇编》巨帙中的两种匠作资料。

工匠则例之书，并非起自清代，而是有遥远的文脉可寻。《周礼》之《考工记》，宋李诫之《营造法式》，元薛景石之《梓人遗制》，明人之《鲁班经匠家镜》，皆是清代匠作则例的远祖及近祖。世襄先生之书，上承古之文脉，可谓清代的《考工记》，世襄先生其人，堪称现代的李诫、薛景石。世襄先生的曾祖王庆云，曾任清朝工部尚书，营造之事为其所辖，又兼有学者身份，著有《石渠余记》。世襄先生编著营造之书，莫非有祖上流风余韵乎？

匠作则例之书，于研治中国历史文化，用处可谓多且大矣。姑举数端如下。

考证史事，首重史源。匠作则例，即是考证多项专史所需要的大宗史源。不仅建筑史、科技史的考证可取资于此，其他如社会史、风俗史、宗教史、艺术史，乃至军事史、器物史等等，皆可于此获得有用的考据资料。以门神信仰论，匠作中竟形成门神一作，亦即门神生产专业化，足见中国旧世门神信仰之深广，门神势力之雄大，民众迷信之坚牢。佛作的兴盛，更是佛教文化在中土落地生根的确凿史证。南朝四百八十寺，燕都千余座僧庙尼庵，大抵都离不开佛作匠人的营造和修缮。三联书店出版过周纬先生所著《中国兵器史稿》一书，此书所开史源虽可称宏富，但因未取资清嘉庆间《工部军器则例》，致有遗珠之憾。津门友人吴裕成，著有《中国门文化》力作，但因未及见世襄先生的《汇编·佛作门神作》，故未能在书中论及有关清代门神匠作的情况。世襄先生本人也有过与匠作则例失之交臂的遗憾。几年前，他在为明人黄成的《髹饰录》做解说时，因不知则例中有关于漆作的材料，故未能用来注解髹饰工艺。

生产分工的粗细，乃是衡量一种生产方式高下的准绳之一。由《汇编·佛作门神作》一书，可以窥见清代匠作分工之细密，营造工艺之发达。当代建筑名家陈从周在《梓室余墨》中写过一条题为“北方工匠分类细致”的笔记，文曰：“北方匠作分瓦、木、扎石、土、油漆、彩画、糊等多种。砖雕程序为标、打、耕、画。”称许北方工匠分工的细密。然读过《汇编·佛作门神作》一书，始知陈先生所言颇不完备。在《汇编》序例中，世襄先生根据从七十余种则例中缕出的线索，详举了43种匠作的名目，如土作、大木作、搭台作、石作、瓦作、琉璃作、漆作、泥金作、油作、画作、佛作、门神作、裱作、装修作、雕銮作、镟作、锭铰作、灯作等等，大大超过了陈先生所列举者，其中许多名目闻所未闻。清代匠作的分工之细密，于此豁然见之，一目了然。

世襄先生的这部《汇编·佛作门神作》，虽是一部无关政治的述古问学之作，却也经历了现代“秦火”的烧灼，它与整部《汇编》一起，曾有过在襁褓之中就险些丧命的经历。早在四十多年前，《清代匠作则例》的编纂计划就已作好，但浩劫骤起，计划遂被当道弃为废纸，一份珍稀的家藏原始资料《钦定工部则例》也被抄走。若非四匪倒台、云开雨霁，恐怕也就没有这部《汇编·佛作门神作》了。

商人之书二题

一、谈商人读物与商人著书

古代中国以农立国，以儒化民，故农书、经书发达；商为末艺，商人卑微，故商人读物（或称商业读物、商业用书）少见，商人著书更如凤毛麟角。经史子集，浩如烟海，商人读物却无插足之地；白圭、范蠡，一代名贾，虽有经商之术，却无论商之书。

明清以来，商品经济空前繁荣，"遍地徽商，钻天洞庭"，商人也空前活跃。与此相联，坊间开始出现专供商人阅读的专门读物，一些有文化的商人也将自己的经商经验写成专书。

明代虽然出现了这类书，但数量不多。江湖散人所辑《士商必要》和陈眉公纂辑的《万宝全书》是较著名的两种。清代，这种书逐渐多起来，隐然成为书林中一项新异的门类。晚清以来，欧风美雨带来西方商学，商人读物更具科学眼光。翻译的商学著作，如光绪年间张相文编译的《商学》；撰著的商学著作，如宣统年间易泽慰编述的《商业地理》。明清商战激烈，有头脑、有远见的商帮很注意从商业读物中学习经商经验。如称雄明清商界的劲旅——徽帮，就很注意阅读书坊为他们刊刻的商业读物《水陆路程宝货辨疑》、《程君房墨谱》等书。

有几部商人读物，特别值得一议。

《江湖必读》，清初坊间流行之书。原为单行本，后被收入丛书性质的《商贾便览》。《江湖必读》主要论述行商在江湖中行事、交际的准则、方法，其中特别详述了行商与牙行的关系，堪称一本商贾跑江湖的教科书。牙行(牙子),是替人介绍买卖,从中赚取佣金的市场经纪人。商人外出做生意,离不开牙行。如何选择牙行?《江湖必读》告诫商人要注意观察牙行的房屋器物和言谈:“投牙三相:相宅、相人、相物。入座试言:言直、言心、言诈。”观察的目的是为找到一家诚厚不欺的牙行,以期少花钱,多办事。该书对于“奸狼之牙”是深怀戒心和憎恶的,但对于牙行的积极作用,则给予了客观的评述。这对于我们正确认识牙行在古代商业中的独特价值很有意义。“车船店脚牙,无罪也被杀”,旧时人们对牙行的偏见是极深的。但《江湖必读》却对牙行做了如下评价:“买卖要牙,装载须埠。买货无牙,称轻物假;卖货无牙,银伪价盲。所谓牙者,权贵贱,别精粗,衡重轻,革伪亡也。”也就是说,牙行在买卖成交的许多环节上都有重要作用。

《商贾便览》,胡中孚编,刻于乾隆十五年。该书包括《工商切要》、《算法摘要》等多种书,举凡算账、交税、用银、用秤、南行气候、商业通信、求神保佑发财等一切商业所用的知识和经验,都在介绍之列,真可谓一部商业大全。

清末民初人徐珂编的《订正新撰商业尺牍》也是一部值得注意的书。商业素重信息,商业联络极为重要,故商业尺牍成为必不可少的工具。撰写商业尺牍需要哪些商业知识?这种尺牍有哪些专业特点?具体怎样撰写?《商业尺牍》详细回答了这些问题。此书“编辑大意”说:“是编于一切商业事项及其他之与商业有关者,无不备述,期于商业之普通知识,明晰无遗。”可知其介绍商业知识的范围很广很全。商业活动讲效率,节奏快,商业信息的传递需要准确、简明、迅速。故商业尺牍必须简明扼要,不能繁文冗言。《商业尺牍》云:“商界书信,无论尊长晚辈,均以简明为主。”简明,成为商业尺牍的重要规范。为了让商人撰写尺牍时有具体的范式可循,此书还举出种种商业活动所用尺牍的具体文字。如“买卖类”介绍了《与友人托办货》一封,信中既叙友情,又谈生意;既温雅,又实在。其套语式的内容,对于那些少墨无文的商贾来说,无疑是一碗现成饭,他们只要将尺牍拿来照抄,再填上托人所办货物的名称和通信双方的名字就可以了。

商人读物，既有士人写的，也有商人自撰的。后者如明末某徽商为解决市民、商贾应酬之需，编写了《如面谈》一书。又如上面所举的《商贾便览》的编者胡中孚，是个经营过粮业的商人。商人写商业读物，写的都是自己的经商经验。这种在商言商、现身说法的著作，内容都是很真切和实用的。

商人著书，必须具备相当程度的文化，著书者必须是个亦贾亦儒者。平庸的商人是难言著书的。《商贾便览》的编者胡中孚出身于士大夫家庭，坐店卖货时“兼阅书卷”，正是个亦贾亦儒者。徽商向以“贾而好儒”著称，故能写出《如面谈》之类的著作。

商人读物与商人著书，是商业史、出版史上的佳话，值得我们珍视和研究。我们可以从中看出两点规律：其一，某类书的兴衰，必然系于某种社会变动或某一社会阶层的升降沉浮，这是书史的一大规律。其二，商人读物与商人著书的兴盛，首先并非由于出版业的兴盛，而是由于商业的兴盛；而商人读物与商人著书的兴盛，又必然反过来促进商业的更加兴盛。这一点，古今同理。

二、《客商醒迷》、《传家宝》论商德

百业皆有自己的职业道德，自古而然。商德乃其中之一。对于中国传统商德，我长久以来的理解相当肤浅，以为不外乎“和气生财”、“童叟无欺”之类。但读了《客商一览醒迷》和《传家宝》两本古书之后，方知传统商德的内容颇为厚重，并非我想的那么简单。

《客商一览醒迷》简称《客商醒迷》，作者是明代一位叫李晋德的闽籍商人。这是一本专门为客商写的读物，里面有不少谈商德的文字。从书中引用了不少儒典和史书来看，作者李晋德显然是一位儒商。大概正因为如此，所以作者谈起商德来，常从儒家义理的角度立论。

儒家讲到义利关系时，强调义字为先，生财有道。李晋德谈商德时

贯彻了这个思想。首先，作为商人，李晋德当然是重视发财的。他说："人生于世，非财无以资身；产治有恒，不商何以弘利。"但他又特别强调生财有道，他说："钱财物业，来之有道，义所当得者，必安享永远。若剥削贫穷，蒙昧良善，智术巧取，贪嗜非义，虽得之，亦守之不坚。"他把生财之道分为道义取之和非道义取之两种，并指出二者的结果截然不同。何以道义取之？李晋德的解释是，"富从勤得"；又说："不勤不得，不俭不丰。财物必由勤苦而后得，得之必节俭而后丰。若以来之不勤，而用之亦不节，此其非义财也。"他认为勤劳致富、一勤二俭，才是生财聚财的正道；如此得来的财富是"义财"，否则便是不义之财。

儒家理论有"天理良心"之说，李晋德便讲了许多经商也要讲"天理良心"的道理。他写道："为人丧却良心，生端倾陷害人，惟图己利，……用尽机关，策算无遗……似此之人，不殃其身，必及其裔也。"他认为奸商之所以有恶行，是因为他们丧失了良心，而以丢掉良心换取发财，是不会有好结局的。

孟子有"大丈夫"之论——"富贵不能淫，贫贱不能移，威武不能屈，此之谓大丈夫"，李晋德则提出商人都应该做"真男子"。何为"真男子"？李晋德的标准是：心地光明，诚心不欺，宁甘清淡也不欺人骗人者，便是"真男子"；当个"廉贾"，便是"真男子"。他所说的"真男子"，实际也就是商贾中的"大丈夫"。

《传家宝》的作者叫石成金，是清朝的一个文人。书里有一节独立的文字，标题是《商贾不费钱功德》，是专门谈论商德的，文云："不卖低假货物；不高抬市价；不用大戥小秤；不谋夺生理；不卖污秽肴馔；不欺童叟；人来买急需物货，不故意逼勒以图重财；不忌他人生意茂盛，彼此多方馋毁。"把这段话用今天的语言翻译过来，就是：不卖假冒伪劣商品；不乱涨价；不缺斤短两；不欺行霸市；不卖腐烂变质食品；不欺负儿童老人；不乘人之急牟取暴利；不搞不正当竞争。

读了《客商醒迷》和《传家宝》两书中谈商德的文字，颇生感慨。一是感慨早在几百年前的明清时代，就有人如此精到地谈论过商德；二是感慨古今之人在市场上所遇到的问题和提出的解决办法，竟是惊人地相似。如《传家宝》提出的那八条商德，完全适用于今天，完全可以作为店规张挂在各大商城里。

山西人民出版社将《客商一览醒迷》与《天下水陆路程》、《天下路程图引》合印为一册出版；《传家宝》由天津人民出版社出版。

堕民与《我谈“堕民”》

浙江的宁波、绍兴、台州、金华、湖州等地区，明清以来有过一个贱民阶层，被呼为堕民，又叫惰民、惰贫。堕民很有名，鲁迅先生曾写过一篇《我谈“堕民”》的杂文。对于堕民，我原来只知其名，不知其详，近两天，看了宁波作家王静女士写的一本研究性的调查报告《中国的吉普赛人——慈城堕民田野调查》（宁波出版社 2006 年版），得以窥见堕民的许多历史情况，由此也产生了一些感想。慈城，是宁绍平原上的一座古镇，曾经是堕民的聚居区，至今仍有堕民村遗留，若要研究堕民问题，拿它来做个案，真是再合适不过了。慈城的堕民村，可以说是一副堕民的活标本。

一、人曰“天生的贱胎”

在古书上，常可见到“齐民”的说法，齐民大体是指士农工商这四民，在封建法律上，这四民属于良民的范畴，而堕民则不在其中。堕民是身隶贱籍的，是法定的贱民，他们是没有“良民证”的。他们的贱民身份，可以从很多方面看出来。首先，人们称呼这个阶层，用的都是“堕”、“惰”、“贫”这样的丑陋字眼，这显然是一种歧视和羞辱。从职业上说，堕民干的都是所谓“贱业”。清初文献《堕民猥编》（鲁迅在杂文中引用此书时，误为《堕民猥谈》）上说，堕民“男子则捕蛙，卖饧……立冬打鬼胡，花帽鬼脸，钟鼓戏剧，种种沿门需索。其妇人则为人家拗发髻，剃妇面毛，习媒妁，伴良家新娶妇，梳发为髢”。都是士农工商之业以外的被人瞧不起的卑贱职业。慈城堕民也是这样，他们只能从事像屠宰、剃头、抬轿、详梦等贱业，而不能参加科举考试，也不许通过捐纳做官。在穿衣、居住、婚配等许多琐细的日常生活事项方面，他们也受到很多苛刻的限制。他们是一群被主流社会遗弃的，备受歧视和欺凌的人。在他们头上，不仅压着官府和地主老财，就是一般士农工商，也可以贱视和欺凌他们，在慈城的四民眼里，堕民是"天生的贱胎"，许多四民甚至认为见到堕民都是一种晦气，需要用吐唾沫和念咒语来破解。

那么，堕民的这种卑贱地位，在当时的封建阶级或等级的架构中，处于一种什么位置呢？瞿同祖先生的名著《中国法律与中国社会》回答了这个问题。瞿先生的书有一节叫做《良贱间的不平等》，其中说，中国历史上的社会阶级，贵贱是一种范畴，良贱又是另一种范畴，贵贱是指官吏与平民间的不同地位，良贱则是指良民与贱民之间的不同地位。瞿先生的分析，让我豁然明白，中国历史上的社会阶级，并不像以往在阶级斗争的年代中我们所理解的那样，只有统治阶级与被统治阶级之分，亦即贵贱之间的区分，而是在被统治阶级中，即平民中间也是有等级区分的，这就是良贱之分。四民与堕民就是良贱之分(《清会典》注："四民为良。")，虽然他们都处在与权贵(皇帝、贵族、官吏)对立的地位上，但他们之间，也存在着重大的差异和对立的情形。堕民到四民家去做工，作为主顾的四民就成了他们的主子，他们就是四民的奴仆。堕民路遇种田的农民，也要尊称为"种田官"，见到年老些的四民，便要尊称为"老爷"。清人王煦写过一首咏堕民的小诗，首句是"平民莫笑堕民低"，这里说的"平民"就是四民，这句诗也反映出四民与堕民之间的差异与对立。

瞿先生在书中举出贱民的种类时，也提到了浙江的堕民，同时还举出了与浙江堕民相类的山陕乐户、江南丐户和广东蜑户。瞿先生对于堕民等贱民阶层的解读，让我想到了青年时代读《共产党宣言》时不大理解的一句话，《宣言》说，"在过去的各个历史时代，……几乎在每一个阶级内部又有各种独特的等第"。现在，我对这句话比较理解了。我想，四民与堕民所处的不同地位，不正是平民阶级内部的"独特的等第"

吗？

慈城堕民的地位之卑贱，生活之艰辛，真是令人唏嘘再三。官规族约和乡风民俗竟给堕民定下了多达十条的苛刻的禁忌："一禁入学读书，二禁进入仕途，三禁从事工商，四禁耕种田地，五禁与平民婚配，六禁高声说话，七禁昂首阔步，八禁聚众集议，九禁夜间喧哗，十禁成群结队。"堕民居然连高声说话、昂首阔步都不行！于此可以想见堕民平时那种瑟缩、卑微的样子。这十条禁忌，正如王静在书中所说，剥夺了堕民的言论权、生存权、受教育权和人身自由权，堕民简直比乞丐还要卑贱。堕民的这种卑贱地位，又是世代相传、永世不得翻身的，正像俗语所说的"龙生龙，凤生凤，老鼠生儿打地洞"，堕民只能像老鼠一样，世代打地洞，世代受人欺压，受人凌辱。这让我想起古代印度的种姓制度，堕民真好比就是种姓制度下的那些可怜的"不可接触者"。我更油然想起了"文革"年代的血统论，想到了所谓的"黑五类"，所谓的"可教子女"。细掂一下这十条禁忌，简直就是"全面专政"，这让我恍然产生一种时空错觉：这十条禁忌，莫非是"黑五类"曾经"享用"过的么？曾有论者谓，"文革"是封建遗毒的大泛滥，这话一点也不错，单从"黑五类"的境遇颇似堕民这一点来看，此言也是不虚的。

二、鲁迅谈堕民

鲁迅家乡一带，有堕民分布，鲁迅说他幼年时常能见到堕民，堕民因此自然引起了鲁迅的关注。他写的杂文《我谈"堕民"》，主要谈了堕民的缘起和心态。关于堕民的缘起，历来众说纷纭，王静的书介绍了几种。一说是，顾炎武在《日知录》里说，堕民是宋将焦光瓒部属的后裔。焦光瓒部属投降金兵后，宋人痛恨投降者，便把投降官兵的后裔贬为堕民。一说是明太祖灭元朝后，元朝降兵乞求勿杀，宁愿在民间为奴，于是被贬为堕民。一说是明太祖讨定陈友谅后，陈氏部卒不肯投降，又不便杀掉，故把他们贬为堕民。还有一说是，明初靖难之役（即燕王朱棣篡位)后,诸臣抗命者的子女被贬为堕民。

鲁迅根据历来相传的朱元璋曾将堕民的家门挂上“丐户”的牌子等说法,以及他看到的堕民的职业“分明还有‘教坊’或‘乐户’的余痕”,大体相信堕民的缘起是与朱元璋或朱棣有关的,他不大同意堕民是宋将部属的后裔的说法,他说,“明太祖对于元朝,尚且不肯放肆,他是绝不会来管隔一朝代的降金的宋将的”,鲁迅的这一推测,我想是正确的,因为在明代以前的史料中,未曾发现过有关堕民的记载。鲁迅又推测,“他们的祖先,倒是明初的反抗洪武和永乐皇帝的忠臣义士也说不定”。鲁迅的这个说法,与“堕民是靖难之役抗命诸臣的子女”这一说法颇为相近。但这种说法,王静是不认可的。王静根据许多文献记载和田野调查的资料,认为堕民应是元末驻守在宁绍一带的蒙元士兵的后代。元朝被推翻以后,驻扎在北方的元兵退回到了蒙古草原,而驻守江南的元兵则无法回乡,于是被明朝贬为堕民。这个结论,实际也指出了堕民的民族来源,即堕民都是北方蒙古族人的后代。王静为确立堕民为元兵后裔这一论断,列举了九条理由,我看还是很有说服力的。其中有一条是著名戏剧演员六小龄童(章金莱)的口述,我看可以看做是堕民缘起的最通俗的解释,他说:“我家其实是元末蒙古族的后裔。我的祖先随着蒙古骑兵的铁蹄踢踏,从大漠黄沙的塞北,来到了山清水秀的越国江南。朱元璋灭了元朝建立明朝之后,就把所有留在南方的蒙古人贬为堕民……”这条口述材料应当是可靠的,因为一则章金莱肯定是堕民的后代(堕民的名声不好,一般人唯恐避之不及,不是堕民的后代肯定不会自称是),二则这条材料无疑是一条家传口碑,是关于他们的家庭史的原生态的叙述。

堕民在明代的户籍上是被定为丐籍的,《堕民猥编》上说:“明太祖定户籍,匾其门曰丐。”这位朱皇帝在堕民的家门上标出丐籍,大概是为了羞辱和便于控制堕民。堕民的丐籍后来被某位皇帝除掉了,但他们仍旧居于被人歧视和奴役的地位,仍旧是类似奴婢一样的人,因此鲁迅在杂文中称这些已除掉丐籍的堕民“是一种已经解放了的奴才”。王静在书中说："田野调查发现，慈城人很少称堕民为丐户。"这大抵是由于堕民的丐籍已被除掉的缘故。

关于除掉丐籍即"解放"的时间，鲁迅推测，"这解放就在雍正年间罢，也说不定"。鲁迅的推测应该是有根据的。王静的书中录有几篇关于解除堕民丐籍的文件，一篇是明朝洪武年间的，四篇是清朝雍正年间的，据此来看，堕民解除丐籍的时间，大体应不出这两个朝代，但比较起来，佐证雍正年间解除丐籍的文件更丰富，似应更可靠些，所以，鲁迅推测说堕民丐籍的解除在雍正年间，应该是不错的。我总觉得，鲁迅大概是曾经看到过一点这类文件的，比如，有一份记录雍正除籍的文件，见之于清末以来很流行的徐珂编的《清稗类钞》，而这部书，鲁迅肯定是非常熟悉的。鲁迅的推测当是本于这类文件，而这类文件之中又有二说，所以，鲁迅的推断便没有把话说死。

鲁迅在《我谈"堕民"》中是把堕民称做"奴才"的，这个"奴才"，我想有两重意思，一是说堕民处在被奴役、被歧视的地位，二是说堕民有奴才心态。鲁迅写道："我还记得民国革命之后，我的母亲曾对一个堕民的女人说，'以后我们都一样了，你们可以不要来了。'不料她却勃然变色，愤愤的回答道：'你说的是什么话？……我们是千年万代，要走下去的！'"这里的"走"字，是专指到主子（主顾）家去做劳役。对这位堕民妇人的勃然变色，我原来很不理解，解放了，平等了，怎么还不乐意呢？对鲁迅说这段话的含义，我也弄不大明白。看了王静的书才知道，原来堕民虽然地位卑贱，但由于许多人在富裕人家做活，生活有时比四民还稳定，所以便养成了一种依附主子、自甘为奴的奴才心态。鲁迅在这篇杂文中对他们这种奴才心态颇为感慨："就是为了一点点犒赏，不但安于做奴才，而且还要做更广泛的奴才，还得出钱去买做奴才的权利，这是堕民以外的自由人所万想不到的罢。"所谓出钱买做奴才的权利，是指堕民花钱去买到某个主子家服役的机会，即服役权。那些作为服役对象的主家，被堕民称之为"脚棣"。鲁迅的回忆和感慨，显然含着一些讥讽堕民有奴才心态的意思。鲁迅的同乡、清代作家范寅对堕民也曾有过类似的讥讽性的评论，他在《论堕贫》里说，堕民“其境堪怜，其情堪悯，而其行实在可贱焉”。这种评说，实际也是社会上一般民众对堕民的印象。

鲁迅一生最痛恨奴颜媚骨，奴才思想是他在文章中经常讥刺的对象。他把堕民称之为“奴才”，并引述自己的见闻来讥讽他们的奴才心态，这实际是他贬斥奴颜媚骨的一贯态度的一缕流露。鲁迅对于堕民的苦况当然是悲悯的，但在悲悯的同时，又抱持着一种“哀其不幸，怒其不争”的心境。这种既冷峻，又极为理性的心境和态度，是鲁迅对于旧中国愚弱国民的一贯态度，对待堕民，自然也没有例外。

《中国流氓史》补谈

在传统史学家的眼里，流氓史是进不了史学殿堂的。因之自古无人为流氓写史。太史公的《游侠列传》算是有一点流氓史的性质，因为流氓与游侠在历史上有点瓜葛，但《游侠列传》毕竟不是《流氓列传》。

七十多年前，鲁迅先生在给曹聚仁的一封信里说，应当重编一部中国史，其中包括社会史、艺术史、赌博史、娼妓史、文祸史等等。受此启发，我想，还应当写一部流氓史。何以要为流氓做史？简言之，因为流氓在社会和历史中的作用不可等闲视之。关于这一点，革命导师和鲁迅的著作中都有论说。鲁迅的眼力是卓绝的，他看到了流氓在历史和现实中的独特作用，写了《流氓的变迁》一文，并屡有关于流氓史的议论。《流氓的变迁》，虽说是一篇杂文，其实也可视做一篇史识精湛的中国流氓小史。

我曾有过承继并发展鲁迅先生的思路，写一部正规的《中国流氓史》专著的企图，但眼下这种念头已打消了，因为已有一部优秀的中国流氓史力作摆上了我的案头。这就是陈宝良著、中国社会科学出版社出版的《中国流氓史》（简称《流氓史》）。这是一部史料宏富、创见颇多、结构严谨、文字清新的开创性著作，对中国古来形形色色流氓的诸般“行状”做了一次总清理，完成了一件学术要绩，值得史学界、读书界重视。关于这部书的全面评价，王俊义先生的书序已恰当地做出了。我只想拾遗续貂，补谈几条陈著未曾注意到的流氓史料。

一、谎子·闯将·混混子

流氓，在历史上有五花八门的称谓。清末以前，流氓不叫“流氓”，而是被称做“轻薄少年”、“市井凶豪”、“闲汉”、“喇唬”、“泼皮”等等。对流氓的诸种称谓，《流氓史》举出了几十种，但还有几种重要的称谓未提到，如谎子、闯将等。

元代的流氓，除《流氓史》所举的“无徒”、“地头鬼”、“绰皮”、“哨子”等名称外，还有“谎子”一称。元曲《黑旋风》道：“泰安神州谎子极多，哨子极广，怎生得一个护臂，跟随将我去方可。”又，《铁拐李》云：“兄弟也！我死之后，有那等谎厮上门来。”其中所说的“谎子”、“谎厮”，皆为流氓的称谓。顾学颉、王学奇《元曲释词》“谎子”条对这二称的释义是：“谎子，谓骗子、流氓、浮浪子弟。子，一作厮，音近意同。”谎，撒谎骗人之谓；谎子，即骗子、流氓一类人物。《流氓史》在提到元代流氓有“哨子”一称时，曾引据《黑旋风》曲文，但只言“哨子”为流氓称谓，未言“谎子”和“谎厮”也是流氓称谓；实则“谎子”与“哨子”系对称连举，皆系流氓称谓。

“闯将”，是清代流氓的重要称谓。《流氓史》在举出清代流氓的诸多称谓时，未提到“闯将”一称。清人柴桑《京师偶记》云：“都门闯将极横，尝于市逼诈一人，有书生特儒雅，从中解焉。闯将蜂拥，此书生略不介意，近之即倒，并不见其挥拳相向也。……群闯将皆塌地，仰面视，不敢动，生徐步而去。”这群“闯将”显然是一个流氓团伙，不但结伙威逼、敲诈市人，还对仗义执言者大打出手。谁知遇到了强手，落了个如同被鲁智深踢进粪坑的泼皮一样的下场。

清代天津的流氓一般称为“混混儿”，又称为“混星子”，这在《流氓史》中已经谈到。这里再补述一近似称谓：混混子。清人张集馨《道咸宦海见闻录》云：“天津民风浮动，闲人极多，大半以娼赌为事，俗名‘混混子’。”民国以后，“混混子”、“混星子”二称逐渐不用，“混混儿”一称遂为天津流氓通称。

二、闾巷少年

秦汉的流氓有"闾巷少年"、"闾里少年"、"淫恶少年"、"轻薄少年"等多种称谓,《流氓史》选择了"闾巷少年"作为这些名异而实同的诸"少年"即流氓的代表称谓,是很对的。司马迁在《史记》中就主要使用了"闾巷少年"这个称谓。但《流氓史》没有引据《史记·货殖列传》中关于"闾巷少年"基本面貌的概括性记述,不能不说是个遗憾。司马迁的记述是这样的:"其在闾巷少年,攻剽椎埋,劫人作奸,掘冢铸币,任侠并兼,借交报仇,篡逐幽隐,不避法禁,走死地如骛者,其实皆为财用耳。"这些"闾巷少年",为了追求财货而抢劫杀人,盗坟掘墓,铸造假币,完全不顾忌朝廷法律,是一群极贪婪又狼戾的亡命之徒。司马迁的这段记述,是古籍中关于秦汉"闾巷少年"的最重要的一段记述。

三、十虎与牛二

明代的流氓团伙常有"十虎"的名目,即十个流氓的合称。《流氓史》提到了山西太谷县的"十虎"和江南顾山镇的"十虎"。这里再补述一下北京的"十虎"。明朝万历初年(1573 年),北京有个流氓团伙,"结义十兄弟,号称'十虎',横行各城地方",其中有一虎叫做"牛二"。(《伯仲谏台疏草》卷下,引自王春瑜《土地庙随笔》)这个牛二与《水浒传》中的泼皮牛二同名,但却是个实有的历史人物。

《红楼梦》里有个泼皮叫做倪二,书中第二十四回写道:"这倪二是个泼皮,专放重利债,在赌博场吃饭,专爱喝酒打架。"倪二,牛二,音近名似,皆为泼皮,不知《红楼梦》里的这个倪二与《水浒》中的牛二或明代北京"十虎"中的牛二有无创作上的瓜葛。

四、青龙党

清代杭州的流氓团伙很有名。但《流氓史》在谈到清代杭州的流氓时对此未做专述。兹略加补说。清人袁枚《子不语》卷四“青龙堂”条记云:“杭州旧有恶少,歃血结盟,刺背为小青龙,号‘青龙堂’,横行闾里。雍正末年,臬司范国瑄擒治之,死者十之八九,首恶董超,竟以逃免。”所谓“歃血结盟”,即通过举行喝血酒起誓的仪式结成团伙。加入这一团伙的流氓,都要在脊背上刺上青龙图案,以作为入伙的标志。团伙号为“青龙党”,即因团伙成员身刺青龙而得名。清代杭州的流氓团伙,除了以“党”作为团伙名称外,还有以“帮”为称者。清人孙宝瑄《忘山庐日记》云:“余女弟澜如之婿张嫁霖……在杭州与市井无赖往来。无赖亦分数党:曰红帮,曰花帮,曰绿帮,相仇视,或结群斗殴无虚日。”这些称为“帮”的流氓团伙之间,互相不服气,成天打群架。

五、大恶少载澂

《流氓史》在述及清代流氓时,曾谈到宗室成员的流氓化现象,并举出道光年间的全胜、明瑛等人为例。我觉得,若说清代宗室的流氓化,最典型的例子莫过于晚清时恭亲王奕䜣的儿子载澂。这位载澂是个地道的大恶少,平时狂嫖滥赌,出门带打手,公开在什刹海强抢民女。奕䜣无力管束,便任其胡作非为,结果弄得身染恶疾,年少而亡。载澂快病死时,奕䜣去看他,见他躺在炕上,一身流氓打扮,一气便走了。载澂是什么样的打扮呢?原来,他穿的是当时北京流氓常穿的匪气服装:一身黑绉绸衣裤,遍身绣白丝线蜘蛛。这种打扮,本是短打武戏《赵家楼》、《恶虎村》中的所谓“夜行服”,因这些戏很叫座,影响所及,北京当时的市井土棍、恶少便都穿起了这种匪式服装,载澂也把自己搞成这种流氓打扮。(《清朝野史大观·清宫遗闻》)

六、混混儿当兵

《流氓史》还谈到汉代至清代的军队流氓化问题。军队流氓化，即流氓参与军事，流入军队。这里补谈一点清代天津地方军队流氓化的情况。清人张集馨《道咸宦海见闻录》记云：天津混混子充当乡勇，“不过贪图口粮，借勇名以肆其攘夺耳”。又载：“天津勇率多无赖，私斗则勇，杀贼则怯。”乡勇，是清朝地方政府临时招募的兵卒。乡勇的混混儿化，是清代军队流氓化的一个侧面。

七、破脚骨

绍兴的流氓称为“破脚骨”。关于“破脚骨”，鲁迅和周作人都有过评说。《流氓史》引了周作人，未引鲁迅，是个遗憾。鲁迅对“破脚骨”是这样评说的：“这绍兴的破脚骨，倒很有古时候武士侠客的遗风。孟尝君、春申君门下有食客数千，其中有一些鸡鸣狗盗之徒，大概也是这些人吧！只是现在没有人收养他们，他们只得自谋生路。”（周建人《鲁迅故家的败落》）这番话涉及了流氓与侠客的关系问题，也谈到了先秦时代“食客”的流氓性问题，这对于我们理解历史上流氓与侠客的关系，理解鲁迅的名文《流氓的变迁》，以及了解先秦时代流氓阶层的情况，都是有帮助的。

陈宝良的《中国流氓史》，是中国学术史上第一部流氓史专著，其筚路蓝缕、刨榛辟莽的艰辛，于书中历历可见。因为是首创，又因为古书浩如烟海，所以在搜集和使用流氓史料时略有疏漏，实在难以避免。因我曾有过写一部流氓史的念头，算是与陈宝良有了一点因缘，且窃思此书必当修订再版，故冒昧续貂，不知是否对著者和读者有点用处。

卷三

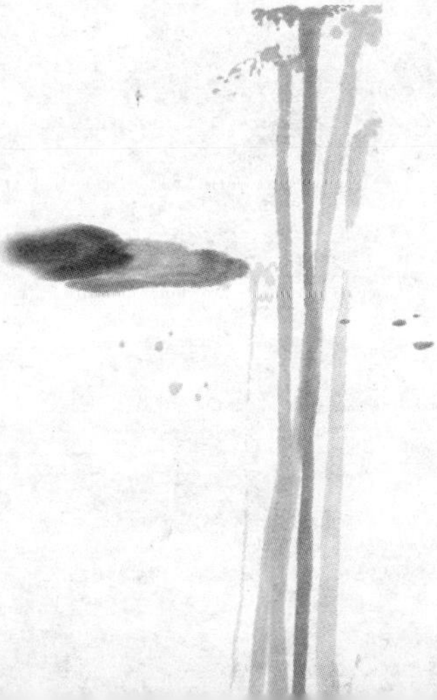

关于宋明市民心态史的一封信

赵伯陶先生：

溽暑之中，读你的大著《市井文化与市民心态》，感到丝丝爽气润我心脾。人生之乐无数，读得好书，乃上上之乐。读《市井》，固非如旧小说里常说的“大喜”，却也是十分的快意。

看得出，你是一位有“平民文化情绪”的人。你的书，论市井，说市民，细细地研究，且加以理论的说明，一写就是25万字，这在平民文化的专题研究史上是不多见的。平民文化，千百年来，上不了正宗学术的台面儿。孟元老的《东京梦华录》算是关于平民文化的杰作了，却被《四库全书简明目录》评之为“不过识小之流”。圣人云，不贤才识小。难怪古来的硕儒雅人不正眼看待平民文化。你则不然，你有见识，有唯物史观，你既承继了“五四”先贤“揭发全民众的历史”的遗烈，也“预流”了新时代的学术潮流。

我猜到了，鲁迅先生评《三侠五义》时说的其书是“为市井细民写心”，对你是很有启发的。你也是在为市井细民写心。但你之写心，与《三侠五义》可大不相同，你是在做学术研究，在研究心态史。心态史之研究，意义十分重大。梁任公在《中国历史研究法》里说过：“凡史迹皆人类心理所构成，非深入心理之奥以洞察其动态，则真相未由见也。”可知研究心态史对明了史迹之重要。伯陶先生，你能选定心态史为研究对象，足证你之学术眼力，诚所谓“英雄巨眼”也。

市井文化，代代有之，若欲以一人之力代代精研，则不可能。文天祥曾叹曰“一部十七史从何处说起”，一部市井文化史也同样纷乱不易下手。你很聪明，选了宋明两代为重点。宋代的文化极发达，陈寅恪先生曾有名言:"华夏民族之文化,历数千载之演进,造极于赵宋之世。"两宋的市井文化自然也极发达。武林旧事,汴京梦影,两宋的市井文化是极有个案价值的,确是值得大大研究一番。明代的市民阶层,与资本主义曙光有关,因之有了独特身价,当然也极具研究价值。你对这两个朝代的市民文化是下了大工夫的,你的研究文字,我以为,凡是研究此专题或相关专题的学者,都应当仔细读读,不可轻易放过。

心态研究,靠传统的正规史料往往不济事。正史、政书,没有多少心态史料。特别是市民心态史的史料,若想从"帝王将相的家谱"中求之,岂不是缘木求鱼?于此你是看得很透的。因之你着力开拓新史源。小说、诗词、戏曲,这些以往在史著中只是"史料偏师"的文艺作品,经过你的恰当利用,在不少问题的解决上,起到了正规军的作用。你可以说是"小说证史"、"万经皆史"之史学思想的积极实行者。三言二拍,你很熟,这对你研究明代市民生活起了大作用,我一向认为,不弄熟三言二拍,无以言明人生活。从你的实践上,证明我的想法还是不错的。

学术上要有一点新发现,很不容易。我甚至认为,光靠下苦功有时还不成。也要靠一点智商、天资。大概史才的"才"字,是产生学术新发现的重要源泉。古时讲忠义,由于忠、义二字往往是连称的,所以我便从未对忠与义分别加以考察,更没有想到平民对忠与义的态度是不同的。从《市井》一书里,我看到了你的新发现——"有人将《水浒传》前冠以'忠义'之名,其实市人对于'忠'未必认同,对于'义'则有心向往之的憧憬"——这才恍然大悟。我研究行业神崇拜时,深感"义"在行业组织中起到过重要作用,但从未对从业者"忠"的观念进行过考察,因而也就未能在忠与义两种观念的对比中解析"义"在从业者精神生活中的崇高地位。《市井》中征引的古籍、文献,我大半是看过的,但却未能有你那么多的发现、心得,很是惭愧。

《清明上河图》,论之者甚多,但往往因缺乏学术底蕴而失之肤浅。我以往观图,也只是啧啧称赞"好图,好图",而难言其所以然。读了你的书,知道了怎么读此图,也懂了一点儿从学术角度审视古代绘画的路数。解读一张古画，实际也就是解决一道学术难题，可以说，你是从市民文化学的角度解读《清明上河图》的。

从心态史我想到了思想史。思想史历来是思想家所专有的，平民似乎是谈不上有思想史的。细一思之，又觉得未必尽然。心态，往往指不大定型的、活跃的、浅层的意识形态；思想，则为积淀了的、较为凝固的、深层的意识形态。平民其实也是有自己的思想的。比如“嫁汉嫁汉，穿衣吃饭”，就是平民的婚姻思想；“衙门钱一篷烟，生意钱六十年，种田钱万万年”，就是平民的职业思想。《市井》一书虽然有时也使用了“思想”一词，但还没有把平民的思想作为一个系统来研究。我觉得，平民的心态史之外，还有一个民众思想史是可以研究的。提出这一点，供你今后做研究工作参考。

赵伯陶这个名字，我第一次见，是在《人民日报》上。你写了一篇谈《儿童杂事诗图笺释》的书话，允称美文，我做了剪贴。你的名字，很有点儿古雅之气，若与人说赵伯陶是《儒林外史》中人，恐有人信。我尝戏思，难怪你对明代市民生活那么熟悉，原来你是与杜慎卿同在儒林的人。

写这封信时，暑气渐消，绿茶一杯在侧，佐我又浏览了一过大著，写了如上感想。我家南窗临街，窗外红尘扰攘，市声不绝，我在楼中与你谈学问，真有点儿“破帽遮颜过闹市”之感。你的书斋，名曰“一统楼”，那么想必我们都有“躲进小楼成一统”的同感吧。

李乔

1998年8月12日

滴酒观世界

屠地先生谦称自己的新著《明朝酒文化》是一瓶献给读书界的“薄酒”(跋语)。我细读一过,却深感这“酒”实乃“三碗不过岗”、喝下便会“醉倒西江月下”的醇醪。

治学有“大处着眼,小处着手”之法,即在宏观的视野下做微观的研究。吴晗的《朱元璋传》,由一帝而考见明初史,陈寅恪的《柳如是别传》,由一妓而窥见晚明史,皆“以小见大”之名作。《明朝酒文化》以大文化的视角,着眼于整个明朝社会,切入点却是一个“酒”字。“滴水观沧海”,滴酒亦可窥见一代兴废。作者谈明朝政治,谈的是酒与皇帝,酒与宦官,酒与政风;谈社会,谈的是酒的制售,酒与法,酒与妓;谈文化,谈的是酒与医学,酒与园林,酒与旅游。总之,从酒中看明朝。鲁迅先生曾作《魏晋风度及文章与药及酒之关系》,将魏晋人饮酒之俗与世风结合起来考察,可以说是“以酒论世”的先驱,但毕竟还不是专谈“魏晋酒文化”。《明朝酒文化》则是专注于一朝酒文化的专著。

喝酒易,谈酒难。首先难在欲搜寻出足以反映一代社会风貌的有关酒的史料颇为不易,因为旧的官家史书对此记载甚少,杂书中的记载又甚星散。这就需要做网罗“天下放佚旧闻”的史料搜集工作。对此,著者以“广义史料学”的眼光,除网罗正史、会典之类“正牌”史书外,还从文集、野史、笔记、小说、诗词、日记、民歌、笑话等各种文献记载中广搜博取。从该书的“征引书目”看,其所引之书多达百余种,其中还不乏稀见书,如《馀清楼稿》、《穆氏食物》、《国朝典汇》等。值得注意的是,王著不仅如陈寅恪以小说证史,还以词曲证史,以民歌证史,以笑话证史,举凡可证史之资料,皆采用之。如引明人陈铎所作曲子《小梁州·酒坊》，以见封闭的自然经济条件下的酒坊风貌："云安曲米瓮头春，注玉倾银；青旗摇曳映柴门，遥相问，多在杏花村。"

著者是富于朴学精神的明史学者，每谈一事，必有史料可证；对需加考证的问题，更旁征博引，在丰富的史料基础上辨析探微。如考证"饮之醉如死"的"曼陀罗花酒"时，征引了方以智《物理小识》、郎瑛《七修类稿》等多种文献，考证出此酒即《水浒》中常说的能麻翻人的蒙汗药。对于史学界有争议的问题，著者则采取审慎的态度，强调以史料说话，慎重对待史料。如明初权臣胡惟庸何以被朱元璋杀掉，史学界或云其罪行累累，或云其"罪状"系罗织而成。屠地先生则从《明史》等记载中发现胡惟庸的垮台与其贪酒好饮，政风不佳，并于酒席间与酒友们（同党）策划阴谋有关。针对那种认为胡氏罪状皆罗织而成的说法，屠地先生认为，对《明史》等书中的上述记载，"如果想一笔勾销，又谈何容易"。

都道"文史不分家"，但这种"不分家"的著作却并不多。《明朝酒文化》在证史、论史中文采斐然，可说是做到了"文（文采）质（史实）彬彬"。这可以其行文幽默和标题雅隽为例。其幽默语，如评明代某奸商声称所卖之酒"是陶渊明当年埋下的"时说："其实，陶渊明归田后，并无关系网，两袖清风，得酒即醉，哪里有余钱深挖洞，广积酒？"又如给书中"往酒中掺水，使饮者'口中淡出鸟来！'"一句加注道："按：引自《水浒》名人花和尚鲁智深语录。"令人忍俊不禁。史书中有幽默语古来不多，《史记·滑稽列传》虽多有之，但那是因为它是专记滑稽家的。《明朝酒文化》标题十分雅隽，如谈"酒与明朝政治"一章，标题作"酒海卷起千丈波"，谈"酒与医学、园林、旅游"一章，标题以一句古诗代之："天涯谁是酒同僚。"

《苏轼与谢民师书》云："欧阳文忠公言，文章如精金美玉，市有定价，非人所能以口舌定贵贱也。"《明朝酒文化》是"薄酒"，还是"醇醪"，自然也会市有定价，非笔者之口舌所能定贵贱也。

学术田野的旅人

有句云:“青史有待垦天荒”,二十多年前,社会史领域还是一片天荒的时候,我与晋人行龙先生相识。那时,书蠹般的他正一页一页地翻看山西各县的地方志,做卡片,写提要,准备在社会史领域凿出一块新领地。我那时与他有同好,但所研究的是民众信仰问题,但后来我落荒了,兴趣转到了写历史随笔,与他便失了音问。二十多年过去了,一日,忽然收到他寄来的一本书——棕黄色凝重淡雅的封面,厚厚的近500页,书名是《走向田野与社会》,出版者为海内文化人都敬重的三联书店。原来是他新出的一部社会史论集！摩挲着这部油墨香气尚未散去的大著,我思忖着:昔日的潜龙,如今已飞天了。

古人评文论诗,常以几个字尽其意,我仿之,想用三个字来评论行龙之书,这三个字是:能预流。“预流”,是陈寅恪先生的学术术语,大意是:一时代必有新的学术材料和新问题,从而形成一时代之新学术,治学之士参与此学术潮流,便是“预流”(借用佛教初果之名),否则便是未入流。(原文见《金明馆丛稿二编》之《陈垣敦煌劫余录》)以此衡之,行龙的治学路子,允称“预流”。

从行著看,行龙的治学范围是中国社会史,断代是近现代,地域主要是山西省,治学方法为征引文献与田野调查相结合,其中,田野调查又是其主要着力的方法。行龙的这个治学路子,正合了“新史学”的潮流。

所谓“新史学”,指19世纪以来蔓延全球史学界的新潮流,梁启超曾有名文《新史学》论之。旧史学的注意力在王朝史,在帝王将相,一部二十四史不过是权者暴者的相斫书,而史家的治学路径则主要靠翻文献，所谓青灯黄卷，皓首穷经。新史学则把目光投向低处、广处、深处和细微处，着重研究下层社会，研究民众的生活和文化，研究小人物，研究具体的社会事项和事件。即使是研究大时代，也着重社会底部和细微处，例如，德国学者做的“纳粹统治下的日常生活”这一题目，就属于此种目光。新史学还强调把目光放远，着重研究“长时段”的历史现象，如物价、人口的变化；又强调把目光放宽，重视研究“总体史”，即包括生态环境在内的社会结构整体的历史。这样的研究，较之旧史学，能够更近些距离地触摸历史的原生态；而对于从宏观上把握历史大势，寻觅历史定律，它是真正的基石。

行龙的研究目光，正是投向了历史的低处、广处、深处和细微处。他研究晋商，研究商会，研究乡绅，研究农民，研究村庄，研究这些研究对象的生活、文化和心理，研究他们与国家的关系，研究他们的变迁以及在历史上的作用，等等。行龙的目光还投向“总体史”和“长时段”，他考察了中国近代的人口史、资源史和环境史，特别是研究了晋水流域的环境与灾害。从抄自他书中的几篇文章的题目，便可清楚地窥见他目光的指向。《山西商会与地方社会》、《怀才不遇：内地乡绅刘大鹏的生活轨迹》、《赤桥的事——我的村庄情结》、《在村庄与国家之间——劳模李顺达的个人生活史》、《晋水流域 36 村水利祭祀系统个案研究》、《明清以来晋水流域的环境与灾害——以“峪水为灾”为中心的田野考察与研究》，不用细看这些文章内容，单从题目，便可看出行龙的治学路子属于“新史学”。

晚近的“新史学”，借鉴文化人类学，极强调田野调查。因为“文献不足征”，因为远去的历史太隔膜，所以需要走向田野。旧式的历史家是不把底层社会放在眼里，书之竹帛的，司马光写《通鉴》，是给人主牧民做参考的，《史记》字缝里虽留下过几位商贾的片羽，但后来的正史便基本把小人物扫地出门了，即便是共和国史专著中，论述底层社会和小人物的篇章也是凤毛麟角。“礼失求诸野”，田野调查不仅可以补文献之不足，还有弱化历史隔膜的功能。行龙把历史学者的田野调查称之为"以历史学为本位的田野调查",我认为很准确。我理解,这里的"田野",是指与书斋,与象牙塔,与现代都市相对的,保存了较多历史信息的一种"场",它或许在农村,或许在城镇,或许在知情者的口中,或许在民间流传的杂书残本中。到"田野"里去,可以感受古人活动过的场所,体验"空间的历史"(以空间换时间),还可以触摸历史的滞留物,掘出被岁月掩埋的历史信息。"田野",大有利于获得对古人"同情的理解"。

行龙娴熟地使用了田野调查的方法,获得了颇为可观的学术成绩。例如,他对明清以来山西水资源匮乏及"水案"的研究,对晋水流域的环境和灾害的研究,对晋水流域 36 村水利祭祀系统的研究,对山西农村集体化的研究,对晋商与山西社会的关系的研究,对晋商商号的研究,都是靠着田野调查,还原了历史的概貌,理清了历史的脉络,从而正确地解读了历史。书中的《追寻集体化——剪子湾村田野调查札记》一文,是行龙用田野调查的方法提示中国农村历史真貌的力作。行龙曾先后带领三名学生在剪子湾村做了长达半年的田野考察,获得了大量第一手资料,其中包括对村落原貌中所有家户所做的较为系统的影像记录。

他的一些发现,动摇了人们对中国农村的某些固有印象和观念,比如,"凡农村必有地主富农",乃是人们根深蒂固的观念,但看了行龙的调查材料,就应该修正一下这个观念。行龙写道:"1950 年春天,剪子湾村在外来工作队的组织下进行了一个多月的和平土改,结果在全村 38 户中,划为贫农 33 户,147 人,中农 4 户,15 人,上中农 1 户,5 人。有趣的是该村的阶级成分较为单一,不存在什么地主富农的现象。"没有地主富农?这可能吗?但调查结果明明白白:确实没有。党的文献上说,土改的基本内容是"没收地主阶级的土地,分给无地少地的农民"。没有地主富农,这土改怎么搞呢?行龙为此专门访问了剪子湾村老支书安新顺。安支书解释说:"这村是穷苦人的村,都是外地来的,不像周围的马淖、长江、山丈头等村那样都是本地人,家庭关系重,有大户人家。但是解放了,剪子湾村也得进行土改,分地分窑洞呀。没有被没收和征收土地的斗争对象，也得想办法，最后就是把全村人所有的耕地都集中起来进行丈量，不管是贫农还是中农，然后再按照各家人口数和具体困难情况依次重新分配。当时就是这样。”这一席话，一下子就把看似难解的历史解释清了。这是一个没有地主富农的村庄的土改个案，这一个案提示了中国农村历史面貌的多样性，深化了我们对中国农村及其变迁史的认识。

行龙对于土改的田野调查，逻辑地使他对土改后果产生了一个深刻认识：“可以说，土地改革的一个直接政治后果，就是确定了阶级身份的差别，即地主、富农、富裕中农、中农、上中农、下中农、贫农、雇农等身份的确立，而这一符号象征生成的最大功能，就在于它成了集体化时期中国社会持续不断的仪式化的政治运动的逻辑起点。”这是一段从学术研究角度引出的很有政治分量的话。自然，没有做过土改田野调查和相关研究的干部和学人，也可能说出这样的话，但毕竟这样的话出自土改田野调查者之手，分量便重了许多。

治社会史“文献不足征”，就要开掘史源，田野调查是搜寻史源的方法之一，但除此之外，还有别种方法。陈垣先生开过一门史源学课，讲了不少方法。傅斯年先生在谈到搜寻史料问题时有句名言：“上穷碧落下黄泉，动手动脚找东西。”这话看似戏言，实为“庄言”（庄重之言），道出了搜寻史料之不易及应持的态度。社会史史料，应该属于各类史料中较难搜寻的一种。行龙在书中引用过傅斯年的话，在践行这方面更是下了大工夫。他从文献库中，特别是在田野调查时，搜集到大量诸如日记、杂钞、碑刻、族谱、书信、契约、宗教宣传品、竹枝词、戏文、唱本、画报、账本、档案、登记表之类的民间文献，并用这些资料解决了社会史研究中的不少难题。他访得清代乡绅刘大鹏的遗作《弹琴余话》、《晋水志》和《游绵山记》三书，写了《新发现的刘大鹏遗作三种》；他利用竹枝词研究山西社会的世象百态，写了《竹枝词里的三晋社会》；他对文水县一家商号的账册进行分析，探究晋商经营方式的细节，写下《一个普通商号的账册分析——文水县“昌玉公”商号账册资料介绍》；他通过考察若干秧歌剧目，解析了晋商与晋中社会的关系等问题，写出《秧歌里的世界——兼论晋商与晋中社会》；他还利用画报资料研究解放区社会史，写出《图像历史：以〈晋察冀画报〉为中心的视觉解读》。这些文章，都收入到他的《走向田野与社会》一书里。

我说行龙能预流，并不是有意用陈寅恪的话高抬他，如果不是把“预流”二字看得过于神秘，当代学者能预流的人是很多的。行龙能有这本社会史论集问世，首先要归因于“一时代有一时代之学术”的学术大势，然后是他个人的研究能力，再有就是他幸遇了一位名师乔志强先生。乔先生是当代最早在社会史领域垦荒的学者之一，他积十年之功，主编出版了《中国近代社会史》一书，蜚声史学界。他最早研究了刘大鹏的《推想斋日记》等刘氏文献，并据此解决了许多社会史问题，而他开拓的这一史域，后来演为学界研究的一个热点。行龙对刘大鹏资料的运用和研究，是在乔先生“领进门”之后开展的，但入门以后便显露出蓝之象。我见过乔先生两面，那真是一位纯儒，一位蔼然长者，他也曾关注过我的社会史研究，这让我二十多年未忘。顺便写下这几笔，聊表对先生的一点怀念。

读了行龙的《走向田野与社会》，我对这位二十多年未曾谋面的老友有了更多的了解，我敬佩他治学的执著，也羡慕他的学术成就，我想送给他一个雅号：“学术田野的旅人”，并用此作为本文的标题。

至琐至细 大俗大雅

——谈邓云乡先生的《燕京乡土记》

关于北京，历史上虽有过不少名家大作，但真正详记乡土风俗、民众生活的专书并不多。如《帝京景物略》重在“景物”，而不在乡土风俗；《燕京岁时记》虽记风俗，却又重在岁时；《日下旧闻考》可谓皇皇大著，但其中记风俗、记生活的篇幅实在不多；近人李家瑞的《北平风俗类征》是一部难得的记载北京风俗的专书，但因是资料汇编，缺乏作者融会贯通的写作，所以使人仍感遗憾。

最近我读到邓云乡先生的新著《燕京乡土记》，深感这是一部空前的、值得称道的专门记述旧京乡土风俗、民众生活的大著。这部书佳处很多，但给我印象最深的是它的“至琐至细、大俗大雅”的特色。

说它至琐至细，一是说所记的都是琐细之事，二是说记事非常琐细具体。如记小吃摊，在“吃食摊之相思”一节中即有馄饨担、烫面饺、豆汁、烧饼麻花、烤白薯五个专题，其中“豆汁”一篇，从京戏《金玉奴》又名《豆汁记》讲到文人墨客咏豆汁的诗，又讲到古老街巷中卖豆汁的吆喝和唱豆汁的儿歌。这样的专题在全书中有二百多个。“三冬乐事”一节有“围炉”一题。也许在常人看来，围炉烤火有何可记？但邓先生却看到此为旧京生活方式的一种，有记述的价值，于是钩索文献古籍，通过记述缪荃孙、李慈铭、鲁迅等名人的围炉轶话，勾画出了旧京居民冬日围炉的生活面貌。

了解历史上的事，总是宏观易，微观难。军国大事，朝代兴衰，二十四史，班班可考；但要想具体细致地了解“已经成为过去”的生活，可就不那么容易了。因为关于这方面的记载往往语焉不详，或是虽有记载，但散见于书海之中，难窥全貌。因此，“网罗天下放佚旧闻”，搜集整理有关资料就成为第一要事。这项工作需要作者具有史家和民俗学家的眼光和功力。从《燕京乡土记》所征引的大量的文献资料可以看出，邓先生是很富有这种眼光和功力的。

书中所征引的资料范围很广，包括笔记、杂钞、正史、野史、文集、县志、日记、书信、游记、传记、俗曲、俚语、诗词、童谣、旧小说，等等。其中有的书是专谈北京的，但大量的都是片断的、一鳞半爪的有关北京乡土的资料，这类零散资料中往往多存逸闻，非常珍贵，但却极难搜集，非经年累月细心爬梳不可。正是由于作者经过了这种艰苦的工作，才使得《燕京乡土记》写得有血有肉，琐细具体。例如冰床，人们多知《帝京景物略》和《藤阴杂记》二书的简单记载，但《燕京乡土记》却又引了清人魏坤《倚晴阁杂抄》、汪启淑《水曹清暇录》中的记述，使我们能具体了解到清代北京护城河里还有以拉冰床做交通工具的生意和携酒轰饮冰上的趣事。由于书中征引的资料非常丰富，所以单从目录学的角度讲，如果把这些资料的出处辑成目录，也是一份很有用的关于北京乡土风俗的书账。

“大俗大雅”是《燕京乡土记》的又一显著特色。说它大俗，因为它专记俗事，至琐至细地记，洋洋洒洒地记，记吃，记玩，记节令，记市情，记花事，记昆虫，记街头巷尾琐事，记引车卖浆者流。夏天乘凉，不过是一生活细节，但书中却有“芭蕉扇”、“花草夜话”、“竹帘冷布”、“天棚遮阴”等专文记述。玩昆虫更是地道的俗事，但书中也有“蝈蝈”、“蟋蟀”、“知了”等专文介绍。在笔法上，作者采用了随笔小品的形式，文中又常引用一些地道的京味语言，使文章洋溢着旧京的乡土气息。比如写茶馆，他写道：“伙计提着个壶一边让座儿，一边打招呼：‘七爷，沏壶香片吧？等会儿您再来段儿，我就爱听您那几句倒板！’”

但在这大俗中，又是很能见出大雅的。“虽小道，必有可观者焉”，郑振铎作《汤祷篇》，通过民俗去认识历史；鲁迅作《魏晋风度及文章与药及酒之关系》，也是用民俗学的观点去观察历史。《燕京乡土记》虽然记的都是俗事，但恰是这些俗事最能真切地反映民众的心理、情趣、价值观，从而使我们认识民族文化的根基。

《燕京乡土记》之雅，还表现在它充满了浓厚的书卷气。从内容上看，如果没有深厚的学问根底，绝写不出这种赅博精详的力作。从文笔上看，清丽雅洁的风格，尤其为《燕京乡土记》的“雅化”增色。一件俗事，一经邓先生“点化”，便雅致可人。拿标题来说，写白云观燕九节，标题作“燕九春风驴背多”，写过年祭灶，标题是“黄羊祭灶年关到”，其他如“鞭影小骡车”、“消暑清供”、“秋风菜根香”等都是绝佳的标题。从行文来说，写角楼蛙声，他能举出晋惠帝听宫蛙的笑话和古人“一池蛙唱，抵的半部鼓吹”的雅趣，写北京初春的大风，他又写出“大黄风一直吹到燕山脚下，吹开了冻土，吹发了草芽，吹醒了柳眼，吹笑了桃花，吹起了昆明湖的波涛，吹白了紫禁城的宫娥的鬓发……”这样美丽的句子。

文学批评家金圣叹有句名言：“大凡读书，先要晓得作书之人是何心胸。”邓先生何以能写出这部“至琐至细、大俗大雅”的风土著作呢？无疑，学识、才气都是重要的，但更重要的是邓先生深挚地热爱北京的“心胸”。他在《燕京梦远乡土情深》一文中谈到，他写《燕京乡土记》时，丝毫没有名利的杂念，有的只是“依依之恋，眷眷之情”。的确，这部书的字里行间渗透了这种挚情，我为他的这种挚情所感染，也相信凡读过他这部书的读者都会更加热爱我们伟大的首都北京。

怀旧与平民史

怀旧怀古，大概是人的天性。“遥想公瑾当年”，“白头宫女在，闲坐说玄宗”，“沈园无复旧池台”，或豪壮，或寂寞，或哀伤，都是人们怀旧情绪的流露。于是，文林里便有了无数忆旧谈往之作。尤其是中国人，历史观念重，有写史的传统，在官方，有正史，在民间，有野史杂记；而在野史杂记中，忆旧谈往之属占了相当的比重。

这类忆旧谈往的文字，由于源于作者的亲历、亲见或亲闻，所以，具有很高的史料价值，对于后人了解和研究那些已经消逝了的历史现象，极有帮助，因而，这类文字可以算是史料中的“翘楚”。有名的《东京梦华录》，是一部典型的忆旧之书，南宋文人孟元老靠着他的博闻强记和朴茂之笔，把曾亲历亲见过的北宋都城汴梁的盛况呈现给后人。明人沈德符的《万历野获编》，虽不是专门的忆旧之作，但书中许多内容，都是他祖父、父亲和他自己的见闻忆旧文字，因而成为研究明史的珍贵资料。凡此种种非官方的忆旧谈往文字，往往能提供很多官修史书上不载的史料。例如，《东京梦华录》记载的北宋商业盛况和市民生活，是正史中所见不到的，《万历野获编》所记载的许多关于嘉靖皇帝的昏庸和宫廷奢侈的史实，在《明史》中也找不到。鲁迅曾说过，野史笔记如月光从树林密叶中照在苍苔之上，颇能写照出当日的事实。我想，大概正是由于野史笔记中常包含着作者亲闻亲见的历史原貌，所以才具有鲁迅所说的那种价值。

写忆旧谈往之书的人，大都多少有一点重史、存史的观念，担心自己所知道的有价值的旧事随着时光的流逝而湮没，他们都希望用自己手中的笔，把这些旧事贮藏起来，成为后人可查可知的历史，并对后人有一些用处。孟元老在《梦华录自序》里，写他著书的动因时说："近来我与亲戚见面时，谈到往昔，年轻人都已是浑然不知了。我怕年深日久，再论及当日风俗，便会失于事实，实在可惜，所以编写了这部《梦华录》，以使后人开卷得睹当日之盛况。"孟元老所说的，大概是一般写忆旧谈往文字的人的共同心理。

忆旧谈往之文，是随时可以写的；但大致在世道发生了大变迁，尤其是发生了大变乱之后，出现的尤多。原因很简单，那些旧事很重要，有些还令人刻骨铭心，所以很值得记录下来。大变乱之后，往往是承平之世，人们有了怀旧的心绪和条件，这便促使人们去多写怀旧述往之作。远的不去说了，"文革"以后，特别是近一二十年来，忆旧谈往的文章书籍，多得不得了，正所谓汗马牛，充栋宇。但其中数量最多、影响力最大的，主要是政治人物和文化名人所写的回忆录。由普通人写的，记录普通人自己生活的作品并不是很多，有影响力的也就只有几本。

近日，我的大学同窗、同桌张海惠女士，忽然从海外寄来一本忆旧之书——《一天又一天——三四十年前北京人生活素描》的部分原稿，让我写篇序言，这让我既惶愧又欣喜。写序本是名人、大人物的专业，我来写序，岂不是有点僭越？但推辞不掉，只好拉杂写点感想。欣喜的是，书林中又多了一本普通人写自己生活的作品。

平民的历史，特别是平民的平凡生活，自古以来是很难被写入正史的。梁启超说，正史是帝王的家谱，是相斫书，说的极是。太史公是个很独特的史学家，唯独他在《史记·货殖列传》里写了磨刀郅氏、卖羊肚浊氏、卖浆张氏等一些卑微商贩的名字和行迹。但司马迁的平民思想，并不是封建社会的正统思想，所以他的那种写法，不过是中国史书中一闪即逝的火花而已。如今，已有许多史学家充满热情地撰著普通人的生活史了，普通人更是可以自由地撰写自己的历史。但人们也许很少去想，这样的局面，实际是史学革命，乃至社会革命的成果，是来之不易的。

平民的生活史是否有可记述的价值？这一点，若是用唯物史观的大理论来解释，话可就多了。还是来引梁启超的一段话比较切近。梁氏在其名著《中国历史研究法》里说："一商店或一家宅之积年流水账簿，以常识论之，宁非天下最无用之物？然以历史家眼光观之，倘将'同仁堂'、'王麻子'、'都一处'等数家自开店迄今之账簿及城乡间贫富旧家之账簿各数种，用科学方法一为研究整理，其为瑰宝，宁复可量？盖百年来物价变迁，可从此以得确实资料；而社会生活状况之大概情形，亦历历若睹也。"梁氏这番话，对于我们认识平民之史的价值，有极大的启迪。首先，平民的物事绝不可小觑，那里面包含着最切近社会本质的历史信息，对于研究大的历史问题，如时代优劣的判定，威权人物的臧否，都有基础性的认识作用。其次，梁启超提示我们，只有用历史家的眼光来考察这些平民物事，才能看出名堂，理出头绪，找出其中的历史意义所在。

胡适在《中国书的收集法》一文中，说过这样一句话："老百姓自己的东西才是真正的平民历史。"我理解这"老百姓自己的东西"，既可指真正反映老百姓生活的东西，又可指老百姓生活中产生的东西，而后者中，就包含了普通人所写的关于自己的经历和生活的文字。对于前者，胡适举出了反映明代商人生活的《金瓶梅》和反映清代男娼风气的《品花宝鉴》；对于后者，我觉得可以举出同仁堂、王麻子、都一处的账本和孟元老写的《东京梦华录》。张海惠写的《一天又一天》也应当属于后者。《一天又一天》就是"老百姓自己的东西"，因而也就是"真正的平民历史"。

张海惠当然是平民，但她却是一个有史学素养的人，大学她念的是历史系，后来长期在图书馆搞古籍工作，现在是美国一家图书馆的馆员。我感觉，她的《一天又一天》，正是循着梁启超所指点的重视平民史的路子写成的，不管她事先是否专门看过梁启超的《中国历史研究法》。从书中所谈的内容，可以一目了然地看出这本书的纯正的平民性。所写的穿着习惯和款式、饮食习惯、购物方式、商品物价、居住条件、日常开销、出行方式、交通设施和票价、邻里关系、娱乐游戏方式，等等，都是普通人最基本、最具体、最平凡的生活事项，而写清楚这些，也就是写出了当时中国社会生活的最基本的状况，写出了当代中国经济史、政治史的一个侧影。

《一天又一天》对所写史事的时段和地域都做了限制。在时段上，只写了二十世纪六七十年代，在地域上，只写了北京。这实际是作者的一种史学眼光。这个时段，就是作者要写的“断代史”；这个地域，就是作者要写的地方史。二十世纪六七十年代，正值“文革”前以及“文革”中的一段时间，这段历史是非同寻常的。并不是随便哪一段历史拿来写都有意义，而写这一段历史，即使是写普通人的生活，也是很有意义的，因为在平民史的背后，是当时的天下大势。关于北京史，历史上名作甚多，写作高手如林，但多数著作所谈的都是古代和近代的北京。张海惠则是写“今上”，写亲历亲闻的北京生活，这是北京史资料之树上发的一支新枝。

写《一天又一天》所用的笔法，是史笔，虽略输文采，但质朴平实，讲的都是真实的人与事，可以作为信史来读。有心研究这一段历史的学者，可以将此书作为史料引用；对这段历史感兴趣的普通读者，可以略见那个时代的生活概貌；有怀旧情结的人，大约会产生一些与作者相同的情感共鸣。

张海惠在美国生活多年，比较了解美国人，所以文章中常有将中美共有的生活事项加以对比的文字，这些文字，多少带有一点近代以来留洋人士所写的文章的笔调，其眼光是开阔、弘通的，议论也时有精警之语，使人读后能产生更多的思考。

看《一天又一天》，有一点总觉得不够满足，就是书里对那个时代普通人的精神生活着墨不多。这也是我读许多回忆那个时代的忆旧文章时，所感觉到的遗憾。那个时代，人们的精神备受压抑和扭曲，苦闷至极，精神生活更是苍白贫乏有如沙漠，但也不是没有值得记述的东西。那些在今天看来已成为笑柄，但当时却大行其道的许多精神生活内容，如攒纪念章，吃忆苦饭，学样板戏，办赛诗台，偷看“禁书”，等等，就很值得记录下来。当然，记述这些东西往往要谈到当时的“左”倾政治，似乎不大容易写，但也正是这种不容易，正说明这类东西大有记述的必要。因为，真正对后人有警示作用的，恐怕主要是这类东西。

“滚滚长江东逝水，浪花淘尽英雄。是非成败转头空。青山依旧在，几度夕阳红。　　白发渔樵江渚上，惯看秋月春风。一壶浊酒喜相逢。古今多少事，都付笑谈中。”我极喜欢明代大才子杨升庵写的这首《临江仙》词，觉得可以称得上“千古第一怀旧词”，词中仿佛把怀旧者的沧桑感、兴亡感、悲壮感和哀伤感都写尽了。我觉得，许许多多忆旧述史之作的作者，似乎都有一些这首词所表现出的情怀。《三国演义》的著者罗贯中，就把这首词置于全书之首，然后才展开了波澜壮阔的历史画卷。而阅读忆旧述史之作的人们，也时常会怀有这首词所吟诵的心境。我读《一天又一天》时，心头就常常涌出这首词。

是啊，回首三四十年前，多少“英雄人物”显赫一时，却又都黯然从历史舞台上退走，那个烈火烹油般的时代所发生的是是非非，转眼便成虚空，又有谁说得清？唯有青山残阳仍在，城郭人民仍在，还有忆旧谈往者留下的那些写着斑斑点点历史陈迹的文字。是啊，现在已经到了可以怀旧谈史的时代了，渔人樵夫也可以把盏斟酒，说说自己的历史，谈谈天下的兴亡了。

是为关于《一天又一天》的一点感想，权且当做序。

丙戌年，写于京西定慧寺之扪虱堂。

连日浓雾压城，今始散去。

树叶已黄，寒雀惊飞，冬意渐深矣。

“红底金字”年代的北京孩子

我用史料价值的高低考量忆旧作品

近些年来，写回忆文章，写怀旧作品，蔚然成为一种风尚。动乱消弭，升平日久，人心静了下来，头脑也更加清醒，晴窗灯下，键盘素纸，此类文字汩汩而出；操笔者，既有政要明星，也有百业平民，俨然“怀旧面前人人平等”。

“怀旧”，“忆旧”，其实还是有些区别的，“怀旧”一词，内含怀念之意，但旧事其实并非都值得怀念，那些不堪回首的糟心事，谈何怀之念之？所以，将讲谈旧事的文字一概谓之“怀旧作品”并不准确。“忆旧”一词涵盖的内容则更广泛些，我更愿意用“忆旧”一词统称回忆、怀旧一类文字。当然，泛泛地把忆旧之作称做“怀旧”也无不可，因为读者毕竟要看内容，一看便知其详。

仰东这本《红底金字——六七十年代的北京孩子》，是中国青年出版社作为“怀旧系列”丛书之一推出的，但依我看，称这本书为“忆旧之作”更为准确，因为书里所谈的大都是发生在“文革”中的旧事，其中不堪回首、绝不应重演者居多，所以，难说作者记这些事是在怀旧；书中也记了一些可以长久留在心底追想的有意义的事，以及许多可做谈资、令人解颐的趣事，作者记这些事，自然是抱着怀旧之情的。

我与仰东是大学同窗，同念历史系，同住一个宿舍，但他低我一届，我七八，他七九，后来，他折桂成了博士，我还是学士，但我和他开玩笑说，我这个学士可是“大学士”，是在“邸报”里“行走”的“大学士”，他闻之大笑。我们常在一起聊天，经常谈起“文革”时代我们那代人共同经历过的旧事，笑谈中杂着唏嘘，颇似杨升庵词里说的白发渔樵饮着浊酒笑谈古今。但我何曾想到他竟会写出这么一大本厚厚的《红底金字》。细读此书，我方知我这位学弟的忆旧情结是那么炽烈，而他写忆旧文字的本领又那么让我拍案称绝。

这些年，我看过不少怀旧忆往作品，我发现，都道是“怀旧”、“忆往”，其实写家的立意和“怀”法儿大有不同，比如，消遣者喜谈风月，批判家关注血腥，思想者爱谈道理，政治家喜断是非，忧世者留意人心，历史家意在保存史料，道德家借此教诲世人，耆旧故老以摆谈逸闻掌故为能事，理论家于叙事中立言，沽名钓誉者藉此炫耀劳绩，有历史污点者乘机洗刷罪愆，等等。同样是忆旧作品，其价值的高下往往有很大不同，优者足可传世，劣者只宜覆瓿。我是一向视忆旧作品为史料的，所以，我考量这类作品的高下，主要看它的史料价值。仰东这本《红底金字》，我认为，史料价值是颇高的，属于上乘忆旧作品无疑。

不能小觑的“文革”史边角

“文革”以及前后一段时间，是共和国历史上的剧变期，每个国民的命运几乎都在那段时间发生了重大改变，痛苦，激愤，无奈，憧憬，每个人都有一部讲不完的故事。追忆和怀想那段经历，成为近年来忆往怀旧作品的一大主题。“老三届”知青是写作这一忆旧主题的一大群体，他们写的《中国知青史》、《血色黄昏》、《我们的故事——一百个北大荒老知青的人生形态》、《亲历兵团》、《文革中的地下文学》等等，都是非常有史料价值的作品。“老三届”知青的下一代人，即“文革”中尚处于低龄的孩子，也就是“老三届”的弟弟妹妹们，他们在“文革”中的经历其实也是值得记述的，但他们中却很少有人操笔为文。王朔属于这一代人，他的不少作品也是写这一代人的，比如《动物凶猛》（电影《阳光灿烂的日子》据此拍成）等，但毕竟是小说家言，史影居多，说不上有多少史料价值。仰东也属于这一代人，与王朔不同的是，他是史学博士，是用史笔来写这本《红底金字》的；书中所记，皆为他亲见、亲历或亲闻，所谓“三亲”是也，所以，自然具有颇高的史料价值。

何谓“红底金字”？其象征意义是什么？

回首上世纪六七十年代，红黄两色尽染天下，红袖章、红标语、红证件、红校旗，一片“红海洋”，一片红底金字，炫人眼目，让人心惊，令人窒息。“红底金字”所象征的，正是那个极“左”的“文革”年代。《红底金字》所写的，也正是那个时代中的北京孩子的历史。用“红底金字”来做书名，端的是恰切，你翻开每一页书，仿佛都能看到这红黄二色，仿佛满眼都是无数“无知加无畏”的孩子，在这红黄二色的天幕下胡乱折腾。《红底金字》，可以说是一本孩子的“文革”小史。

孩子们的历史，历来是受大人的历史支配的，所以，孩子的“文革”史，只能算是“文革”史的边角，但这些边边角角却自有其无可替代的认识价值，这就是，从少年儿童所受到的“左”祸戕害的程度，尤其可以考见“左”毒触角之深广，“左”祸危害之剧烈。将少年儿童的“文革”史形诸笔墨，留做史证，其意义是绝对不能小觑的。

恍惚回到三十年前

我也是“红底金字”年代的北京孩子，自然也是“北京孩子文革史”的局中人，但自揣所见所闻，实在有限得很；《红底金字》大开了我的眼界，使我看到了大量未知的发生在我们那代人中的光怪陆离的“文革怪现状”。我恍惚又回到了三十多年前。

“迈入中学，第一印象是批斗校长”，这是北京孩子的普遍记忆。《红底金字》记下了多名校长挨学生批斗的情景。101 中学的校长叫王一知，是中共早期领导人张太雷的夫人，二十年代的老党员，挨批斗时胸前挂着“反革命修正主义分子王一知”的木牌；月坛中学的女校长被剃了阴阳头后，唱着“下定决心”的语录歌，从楼顶的烟囱里跳了下去；

男四中的女校长在烈日下低头挨斗，口中喃喃低语："你们都是我的孩子……"；有的校长被勒令在大雨里环绕操场爬行；有的校长被勒令与死尸握手。记得我刚入中学（东方红中学）没几天，学校当局便让新生参加校长的批斗会，有个高年级学生跳上台去大声吼叫，批校长说过的一句所谓反动话："入党和结婚是人生的两件大事。"最高指示有云，学生要学工学农学军，也要批判资产阶级。斗校长，便是北京孩子一入校就上的批判资产阶级的第一课。

鲁迅曾对古时的师道尊严表示过不满，说："古之师道，实在也太尊，"但我相信先生若逢"文革"，必会激愤言之："今之师道，实在也太卑太贱。"《红底金字》记下了许多师道太卑太贱的例子：有的孩子把笤帚放在虚掩的教室门上，老师一推门便砸在头上，有的孩子把图钉的尖朝上固定在讲桌上，老师一趴在桌上翻讲义，袖子马上被撕破，有的孩子买来臭豆腐在教室里乱抹，让老师没法讲课，有的孩子将唾沫弹到黑板上，恶心老师，"女老师被气哭了的，气晕了的，男老师气急败坏，与学生厮打起来的……都是家常便饭"。如此怪异和荒唐的景象，今日的年轻人定会怀疑其真实性，但这的确就是当年的学校，当年的教室，当年的师生关系，许多情景也是我亲历过的，我们这代人就是在这种乱成一锅粥的教育生态中度过自己的中学时代的。今日回想，每每生出无限感慨和叹息：师道陵夷，斯文扫地，以至于此，上溯五千年，何曾有过？

"文革"中的中小学课本是什么样的？恐怕现在很少有人知道了。《红底金字》记录了一份"复课闹革命"之后初一语文课文目录，可让今人略窥其概貌。试看几篇课文题目：《毛主席语录再版前言（林彪）》、《苏联人民敬祝毛主席万寿无疆》、《斥"剥削有功"的反动谬论》、《彻底批判修正主义教育路线》、《红灯记（第五场）》、《彻底地亮狠狠地斗坚决地改》，从这几个题目，便可知道当年孩子们的脑袋里被灌输的是些什么东西了。漫漫三十年过去了，但我至今仍仿佛能闻到这些课文中浓烈的"阶级斗争"的火药味和封建霉味。当时的孩子们，就是用这种面目可憎的课本学习祖国语文的。我想，倘若鲁迅地下有知，一定会再次呐喊:“救救孩子!”

那时的孩子整天受所谓阶级斗争教育,几乎个个成了“左”派小战士。《红底金字》记道,那时学校不是组织参观“三条石血泪史”,就是参观“收租院泥塑展”,还参观大白楼王国福家,“阶级斗争的弦”总是绷得紧紧的,每个学校,每个班,每天,都会有所谓“阶级斗争新动向”。《揭开初二一班阶级斗争的新盖子》,这是当时一张大字报的题目,如此高难度的“揭盖子”战法,竟是出自一个初二“菜鸟”学生之手。一个学生的日记写道:“希望邓小平改正自己的严重错误,回到革命道路上来。”班干部便在上面批曰:“老机会主义者,改也难呀!”这句批语本是毛泽东批林彪的话,班干部随手拈来用做批邓,真不愧是“毛主席的好学生”。“阶级斗争”已经把孩子们历练成小政治家了。

那时所谓的阶级斗争教育,不仅“左”得出奇,而且经常闹出笑话。给革命烈士扫墓,必先说明瞿秋白是“叛徒”,王若飞也是“叛徒”,并声讨之,有的学生不懂墓碑上的“享年”二字,老师就解释说,“革命烈士哪有时间享受,这是封资修的提法”。有位学生偷看《青春之歌》,被工宣队长没收,队长审查后立即召开批判会,给林道静下了一个结论:“破鞋闹革命”。如此极“左”和荒唐的教育,在当时却被夸赞为“教育革命的成果”,更被视为领袖路线的胜利。什么路线?“以阶级斗争为纲”是也。“以阶级斗争为纲”,结果必然如此,也只能如此。

有件史实,如今已罕为人知,但对于洞见“文革”时社会的堕落很有认识价值,就是,在“文革”中,有一批北京孩子,曾经经历过一个“流氓化”阶段。读了《红底金字》,可以大致了解这段史实。在混乱不堪的“文革”岁月里,很多北京孩子变得匪里匪气,他们结为帮伙,首领称为“顽主”,类似帮会头目,形成一种孩子们的“江湖”;打群架成风,“口里口外,刀子板带”,其规模常常多达几十人甚至上百人;“拍婆子”,即男孩勾搭女孩或对其性骚扰,成为许多男孩性宣泄的重要渠道,常常几拨人为争一个“婆子”大打出手;日常语言呈严重污染状态,脏话匪话痞话经常从妙龄女孩嘴里脱口而出;学工时小偷小摸,游泳时扒人裤衩,骑车“飞”(抢)人帽子,用火柴“点天灯”,用弹弓打路灯,等等,成为一时风气。这就是在一批北京孩子中出现的“流氓化”现象。但是,这批孩子绝大多数并不是真正的流氓,而只是沾染了流氓习气,他们仍属于良家子弟,本色还是纯洁的。但问题的严重性也就在这里。试想,大批良家子弟之“流氓化”,还不是严重问题吗?这实际是整个社会发生堕落的一个重要表征。

何以会出现“流氓化”现象?《红底金字》做了一点分析:“打群架之风,是大气候所致。停课以后,上了中学的孩子无正事可干,且精力和火气正旺,属于没事滋事的年纪。瞎折腾、疯玩、‘闹革命’之外,就着‘横扫一切’的社会风尚,孩子之间群殴的兴起,便在所难免。”这个分析是不错的。说到底,北京孩子的“流氓化”现象,是“文革”大气候所造成的。流氓问题,历来为有眼光的学人所关注,鲁迅就写过一篇名文《流氓的变迁》,近年来,更是有多部流氓史专著问世。我希望能有学者专门研究一下“文革”中的流氓问题,比如,“四人帮”的政治流氓手段,造反派和“勇敢分子”中常见的流氓性,良民社会发生的“流氓化”现象,等等,北京孩子的“流氓化”现象当然也包括在内。我相信,这一研究对于深刻认识“文革”的丑恶和荒谬,定会大有帮助。

六七十年代的北京孩子,虽然是在动乱中长大,受“文革”戕害不浅,但因年龄小,基本没有直接卷入政治斗争,他们的日常生活,基本还属于“孩子型”的,他们有自己的一片独立的生活天地。比如,《红底金字》里有一个《玩》的专章,写了大量当时孩子们玩乐的项目,如烟盒、冰棍棍、骑驴砸骆驼、放毒气弹、埋地雷、双球打垒,等等,还有一个《三大运动》专章,写了孩子们打乒乓球、骑自行车、游泳时的很多趣事。这些娱乐生活,在那个大讲阶级斗争的年代,给孩子们带来了难得的欢乐。谈游泳一节,小标题是《孩子的仲夏之梦》,生动地描摹了孩子们欢乐的童心。如今,许多北京孩子谈起那个年代,总会津津乐道当年是怎么玩的,这几乎成为他们怀旧的主要内容。是啊,在那个年代,大概也只有玩,才使孩子们的天性得到了一点满足。

北京孩子没多大出息

北京孩子，是个地域特征很明显的群体，我感觉，倘若聚拢起一堆各地的孩子，北京孩子仿佛一下子就能跳入你的眼帘。特征有哪些？成因又是什么？这是个颇为有趣的社会学题目。我看，北京孩子至少有三个明显特征，一是出息不大，二是眼界宽，三是政治嗅觉灵敏。

《红底金字》有篇仰东自序，第一句话就是“北京孩子没多大出息”，接着又说，“不论挖沟要饭做小买卖，还是升官发财干大事业，北京的孩子都不行，不如外地过来的孩子”，又分析原因说：“北京孩子较少‘于连性格’，说得直白点，是北京孩子散淡，缺乏进取精神。”我看仰东说得大体不错。我这个北京孩子就没多大出息，虽然并非一无所成，但比起我认识的一些当了大干部、挣了大钱的外地孩子来，实在是差多了。我要说，就凭仰东序里的这句“北京孩子没多大出息”，就让我对他这本书刮目相看。

眼界宽，政治嗅觉灵敏，《红底金字》里的例子就太多了。节庆、迎宾，北京孩子可以见到毛泽东、周恩来、金日成、西哈努克、尼克松、田中角荣、谢胡、巴卢库；扫墓，他们可以去最高层次的烈士安息地八宝山、万安公墓，可以在李大钊、任弼时的墓前举行仪式；看演出，不少孩子与毛泽东同场看过《东方红》，孩子们常去的首都电影院，也是周恩来、朱德、董必武、陈毅和胡志明曾看过电影的地方。对于高层政治，北京孩子有一种特殊的关心，比如提起“文革”中那些大案，彭罗陆杨、刘邓陶、陈姬乔、王关戚、杨余傅、黄吴叶李邱、王张江姚，等等，不仅能滚瓜烂熟地一路数下来，而且有自己一套一套的见解。七十年代，北京孩子间一度传抄柯庆施和谢富治的“遗书”，虽然真假莫辨，但研读的态度绝对认真。中央规定干部要学马列六本书，大人看，北京孩子也看，虽然多是瞎翻，半懂不懂，但比起完全不看这类书的孩子，毕竟还算有点“马列修养”。

仰东在书里，曾提到他观察过党内大奸康生的着装，他写道，当年中央领导在正式场合都穿中山装或军装，唯一例外的是康生，除“文革”初期康生偶穿军装外，一般露面时，如出席九届二中全会和十大，经常穿的是一种有三个暗兜的学生装，他“那时已经七十来岁了，为什么不追随毛泽东也穿中山装，而是穿在小学生中流行的学生装，其心态如其人在其他方面的表现一样，让人揣摩不透”。我真是佩服仰东的政治嗅觉和眼力，他竟然能注意到康生的穿衣服，并据此揣摩康生的性格和心态。仰东的观察是不错的，康生其人一贯阴险狡诈，着装的怪异，也能反映出他处世为人的某些特点。仰东真不愧是北京孩子。

有人说，北京孩子有八旗子弟遗风，这也许不错。但我认为，共产党政治中枢所独具的政治文化，给予北京孩子的影响尤其巨大。在“红底金字”年代，北京孩子的一些地域特征，特别是眼界宽、政治嗅觉灵敏的特点，发挥了很大功用，既有正面的，也有负面的。值得称道的，比如“四五运动”，在天安门悼念周总理，反对“四人帮”的民众中，北京孩子占相当数量。我当时也去了天安门，镇压的那天晚上险些被抓住。当时我是一家工厂的团总支书记，曾组织人油印了一本厂里青年创作的悼念总理的诗集。

“闻事辄录”的掌故书

《红底金字》所用的笔法，不是写正史的笔法，而是野史笔法、掌故笔法。这种笔法不打官腔，记事灵便、到位，长于记录细节。明清士人常用这种笔法记史，鲁迅颇为激赏，认为能存真史。仰东也用这种笔法记史，自然也有裨于保存真史。仰东对于历史的大关节，虽然是关注的，但对于历史细节，他似乎有一种特殊的爱好，而且颇有记录历史细节的本领。他从不妄谈历史规律一类大题目，从不发那种睥睨古今、包打天下的高论，而是多着眼于历史细部，关注历史大关节下的雨丝风片。他的博士论文，是考索清代灾荒史的，做的是很具体的实证研究，他与导师合写的《太平天国社会风情》，是描述太平天国细部史实的名著。他的研究方法是挖深井，见微知著。他写这本《红底金字》，记录当代史，更是使用了挖深井的办法。

一般来说，博士大都爱走“做大学问”的路子，而仰东博士除了搞过一段清代灾荒史研究外，似乎对“做大学问”并不怎么感兴趣，他平时的兴趣，我看主要在掌故学之类的杂学上。这本《红底金字》就应该归入掌故学一类。掌故学，即搜罗和讲说掌故的学问，在我国源远流长，魏晋以来的《世说新语》、《隋唐嘉话》、《封氏闻见记》，宋元明清以来的《东京梦华录》、《辍耕录》、《万历野获编》、《菽园杂记》、《池北偶谈》等笔记杂录，都可以说是掌故学著述。《红底金字》的文脉，实际上走的就是这一路。不同的是，古人撰写这类书，多是为排遣时日，解闷消闲，如纪晓岚说自己写《阅微草堂笔记》时的心情是：“景薄桑榆，精神日减，无复著书之志；惟时作杂记，聊以消闲。”仰东则不然，他是有为而作，精神振奋，苦心要写出一本“红底金字”年代的掌故书。他的笔路，不是正襟危坐，也不是“闲情偶寄”，而是认认真真从容有致地记下那个时代的真实生活，记下那些被忽略了的“文革”史的边边角角。

掌故学，严格来说属于历史学的支脉，细归类，可入史料学。搜集、记录史料，历来是史家的看家本领，清人文廷式《闻尘偶记》有句名言：“闻事不记，释家之智；闻事辄录，史家之学。”释家不重视记事，他们有“经”可恃，喜谈悟道；而史家则要据实说话，以史为证，所以，总是“闻事辄录”，记录史料。我惊叹仰东搜集了那么多鲜为人知的掌故，不为人留意的掌故，连我平时不经意与他谈的一些杂事，他也记录在案了。这让我领略了仰东“闻事辄录”的“史家之学”。

史家，掌故家，若认真界定，仰东当然只能算是掌故家。掌故家也不得了，刘义庆是掌故家，孟元老是掌故家，徐凌霄是掌故家，在豆棚瓜架之下记录各种遗闻逸史、鬼狐故事的蒲松龄，其实也是掌故家。仰东是个平素便有些“掌故癖”的人，喜谈，喜听，喜记各种杂七杂八的逸闻趣事，他能够写出这本掌故书，诚非偶然。但是，他写这本书还有一个重要的动力，就是出于历史责任感，不忍让那些珍闻逸史被岁月的尘埃湮没掉，特别是他想让世人能够更真切地了解“红底金字”那段岁月。仰东是鲁迅先生的景仰者，也爱读知堂散文，他对掌故的癖好，我看多少也受过一点周氏兄弟的影响。周氏兄弟都喜“杂学”，爱读笔记掌故一类书，知堂还写过一篇《我的杂学》述之。一次，仰东与我谈起邓云乡先生写的掌故学名著《鲁迅与北京风土》，啧啧赞赏之余，又饶有兴致地谈起周氏兄弟的喜“杂”：致力杂文，喜谈掌故。

近一二十年来，学界出了一拨儿新新人类学问家，写起文章来像是老道画符，云山雾罩，玄之又玄，其实都是“买驴博士”。仰东绝不是这样，他不论写学术文章，还是写掌故文字，一体都是“五四”以来深受读者欢迎的“谈话风”，既不故弄玄虚，也不浅俗庸常，而是蕴藉有物，亲切有味。《红底金字》的文风便是如此。

仰东这本书原先出版过，据说在排行榜上还挺靠前的，这次出的是增订本，所谓踵事增华、锦上添花也，其价值肯定比原本要高得多。仰东索序于我，我不敢推辞，写了以上读感，就算是序。

2008年11月12日写讫于京西定慧寺之扪虱堂

附识：此序写毕不久，闻知书名拟改为《北京孩子》，谅其为市场计也。我以为，名实之间，实为重，名为轻，书魂毕竟在内容，改名可也。但无论改为何名，“红底金字”四字，仍为此书最重要之象征也。

2008年11月17日

读《天桥》记

老天桥，几十年来，在城市演进中，一天一天地式微，衰朽，变迁，几近完全消失。欲睹老天桥之旧观，只有去寻觅已化身为字纸的老天桥了。

记录老天桥的资料，在明清文献中，只能披沙拣金偶然得之，民国以降，学人受“五四”风气浸染，目光开始投向社会的低处广处，记录老天桥的资料多了起来。近十数年，学术风气更是关注民间、民俗，老天桥遂成为学问家和文化人青睐的一块宝地。记述和描写老天桥的读物，风土记，回忆录，研究专著，画册，小说，市面上一本一本不断地出，已多得难以周览。从这些读物里，今人得以窥见久已消逝了的老天桥的旧貌。

哪本写老天桥的书好？若有哪位朋友问我，我会说，首选是张次溪先生的书。张次溪是研究北京地方史的第一流大专家，又是经历过民国时代的人，对于老天桥，他不仅有直观的感受，更做过精湛的研究。民国年间，张次溪编写过《北平天桥志》、《天桥百业调查表》，新中国成立初期编著过《人民首都的天桥》。他还编写过一本《北京天桥平民区之起源与发展》，此书是稿本，没有标明写作时间。张先生的这些著述，史料价值都是相当高的。

张次溪以外，给我留下最好最深印象的是白夜和沈颖两位新闻记者写的《天桥》一书。此书是新华出版社 1985 年出版的，现在说起来也算是历史文献了。这本书若是归类，应当归入地方史志类，北京门。史志一类书，向来是钞撮、纂辑前人之作而编为新书的多，但《天桥》不是。《天桥》没有钞撮任何旧有资料，而完全是作者车马奔波，直接采访了

500人次以上的天桥人物之后写成的。这是一本天桥人物“话天宝遗事”的结集，是一本关于老天桥的口述史，其史料价值自然是极高的。时光流逝，当年的天桥人物渐次凋零，如今这本《天桥》显得越发珍贵了。

我是把《天桥》作为社会史料来读的。在我看来，这本书也可以叫做《天桥社会史资料集》。对这本社会史资料，我用了一点社会学的概念和方法来读，觉得这个读法能对天桥的认识更深一点。

“天桥”二字，不只是个地名，用社会学的眼光看，它还是个社区概念。“社区”，简单说就是一定地域内的社会生活共同体。一条街巷、一所学校、一座城市，都是社区。社区有地域范围，有高低层次(大社区、小社区)，有各自的特色。老天桥就是一个社区，而且是一个特色非常鲜明的社区。

老天桥的地域范围怎么划呢？历来官方的地理书好像都没有明确划定过，都是概而言之。《天桥》有一节书，题目是《天桥的周围》，大致划出了老天桥的四至，亦即这一社区的范围：北自珠市口大街以南，西到陶然亭，东到天坛，南到永定门外沙子口。

老天桥的社区特色非常明显。首先，它是所谓“下九流”即最下层民众的生活区。《天桥》写道：“天桥拥挤着各式各样的人物，卖艺说书，算命打卦，摊贩行商，穷汉乞丐，妓女鸨母，流氓游民，小偷骗子，道会行帮，恶霸强梁，走狗打手，总之，应有尽有。”这就是老天桥的居民结构，老天桥一带活动着的就是这样的一些人物。

老天桥还是市民的娱乐区兼商业区。被访问的天桥人物老艺人孙宝才，对此有一段很好的描述，他说：“内城是皇帝住的，周围皆是王宫府第，不许开设娱乐场所，吵闹喧哗。什么会馆哪，戏园哪，妓院哪，都开设在外城。那个时候，天桥两旁河边，就很热闹。蒸饼市卖饮食小吃，夜市卖来路不明的东西，穷汉市卖些便宜的旧衣和旧东西。那时进京赶考的举人，多住在前门、宣武门外的本乡会馆。考试前后，他们多到天桥游玩一番。文人学士，常常到茶楼酒肆，饮宴赋诗。”我们仿佛看到了当年老天桥那种红尘熙攘、繁华嘈杂的景象。孙宝才说的是清代以来的情况。实际上,从明代起天桥就已经是游乐场所了,但只有到了清代,由于清廷实行了一些特殊的城市管理政策,天桥才特别繁盛起来。

对于老天桥的总的社会面貌,《天桥》用四句话做了一个概括:"天桥是一个光怪陆离的万花筒,是一座荒唐游乐的大舞台,是一宅凄惨邪恶的魔窟,也是一片饥饿愚昧的苦海。"这四句话,既准确,又形象,更深刻,虽非史家语言,却反映出作者对社会历史现象的洞察力和概括力。老天桥的这种社会面貌,可谓旧中国黑暗社会的一个缩影。

老天桥的人物形形色色,驳杂至极,真正了解和认识他们,并不容易。阶级分析方法能够解决一些问题,但不够用,还要借助社会学方法。社会学对人的分析更为具体和细致,包括分析人的职业、文化水平、籍贯、家庭出身、性别、个性等等。被访的天桥人物相声演员侯宝林先生,曾像社会学家一样,对江湖艺人和江湖术士的区别做过一番分析,所用的方法,就既有阶级分析方法,也有社会学方法。

他说,江湖艺人是专靠艺术谋生的,也就是卖艺人。他们是无产者,除掉艺术,什么也没有。江湖艺人中也有个别人以卖艺为主,又兼卖骗人的大力丸。这就有些像江湖术士了。江湖术士是些什么人呢?像算命的,拆字的,巫师,卖假药的,等等。他们没有真本领,也没有艺术,却有骗人的法术。他们也是无产者,但从事不正当的谋生手段。他们当中也有区别,有小欺,也有大骗;有小恶,也有大奸。重者可算是流氓无产阶级。侯宝林的这个分析相当精到,我看并不比某些学者逊色。他以有无艺术和是否骗人为标准来区分江湖艺人和江湖述士,对江湖术士又按职业不同和作恶轻重做了区分,这对于一般局外人了解和分辨这两类江湖人物的特征,很有参考价值。

社会学研究社区问题,有个概念叫"区位结构",指不同特色的社区的分布状况。"区位结构"的形成,都是有特定原因的。天桥何以会成为所谓"下九流"生活区,成为市民娱乐区兼商业区?盖源于封建等级制度及清廷管理北京的特殊政策。封建等级制度把人分为三六九等，北京作为帝都，这种等级就更加分明和森严，清廷在北京又实行了满汉分城居住制度，这样，就造成了清代北京居民区的特有布局。这个布局就是：皇帝居于紫禁城，周围是王公府邸，内城是驻防八旗，汉人一律迁居外城，汉族士宦居宣南，百业居民居崇外，正阳门往南的外围便是天桥居民。这种布局，君重臣轻，内旗外汉，由贵到贱，历历分明。老天桥的"下九流"生活区就是这种布局的产物。清廷还实行了"内城逼近宫阙，例禁喧嚣"的政策，即孙宝才所说的内城"不许开设娱乐场所，吵闹喧哗"，于是，天桥就自然成了市民娱乐区兼商业区。

赌博、诈骗、娼妓、吸毒等社会问题，历来是社会学研究的重点。老天桥的这类问题之多，之烈，之集中，堪称旧中国此类社会问题的标本。《天桥》记录了关于这一标本的大量资料。

前些年病故的、稔熟北京地方文献的姜纬堂先生，生前曾向我夸赞过《天桥》一书，说要写一篇文章评说一下，但文章未写成就故去了。我确信，姜先生夸赞过的北京文献，肯定是错不了的，因为先生看得多，有比较，且下断语一向精严。写这篇小文时，我想起了先生的话，现在记在这里，算是对先生的一点纪念。

卷四

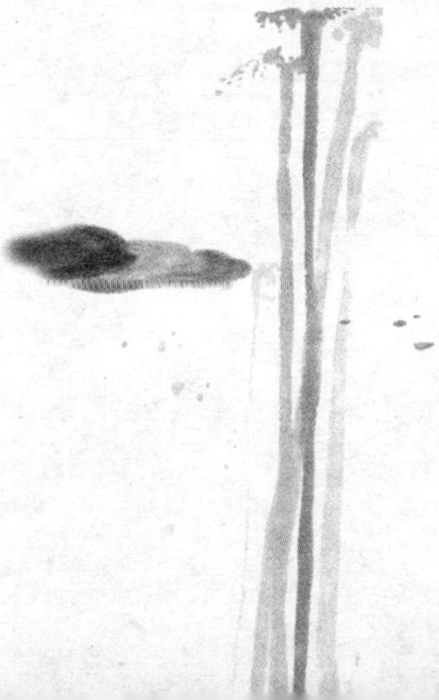

鲁迅祭书神小考

《祭书神文》，是鲁迅先生青年时写的一篇祭祀文字，录自周作人日记，收入《鲁迅全集》的《集外集拾遗补编》。

近年来，常有谈书的文章提到这篇祭文，但都是点到即止，语焉不详，少数几篇介绍这篇祭文的文章，也都是从研究诗歌的角度来谈的，因为祭文是用骚体写的。笔者拟从另外的角度谈谈有关这篇祭文的几个问题。

一、鲁迅是否真的祭书神了

从一些谈《祭书神文》的文章看，好像鲁迅只是单纯写了此文，而并未亲身与祭，是为写而写，甚至有文章说，"是戏作的"。我看并不是这样。鲁迅是亲自祭了书神的，这篇《祭书神文》是一篇实际使用过的祭祀文字。这从祭文的小序中可以看出一点端倪："上章困敦之岁，贾子祭诗之夕，会稽戛剑生等谨以寒泉冷华，祀书神长恩，而缀之以俚词曰：……"由此看来，确实是祭祀了的。但也许有人会怀疑，这可能仅仅是书面文字吧，单写不祭也是可能的。不错，实际生活中也许有那种单写不祭的情况，但《祭书神文》不属此类。读读周遐寿（周作人）《鲁迅的故家》一书中的有关章节，就可以知道鲁迅确实是祭了书神的。此书第一部分《百草园》中有一节是《祭书神》，是专谈祭书神事的，其中写道：

> 旧日记从戊戌年写起，戊己两年的除夕没有什么特别记事，庚子年的稍详，文曰："晴，下午接神，夜拜像，又向诸尊长辞岁，及毕

疲甚。饭后祭书神长恩，豫才兄作文祝之，稿存后，又闲谈至十一点钟睡。”祭书神文如下：（从略）。（上海出版公司印行，1953 年版）

文中引的日记，是周作人自己的，是庚子年除夕即公元 1901 年 2 月 18 日那天的。细读这天的日记，可以看出，从接神、拜像（指拜祖先神像）、辞岁，到祭书神，都是一件一件实际做过的，日记是据实记录的。关于拜像、辞岁二事，《鲁迅的故家》中还有详细的说明。“饭后祭书神长恩”，周作人日记中的这句话，是明明白白的，与《祭书神文·小序》中的“祀书神长恩”一语可以互相印证。

日记所说的“豫才兄”，就是鲁迅，“作文祝之”，表明《祭书神文》是为祭祀书神而作的，而且是实际使用了的。鲁迅不仅祭了书神，而且祭神的时间也是严格按照旧习俗办，而不是自己随意定。《鲁迅全集·集外集拾遗补编·祭书神文》注 4 引明人笔记《致虚阁杂俎》云：“司书鬼曰长恩，除夕呼其名而祭之，鼠不敢啮，蠹鱼不生。”可知祭书神例在除夕。鲁迅祭书神，就是沿袭这一旧俗，在庚子年除夕这天行祭事。祭祀书神者，不只有鲁迅，还有周作人，《祭书神文·小序》中说的“会稽戛剑生等”，就包括了周作人。周作人是以祭书神的亲历者的身份写下日记中的那些话，所以他的话是可信的。

二、书神长恩是怎样的神

鲁迅祭祀的书神是怎样一个神呢？《祭书神文·小序》写明书神叫长恩。前引《致虚阁杂俎》谓长恩为“司书鬼”，其神职是掌司书籍不被鼠啮虫蛀。从“司书鬼”的“鬼”字来看，长恩当是由某人死后变化而来的，但不知其具体的来历。据笔者查考，《鲁迅全集·集外集拾遗补编·祭书神文》注 4 所引的那段关于长恩的文字，早在宋元时人欧阳玄所著的谈鬼专书《睽车志》中就有了（见《古今说部丛书》第六集）。这是所见最早的关于长恩的文字。这表明，至晚在宋元时代，就有祭祀长恩的习俗了。明清文献中，记载长恩的文字，除了《致虚阁杂俎》外，明人张岱《夜航船》卷十八《荒唐部·鬼神》及清人阮葵生《茶余客话》卷十六中也有。《夜航船》与《睽车志》的文字基本相同。《茶余客话》则略有不同，云："司书有鬼，名曰长恩。除夕呼其名而祭之，则不蠹。见《致虚杂俎》。"按，《致虚杂俎》当为《致虚阁杂俎》。长恩在古代士人中大概是个颇受青睐的神明，林则徐曾为清代藏书家庄有麟的藏书楼题名为"长恩书室"，庄氏所辑的一套丛书名为《长恩室丛书》，另一清代士人傅以礼的藏书处称为"长恩阁"，其所辑的丛书名为《长恩阁丛书》。上面这些，就是所能知道的关于书神长恩的大致情况。

三、何以称"书鬼"为"书神"

长恩在古籍中被称为"司书鬼"，鲁迅则称长恩为"书神"，一称"鬼"，一称"神"，怎样解释这种情况呢？可以从两方面来理解。

其一，在中国人的传统观念中，鬼与神常常是不分的，"鬼神"常连称为一个词。鲁迅在《中国小说史略》第二篇《神话与传说》中说到过这种神鬼不分的情况。他在分析中国神话仅有零星遗存的原因时说，"其故殆尤在神鬼之不别"，又云："天神地祇人鬼，古者虽若有辨，而人鬼亦得为神祇。"这种情况，在初民社会中较严重，在后世社会中仍然存留。在中国人的心目中，鬼，有时可以谓之"神"，神，有时也可以谓之"鬼"，鬼神杂淆，是中国传统鬼神观的一个特点。所以，长恩是既可以谓之"书鬼"，也可以谓之"书神"的。鲁迅是知道长恩一向被称为"司书鬼"的，但他也知道"人鬼亦得为神祇"，所以便以"书神"来称长恩。

其二，鬼与神在传统观念中常常不分，还只是一种情况，与其并行的另一种情况是，鬼与神又常常被分开，并被区别善恶。大致说来，鬼分恶鬼、善鬼，恶鬼代表丑陋、凶恶，善鬼代表美好、善良，而善鬼又常被称为“神”。“司书鬼”是护书的善鬼，所以又可称为“神”。鲁迅之所以没有沿袭古籍里的叫法，称长恩为“书鬼”，而是谓之“书神”，除了上述的鬼神可以互称的原因外，更是由于长恩是善鬼，而鲁迅对这个善鬼抱有极大的好感。“书神”，实际是鲁迅对长恩的尊称。

四、怎样看待鲁迅祭书神

也许有人觉得，堂堂的大思想家鲁迅先生，怎么也祭过神呢？还是要为贤者讳吧。其实这很好理解，完全不必避讳。鲁迅写《祭书神文》的时候，才 21 岁，还不是后来的鲁迅。那时是晚清，社会上祭祀鬼神的风气很盛，除夕的接神、拜祖先神像、祭书神等，不过是这种风气的很小的一部分。鲁迅当时作为一名普通人，参加祭神活动，祭祀书神，是很平常的一件事，毫不足怪。毛泽东是大伟人吧，年幼时不也信鬼神吗？他在与斯诺的谈话中曾说到过这一点。这是那个时代使然，超越时代倒是奇怪的了。

旧时人们祭神，总是有一定的功利目的。鲁迅祭书神，应该说多少也有一点。从《睽车志》等所云的“鼠不敢啮，蠹鱼不蛀”，及《茶余客话》所说的“除夕呼其名而祭之，则不蠹”来看，鲁迅祭书神，当是有希望书神保佑书籍完好无损这一功利目的。但是，鲁迅祭书神又绝不仅仅为此，而且可以说，主要目的并不在此。鲁迅祭书神，与商贾祭财神等许多庸俗的祭祀不同，鲁迅祭书神是有高雅的书香精神浸透其中的。《祭书神文》明白地表达了这种精神。此文通过对书神表达尊崇敬祀之意，表明了自己对钱神、钱奴及俗丁、伧父的蔑视和求学上进的决心。虽然祭文里也写了给书神上供，也表示来年要酬谢书神，但供品却是“寒泉冷华”，酬神之物则是“异籍”（奇异的书籍），体现出的是清寒的书生本色。可以说，鲁迅祭书神，实际上主要是一种借神言志之举。

《祭书神文》是鲁迅一生中写的唯一一篇祭祀文字，是鲁迅文章中比较特殊的一篇。从这篇文字中，可以看到青年鲁迅高尚的人格，高洁的志趣，以及深厚的古典文学修养，也可以体察出鲁迅当时所处的旧时代的民俗文化氛围，以及鲁迅当时的一些俗文化观念。总之，这篇祭文对于研究青年时期的鲁迅是很有价值的。

江绍原与《发须爪》

前几年，我因为研究行业神，知道了江绍原这个名字。我在天津《益世报》上查到了一篇题为《盐神》的学术小品，作者就是江绍原。由这篇文章做向导，我完成了盐神的初步研究，江绍原三个字也深深地印在了我的记忆里。

江绍原何许人也？怎么这么窄的题目他也研究？他还写过什么？这些疑问一直在我脑中萦绕。忽一日，沪上一位朋友寄来一本书，书名挺新奇，曰《发须爪》，著者赫然题做江绍原，我顿感眼前一亮，大喜，遂挑灯夜读，当晚便读毕全书。原来，江绍原是一位民国时享有大名的民俗学家、宗教学家、文化人类学家。新中国成立后，他所治的几门学问衰微了，他的名字遂隐而不彰。奇怪的是，近年来尽管民俗学、宗教学一阵阵发烧，但他的名字仍不大为人们所熟知。我真有些为江绍原抱不平了。一面抱着不平，一面对江绍原的一切发生了兴趣，他的人，他的书，他的事。

先说说这本《发须爪》。发须爪指人的头发、胡须、指甲，这本书所研究的，就是关于这三样人体细物的迷信和风俗。区区发、须、爪，也值得写一部学术著作吗？外行人如我，大概总会有这种疑问。但读书一过，疑问自消，发、须、爪里确有大学问。江绍原发现了其中的大学问，也做出了大学问。他发现，发须爪在古代先民的心理中是极尊贵的，被看做是人身上最神妙、最富有生命和精力的东西。他研究出，成汤祭祀上帝或旱魃时，不用自己的肉体而用发爪做祭物，是因为古代中国人认为发爪是人体的精华，是可以作为肉体的替代品的。这个发现，解开了汤祷桑林之谜。他还从古刑法中看到了古代先民极为珍视须发的观念，举出的例子有《周官》所记割发能代替去势，《报任安书》谓髡刑重于笞刑等。去势即阉割生殖器，乃惨酷之大刑，割发却能代之，髡刑只是剃除头发，却重于使皮肉受苦的笞刑，为什么？这些颇令人费解的问题，若用江绍原的发现一解释，便豁然明了。

《发须爪》的学术价值是不消多说的，此书一问世便名声大噪、洛阳纸贵便是证明。胡适曾做专文给予佳评，周作人也在书序中极表赞赏。但更令我神往的，却是江绍原那善于细察微物的眼力。我把它赞之为显微镜。显微是为了见大，观察发须爪，是为了考察古代先民对世界的看法，用江绍原的话说就是：

> 虽以关于发须爪三件小事物的言行为限，然这些言行，处处与古今人的药物观、治疗观、病因观、身心关系观、祭观、刑观、时观、死观、死后生存观——观之多虽未足以观止，然也很可观了——都有关。故发须爪观的研究，实在是关于那些较大的“观”的研究之一部分，犹如那些较大的“观”的研究，想就是那再大不过的宇宙人生观的研究之一部分也。

这段话说得很精辟，很实在，也很有趣，可以看做是江绍原对自己所做的微观研究的意义的一个说明。他的目光所至虽是细物，但心中所念的，却是人的思想、观念，是人的心史、观念史。他所研究的那些小的“观”，实际是为了明了大的“观”，明了一个小的“观”，也就是明了了大的“观”的一部分。这也可以称做是一种“见微知著”、“由小见大”的观察研究法吧。我由此悟出：研究古人的社会人生观念，是可以从古人最细微的言行中看出的，而这种观察研究法，又不限于施之古人，对今人也是可以移用的。

我对《发须爪》一书非常钟爱，窃想在我的藏书中，它的地位虽未必称得上是帝王，也算得上是将相，即使有人拿一册明版书与我交换，我也未必愿意。

江绍原对细事微物的研究，不只是发须爪，在他的显微镜下，还研究过口津（吐沫）、牙齿、血、月经、喷嚏的有关风俗，研究过小儿的乳名、民间的历书和占卜术等，有的研究对象虽不一定可称是细事微物，但也是平凡或具体的事象，如旅行、杂神、冠礼、衅礼、射礼、投壶礼、成人礼等。这些细而杂的研究许多都已写成了文章或著作，如《吐沫》、《古代的衅礼》、《盐神》、《礼祥考》、《血与天癸》、《易卦如何得名》、《中国古代成人礼》、《中国古代旅行之研究》等。他还翻译过外国的一些同类作品，如《寓言及俗说中之鼠观》。从这些研究内容和作品题目，可以进一步看出江绍原的学术兴趣和治学路子。

这些作品，有的我已拜读，有的只知其名，无缘见到。《中国古代旅行之研究》可说是《发须爪》的姊妹书，同样的高水平，同样的于细微之处做出大学问。江绍原的许多作品无缘见到，盖因未整理出版，这殊为学界憾事。江绍原之女江小惠曾在北京鲁迅博物馆工作，又整理出版过周作人与江绍原通信集，其学力料想不弱，加以近水楼台的便利条件，当是整理江绍原遗著的上乘人选。我猜想她现在正终日矻矻地做着整理工作呢。

江绍原研究发、须、爪，研究吐沫、牙齿、占卜术之类，主要立意之一是欲清除国民的迷信意识，这种清除具有秋风卷败叶式的扫荡性、彻底性，而不仅仅是破一破发须爪一类细物的迷信了事。江绍原的反迷信与许多今人不同，不是笼而统之地骂骂便班师回朝，而是精心考察迷信的由来，挖其根，掘其源，给予科学的解释。关于迷信的缘起，他有一段精辟而切实的论述，从迷信起于青萍之末，到众多的因素参与铸就迷信，一一做了解析和说明。原文略长，不引。这样的解析，只有精密地研究过迷信的人，才说得出，而单从道义上讨伐迷信的人是说不出的。这样的解析，对于迷信具有真正的摧毁力。江绍原说过这样一句话，“不彻底的破除迷信运动是不能成功的”。旨哉斯言。何谓彻底？彻底就是用科学解释迷信，替代迷信。江绍原对迷信缘起的解析，对发须爪等迷信的研究，正是用科学解释迷信的范本。

清代的朴学家是很让人敬重的，我常常由他们朴实、严谨的学风，想见他们的为人也一定是质朴无华、敦厚诚实的。我也常常这样想江绍原。江绍原治学极有朴学家风度。朴学家喜做“窄而深”的研究，江绍原的发须爪一类研究正是此种路数；朴学家立说必凭证据，绝不信口臆说，江绍原的每一研究结论，也是立于众多证据之上，绝不徒作空言；朴学家采择证据以古为尚，以第一手资料为尚，江绍原使用典籍时，也是最重原典；朴学家讲究治学先“识字”，即先通过训诂弄清字义，江绍原研究问题、使用古书时，也常常先从考究字义入手。治学的风格有时是可以反映人格的，虽未必人皆如此，但具体到江绍原，我想，他的身上一定是洋溢着一股诚朴之气、笃实之风的。为了某种功利目的而急于发表未必成熟的文章，是不少学者的通病。江绍原的看法则是：无论做什么文章，“非经几番精审的推敲修正，绝不发表”。于此可见江绍原对学术文化的执著态度，也可以看出，江绍原绝不是那种急功近利、心气浮躁的小家子气学者。

江绍原是个才子型的学者，他的学术文章虽然谈的是艰深的学术问题，但很有文采和灵性，绝不是阴沉木的脑袋可以做得出的。周作人就曾夸奖江绍原的文章“不知怎地能够把谨严与游戏混合得那样好，另有一种独特的风致，拿来讨论学术上的问题，不觉得一点儿沉闷”。这样的文字，在江绍原的笔下常汩汩流出，俯掬即是。江绍原的这种文章，是学者加才子的文章，单是学者或才子都做不出。我总是默祷着能多读到一些时贤所写的江绍原式的文章。

江绍原与鲁迅、周作人兄弟的关系都颇近，尤与周作人私交甚笃。《鲁迅全集》中常可以见到江绍原的名字，鲁迅曾为江绍原的民俗研究提供过古诗中的材料，也曾劝过江绍原多搞一点翻译。江绍原与周作人在学术上有同好，都对宗教、民俗感兴趣，在文化观上，都很看重“平凡的人道”，都把目光“向低处广处看”。江绍原对周作人的学问非常敬重，常写信向周作人请教，《发须爪》的序言也是请周作人写的，他常称周作人为“启明师”。二人通信，周作人称江绍原为“绍原兄”，江绍原称周作人为“启明先生”，信中二人无话不谈，谈学问，谈政治，谈社会琐事，谈个人生活，话中常有玩笑语、深交语，可见二人关系的密切。后来周作人落水，江绍原则是爱国者，这是二人的区别。

江绍原虽然倾心学术，治学谨严，经常沉浸于古书、古俗、古宗教之中，但并非是个不闻世事的书呆子。他很有政治头脑，曾在一封致周作人的信中，提出要建一个“无产阶级党”：

> 这几天我又在梦想：天下稍太平后，应该立个无产阶级党。……阶级之有无法否认，只有同阶级中人联合起来才能济事；而国民党决不属无产阶级。

此信写于1928年3月，当时中国共产党已经成立，江绍原大概是对中共缺乏认识吧，才提出了自己的立党之说。“阶级”云云，说明他是有阶级眼光的，对国民党的性质也是有所认识的。

再往前看看青年江绍原。他上大学时是个热血青年，政治热情极高，是“五四”运动中火烧赵家楼的健将，作家章衣萍在《窗下随笔》中曾描写过他的壮举：

> “五四”运动之役，北京学生捣碎曹汝霖、章宗祥宅。有一青年当时撞进曹汝霖的卧室(一说，是曹小姐的卧室)，把卧床上的锦被一撕，大呼而出，即被警察捉去了。此公即江绍原先生是也。

遥想江绍原当年的英姿，真有点“天街踏遍公卿骨”的味道，真乃一腔正气、一身豪气也。

江绍原的性格大概不属于沉郁的那一种，他常有幽默的言谈，即使是谈学问，也时有戏言。他研究古代礼俗，便把自己的有关著作戏称为“礼部文件”，并与周作人互相戏称为“礼部总长”(周作人)和“礼部次长”(江绍原)。军阀孙传芳举行投壶礼时，江绍原写信给周作人对孙传芳加以微讽:“孙督军未经我部许可,擅自举行,似宜申饬。”“我部”,即所谓礼部,“申饬”乃告诫申斥之意。一个子虚乌有的礼部竟要申饬孙大督军,岂不是诙谐得可以吗?一次,一位姓郭的大夫写了一篇研究甲骨文的文章,请人转给他看,他写信将此事告诉了周作人:“厂肆送来郭大夫(曾习医而又以屈原自比,盖双料大夫也)甲骨文研究。”屈原为三闾大夫,郭大夫自比屈原,故江绍原戏称其为“双料大夫”,幽默之中又略带一点微讽的辣味。江绍原的幽默,多含文化意蕴,不同于一般的滑稽和低俗的插科打诨,盖因江绍原满腹学识、气质高雅也。

江绍原的故乡是安徽旌德县江村,那是一个巨族之乡。反清革命的英雄江亢虎与江绍原是同父异母的兄弟;胡适的妻子、名门之女江冬秀是江绍原的本家。于此可知江绍原的家庭环境。江绍原曾留学美国,攻的是比较宗教学和哲学,回国后长期在北京大学等高等学府任教授,又曾在商务印书馆任编审。他一生的活动概括起来就是念书、教书、写书、编书,他是一个纯正的读书人。江绍原有个儿子叫江小原,是个瘫子,但人瘫志大,自强不息,成了翻译家,奥斯特洛夫斯基(《钢铁是怎样炼成的》的著者)的夫人赞誉他为“中国的保尔”,但“文革”中竟以“修正主义苗子”的罪名被迫害致死。江绍原有这样的儿子,既是他的骄傲,也是他的悲哀。

中国民众造神史的一个个案

——《行业神崇拜——中国民众造神运动研究》自序

《论语》上有一条有名的记录:“子不语怪、力、乱、神。”在孔夫子不大愿意谈论的四项事物当中,神,是其中之一。按说,尊孔的中国人应当模仿圣人的样子去做,对神表现出淡漠,但不,历来的中国人,别的事可以按孔子的话去做,敬神一事则万不可“不语”,不可轻视、淡漠。特别是一般民众,对神灵更是表现出一种发自心底的笃信和狂热的尊崇。这种现象,几千年来一以贯之,于今仍然余音袅袅,不绝如缕,蔚然构成一部中国民众造神、拜神的历史。

造神史属于心态史的一支。以往的历史学家,最看重的是政治史、军事史、经济史之类,对心态史则难得一顾。其实,心态史是极为重要的。梁启超在《中国历史研究法》里说:“凡史迹……非深入心理之奥以洞察其动态,则真相未由见也。”史迹,是人创造的,人的心态如何,能不关乎史迹的走向吗?而造神史,则是心态史的重镇。造神、拜神,属于人的信仰活动,是人的精神生活的重要部分,是心态的突出表现,特别是当一种文化由“神本”尚未完全过渡到“人本”的时候,造神、拜神更可以说是心态史的最重要的内容。

造神史在一定意义上说又是民众史的一支。旧式的历史学家,目光总是朝上的,看到的只是帝王将相、文人士大夫之类,而对一般民众的历史,则不屑一顾。而其实,民众是历史活动者的主体,民众史是极为斑斓多彩的,若是不去记录和研究一般民众的历史,那么,史家欲得的所谓真史全史,便只能是半真的、片面的和苍白乏味的。顾颉刚早年曾提出过“要打破以贵族为中心,打破以圣贤文化为固定的生活方式的历史，而要揭发全民众的历史”的主张，真是卓越的见解。中国造神史，在很大程度上实际是一般民众的造神史，因而，从一定意义上说，一部中国造神史就是一部中国民众造神史。因此，研究中国民众造神史，对于“揭发全民众的历史”，无疑是极有意义的。

中国造神史发展到“文革”，如异峰突起，与极“左”政治浑然结合起来，构成了中国内乱史的一个分支。神道设教，本是中国政治文化的一个传统，而“文革”时期的造神，则是对这一传统的新创意。俄国工人政党内部曾有一派“造神论”者，主张创造一个“无产阶级的神”，结果遭到了列宁的痛斥。这派“造神论”者虽然很快在本国销声匿迹了，但他们的理论却在有深厚造神土壤和传统的中国被实践了。“文革”中何以有亿万人参加造神？他们(我也是其中之一)何以那般狂热地“拜神”？个中原因，除了当时的政治因素以外，绵延久远的中国造神运动的传统在发生作用，无疑也是一个重要原因。因此，研究中国造神史，对于探讨当代中国政治史上的某些现象的深层原因，是有帮助的。

中国造神史研究，是个很大的题目，我担当不起。我只研究其中一个题目——行业神崇拜。这是林林总总的中国诸神崇拜中的一个个案。研究好这个题目，也就对中国造神史的许多一般性的问题有了答案。启发我研究这个题目的，先是孙殿起所辑《琉璃厂小志》中的一条材料，后来是一些先贤学人在论著中偶然谈及的与此题有关的零星材料。《小志》提到，旧京琉璃厂的书商，要根据行业需要供奉文昌帝君和火神，这引起了我研究行业神的最初兴趣。先贤学人提到的零星材料，如明末清初大学者顾炎武曾在《日知录》里以茶业供奉陆羽为谈资评论某人；瞿秋白曾把木匠供奉鲁班作为“行会文化”的标识；顾颉刚在论述“三皇”问题时，将木匠供鲁班、织工供嫘祖与医师供三皇做比较；冯友兰在论述孔子在中国历史上的地位时说，士人尊崇孔子，“犹木匠之拜鲁班，酒家之奉葛仙”。这些材料，使我感到行业神崇拜这个问题，可能是一眼很深的井，值得好好地去挖掘、探究。

情况确实如此。行业神崇拜是民间信仰的一大类型，是民众造神运动的一个典型个案，是涉及历史学、社会学、文化学、民俗学、神话学等许多学科的综合性研究课题。中国行业神崇拜，积淀了大量的各种中国传统文化现象。弄清行业神崇拜，对于认识中国历史、中国文化、中国宗教信仰的特点，特别是下层文化和民众造神的特点，具有重要的意义。比如，人们常说“神是人造的”，但人究竟怎样造神？其具体过程、具体想法是怎样的？往往语焉不详。行业神的造神过程堪称人造神的范例，弄清这一过程，可以深切、具体地理解“神是人造的”这一道理。行业神崇拜是一个诱惑力很大的课题，我决心完成它。

可能是因为孔子的“不语怪、力、乱、神”影响到了著述家的选择，历代典籍便不大愿意记鬼神事，正统史家的观念又使历代文献很少记录一般民众的历史，因之，关于行业神崇拜的史料便非常难觅，行业神崇拜的历史面貌便不易弄清，所谓“文献不足征”也。写这部书，费时最多的是搜集资料。正统文献中的材料不够，便只好到野史杂著中去寻找，只好从各类杂书的字缝里去挖掘，只好向谙熟掌故的故老去询问，恰是所谓“礼失求诸野”。

写这部书，我受了清儒的一些影响，做的是“窄而深”的研究，用的是实证的、因事见义的方法。研究中国历史和文化，历来有“实”和“虚”两类方法，我用的是前一种方法。司马迁著《史记》时，曾考虑过用哪种方法好，最后，他决定按孔子说的去做：“我欲载之空言，不如见之于行事之深切著明也。”见之于行事，即因事见义。我用“实”的即因事见义的方法去写，就是想步太史公的后尘。我是现代人，较之清儒，自然有一点现代的理论。这部书的“概论之部”，就是有一定理论性的论述。

序末，我想告诉一下读者，这部书虽是考神之作，我却又自认是忧患之书。从那庞大、驳杂的群神谱系中，从那狂热的拜神祭典中，从那喜好崇拜什么神灵、什么圣人的国民性中，我深切体味到科学与民主的脚步在中国曾是那么的滞重，而这德、赛二先生要在中国彻底站住脚，又是多么的不容易！

子不语书谭

小　序

怪、力、乱、神，孔子所不语也。即使偶谈鬼神，孔子也持一种淡然疏远的态度，所谓“祭如在，祭神如神在”，“敬鬼神而远之”。鲁迅曾赞佩孔子说：“孔夫子生在巫鬼势力旺盛的时代，却偏不肯随俗谈鬼神。”不语不谈，敬而远之，这是孔子的理性态度。这种态度影响了后代的读书人，得其真髓者，或不谈鬼神，或虽谈而怀疑之，嘲笑之，批判之，抑或借鬼神而影射人世。袁枚之《子不语》、蒲松龄之《聊斋志异》、张南庄之《何典》，都是此类虽谈鬼神而实则轻慢或根本不信鬼神之作。近代科学昌明以来，特别是唯物主义勃兴之后，旧时至尊而碰不得的鬼神，变成了可供随便研究、质疑和指斥的东西。特别是“五四”以来，随着学术界眼光的愈加往广处和低处看，谈鬼神的著作更是多了起来。我留心搜集过这类著作，得二三十种之多。览读之余，略做读记数篇。

鬼神的实用性

南开教授侯杰与夫人范丽珠合著了一本《中国民众宗教意识》，因知我研究过民间信仰，遂邮赐大著请我“教正”。我认真拜读了此书，写了下面一点读书笔记。

读此书时，我总是不时地生出慨叹：谁要是有能耐把纷繁杂乱的中国民众宗教信仰的史实梳理清楚，再加以理论上的科学解说，那他可真是有本事的人。中国民众的宗教信仰,向来以源头众多、崇拜对象纷繁复杂而著称,千百年来已积为一笔剪不断理还乱的糊涂账。孔子何以不多谈鬼神?宋朝文人周密解释说,这是因为“有未易语者”。鬼神之事的确不易谈,特别是民间的。我想,在这方面,若是能将史料理出头绪来,已属不易,而若能加以理论说明,就尤为不易;若是能做专题研究,已属不易,而若能做综合研究,就更为不易;若能使读者获得民间宗教信仰史的正确知识,已属不易,而若能将研究这种历史现象的科学结论交给读者,就更加不易。《意识》一书,可以说在相当程度上,解决了这当中的许多难题。

“民众宗教意识”这个概念用得好。它的涵盖面极广,把民众中一切宗教信仰方面的心理、观念以及相关行为都概括进去了。本来,中国民间有无宗教,哪些现象算是宗教,哪些又算是有宗教意味的信仰,乃是“核心明确而边围含混”(《管锥编》引近人论分类语),而这正反映了民间宗教信仰的特点。《意识》的作者看到了这一点,故而有意识地跳出了“非此即彼”(是否宗教择一)的思维模式,而采取了一种闳通的眼光,按照事物的本来面目反映事物,从而网罗了大量形形色色的“宗教性”事象作为认识对象,诸如信灶王、信钟馗、讲禁忌之类,确立了自己的民众宗教信仰史研究格局。一部学术史其实也就是一部发明和运用概念的历史。《意识》一书的成功甚得益于“民众宗教意识”这一概念。概念是研究的起点,也是研究的结晶。我猜度,《意识》的著者在研究工作初始时,一定是细细地推敲过“民众宗教意识”这一概念的,然后又通过对历史现象的研究,充实和坐实了这一概念。

我一向感到,中国民间宗教信仰的根柢,全在“务实”二字,换句话说,就是鬼神是具有实用性的,供他是为了用他。这是一条大经络,以此可以解释众多的民间宗教信仰的现象和特性。早年我研究行业神崇拜时,曾经触及过这条大经络,但仅局限于此一隅,并没有做过全面性、综合性的研究。《意识》一书则在此方面下了大气力,且多有创获。著者说:“中国民众宗教意识的中心可谓趋福避祸。”这句明快的断语,在书中有大量的史证作支持。本来是极端出世型的佛教,何以在民众信仰中变得富有人间烟火味?著者告诉我们,这是民众宗教意识的务实特性促使佛教世俗化的。观音的香火为何盛过释迦牟尼?因为观音是个热心凡间琐事的管家婆,务实的民众更需要她。民众为何要给灶王娶妻,给神仙过生日?因为在务实的民众眼里,神灵也是需要解决实际生活问题的。

我读鲁迅的书,发现鲁迅对中国民众拜神的务实心理了如指掌。他说,"中国人对付鬼神,凶恶的是奉承,如瘟神和火神之类,老实一点的便要欺侮,例如对于土地和灶君。"(《华盖集续编·谈皇帝》)原因很简单,民众懂得,闹瘟疫和火灾太可怕,故托瘟神火神所办的事就大,所以要多上供;而对土地神和灶神,虽然也有所求,但不及对瘟神和火神的需求那么急迫,所以上供就少一些。可谓"按需看神下菜碟也"。青年毛泽东曾有过这样的议论:由于中国人的现实主义性格,只希望借宗教以指引生活,而不致发展到狂热地步。(李锐《毛泽东早年读书生活·读社会这一本大书》)为了生活而借助宗教,实乃精辟之论。

总而言之,对于鬼神完全采取"供之为用之"的实用主义的态度,这便是"务实"二字的真谛。对于民众宗教意识之务实特性的总根源,著者有一句话可谓将其说透:"农业文明成为民众宗教意识的第一个摇篮。"同时又指出,儒家理性传统的影响,也是形成这种务实特性的重要原因。这些论述,大大深化了我原有对"务实"二字的认识。

《中国民众宗教意识》由山西教育出版社于2000年出版。天津人民出版社后来出了修订本,易名为《世俗与神圣——中国民众宗教意识》,想来这个修订本要比初版本更好。

义和团从小说里请来了神

文友向我推荐了一本书,说此书获得过几项大奖——费正清奖、列文森奖和加州大学伯克利奖,书名叫做《义和团运动的起源》,江苏人民出版社 1994 年出版。觅来一看，竟是一位名叫周锡瑞的美国学者写的。看来学术确实没有国界，研究中国的历史，外国人照样可以居于领先地位。

细读这本书之前，我猜度这可能又是一本不脱近代史著述老套路的书，所谈内容大概也就是些义和团如何反帝或排外之类的老话题。读后方知不然。原来，这是一本视角新、结论新、学术价值很高的著作。此书所用的新视角，很大程度上是社会风俗史视角、民众文化史视角，这就涉及很多民间信仰和法术方面的内容，所以我把它也看做是一本关于中国民间信仰的著作。这个视角，对于科学地说明义和团的起源等许多问题，具有相当重要的作用。

关于《起源》这本书，可说的话很多，我只想根据自己的兴趣说一句话——这是一件小说影响历史的个案。说小说影响了历史，乍听起来匪夷所思，其实，这在旧时代实属平常之事。鲁迅先生曾说，我们国民的学问，大多数靠着小说和从小说编出的戏文。这也就是说，国民是靠着这种小说所提供的学问去行事、去参与书写社会历史的，这不正是小说影响了历史吗？张恨水先生还曾说过这样一句话：民间一切秘密结社，无不受《水浒》之赐，施耐庵一支笔，支配民间思想四五百年。这话说得很深刻，也很有趣，更反映了事实，这个事实就是《水浒》、《三国》等旧小说曾深刻地影响了中国民众，进而影响了中国历史的面貌。

关于小说能影响历史，我在做行业神崇拜研究时，便有过深切的感受——我国百业所奉的祖师爷中，很多都是从旧小说中请出的人物。现在读《起源》这本书，更强化了我原有的认识。从周锡瑞的研究看，义和团运动从起源到许多具体行为，都与旧小说的影响有极深的关系，这无疑说明了小说曾经影响了义和团的历史。同为小说影响历史的个案，祖师崇拜的案例是颇为局狭的，也并不那么重要，而义和团的案例则很宏观，也很重要，因为这是一个“小说影响了一场民众运动”的个案。

周锡瑞举出的大量史料表明，义和团曾经从小说戏曲、民间信仰、武术拳法等民间文化中得到过最初的启发。这也就是说，义和团的原始萌芽，是借助过小说和从小说编出的戏文之力的。《三国》、《水浒》、《西游》、《封神》这几部小说，曾经对义和团的信仰及行为方式，发生过至深至巨的影响，可以说，义和团是充满了“三国气”和“水浒气”，以及“西游气”和“封神气”的。对此，《起源》中的论述颇多，如“义和团所请的神五花八门，均来自戏文小说中的英雄好汉，有孙悟空、猪八戒，《三国演义》里的关公、赵云、周仓，《封神榜》里的毛遂、孙膑、杨戬等等”。周锡瑞认为，这形形色色的小说人物，为拳民们的“降神附体”行为，提供了“叙述背景”。所谓“叙述背景”，也就是拳民们奉神所依据的“文化材料”。“叙述背景”之说，是支撑周氏义和团起源说的有力证据之一，同时也为我们展现了一幕小说影响历史的史剧。对于义和团的评价，学界人士见仁见智，但仅就义和团从小说里请出五花八门的神怪这一点来看，足可见义和团的思想具有浓厚的封建性和愚昧性。

在旧时代，统治者经常查禁小说戏曲，他们为此发布过许多谕旨、法令，北大王利器先生曾搜集有关史料，编过一册《元明清三代禁毁小说戏曲史料》。究其查禁小说戏曲的原因，除了为防止所谓“有伤风化”以外，更重要的，恐怕是担心有些小说具有鼓动民众骚乱、造反的“煽惑力”。《起源》一书揭破了这一点，论道：“满清一代统治者鉴于小说与民众骚乱间的联系如此明显，遂下令查禁这些具有颠覆性的文学作品。”对这个论断，周先生是以大量的义和团史料做证据的。我想，若是有谁想了解一下某些旧小说的所谓“煽惑力”和“颠覆性”，义和团这件个案是不可不查的。

梁启超曾倡言过“小说革命”，因为他觉得旧小说对民众的不良影响太大，他认为，中国人的江湖盗贼思想、妖巫狐鬼思想、堪舆、相命、卜筮、祈禳、阖族械斗、迎神赛会等等思想和行为都来自小说。关于历史上小说对于中国民众的影响究竟有多大，是好影响多些，还是坏影响多些，我想，对这些问题，还需要经过细致的研究才能下结论；但是，单就影响力或曰煽惑力而言，梁启超的看法无疑是对的，《起源》一书则更是用大量的史实证明了小说对于民众的影响力之巨大。

犯人与狱神

我因为研究行业神，对狱神有过一点研究，但很肤浅。某日，在《中华读书报》上看到一篇书评，是评论《中国神秘的狱神庙》一书的，顿感兴奋而又奇怪：这么一个小小的鲜为人知的神灵，竟有人写出了一本专著！著者叫张建智，湖州人，书是由上海三联书店于2000年出版的。这是我国第一本专题研究狱神和狱神庙的书。

狱神之引起人们的兴趣，大概缘起于俞平伯先生研究《红楼梦》时，研究了有关狱神庙的脂批。《红楼梦》这部大名著里写了狱神庙，贾宝玉仿佛也进过狱神庙，这就引得人们非要弄明白狱神和狱神庙是怎么一回事不可。我研究狱神当然不是为了研究《红楼梦》，而是为了研究行业神崇拜。我认为在狱吏和犯人这两类狱神祭拜者当中，狱吏祭狱神是具有行业神崇拜性质的。我仅仅从这个角度研究了狱神。张先生的研究则是一种全面性的研究。

这本《狱神庙》的写法有些特别，序文作者曾彦修先生介绍说："全书（或全文）共八十小段，不置章节，全以随笔方式出之，夹叙夹议，看起来不易枯燥。当然，用此方法，难免就有些离题颇远的文字。"一分为二，好处还是第一位的。用这种写法写，我想，大抵是出于一种无奈，因为狱神庙的材料太少了，写成长篇大论的章节体几乎不可能。我佩服张先生的聪明，他发明了一种用随笔体写作学术著作的方法。我看这是一种创体。古人当然用类似的笔记体写过学术著作，如顾亭林的《日知录》之类，但若张先生这种以八十段随笔体长篇来谈一个学术问题的著作，却似乎从没有见过。张先生是个老实人，书中在引述拙著《行业神崇拜》里提供的资料时，特别做了说明，以示不掠美之意。但实际上张先生对狱神的研究，实在是比我深入多了，特别是他对犯人祭狱神的心理的研究，我不仅没有涉及过，而且了解很少。《狱神庙》给我补了这一课。

古代监狱为什么要设置狱神庙？简而言之：神道设教。狱神庙，并不是宗教界所设置的，也不是犯人要求设置的，而是政府设置的。设置狱神庙，是为了狱政的需要。具体说，就是为了教化犯人和狱吏，教化犯人要认罪伏法，教化狱吏要办好狱事。关于对犯人的教化，《狱神庙》里有一句总结性的话："秦汉至清末民初，县级行政单位监狱中构建有狱神庙，目的是'恐吓和震慑囚犯'。"用狱神来恐吓与震慑犯人，此为古代监狱对犯人的"狱神教化法"。

最早的关于犯人祭狱神的记载，见于《后汉书·范滂传》。记云：汉代名臣范滂被捕入狱后，狱吏下令说："凡坐系皆祭皋陶。"范滂回答说："皋陶贤者，古之直臣，知滂无罪，将理之于帝，如其有罪，祭之何益！"狱吏只好作罢。可以看出，狱吏本是想行教化之责的，想拿狱神皋陶来震慑范滂，让范滂认罪服软，哪知范滂是条硬汉，根本不承认有罪，所以也不想求狱神保佑；而且范滂还认为，即使真有罪，祭神又有什么用？像范滂这样的不祭拜狱神的犯人，在古代还真是不多见的。

《狱神庙》将犯人大别为死刑犯和徒刑犯两大类，并总结了他们各自祭拜狱神的目的和心理："判了死刑的，怕死后上苍还要罚他受罪，他们请求狱神在上苍面前多说好话，下了地狱，不要再惩罚他，也便是说为自己的亡灵超度。"徒刑犯，"在狱神面前表示忏悔，表示认罪，请求对他宽恕，祈告狱神，能赐他们早日出狱，与家人团圆"。这些概括，当然都是言之有据的，所依据的历史资料，主要是取自古代的小说和戏曲。小说、戏曲是有证史的功能的，特别是对于考察古人心理，尤其有参考价值。

关于死刑犯祭拜狱神，《水浒传》上有这么一段：狱卒把宋江、戴宗二人"驱至青面圣者神案前，各与了一碗长休饭，永别酒，吃罢，辞了神案，漏转身来，搭上利子，六七十个狱卒早把宋江在前，戴宗在后，推拥出牢门前来"。这个青面圣者，便是狱神。但这个狱神已不是范滂时代的皋陶，而是汉臣萧何。宋、戴二人是死刑犯，按照《狱神庙》对死刑犯心理的分析，可以想见他们在神案前，大概是要说一些诸如“请狱神保佑我们下地狱后不再受罪”之类的话的。或疑曰，宋李是悍匪，是好汉，不该说软话。但我想，那个时代的人们都有地狱观念，他们总不愿意砍了头又在地狱里下油锅、滚钉板，所以，他们说些祈求狱神保佑的话，应该是很自然的。

关于非死罪或尚未定罪的犯人祭拜狱神的情况，《狱神庙》提供了不少材料，小说《果报录》第六十七回有唱词道：“行来已到萧王殿，炉内香烟淡淡飘。（白）：咦！那监牢里也有神道个（咯），让我许个（这）个愿心介（吧）。……让神保佑小姐平安离狱底，愿得香烛殿前烧。”这是一个犯人家属在祈求狱神保佑犯人早日出狱，平安回家。京剧《玉堂春》里苏三的唱词道：“待我拜拜狱神爷爷，才好起身。……狱神爷爷听我言，保佑苏三得活命。我与你重修庙宇换金身。”这是一个可能被判死刑的犯人，在祈求狱神保佑自己活命。

小文写到这里，不知怎么忽然想起了动乱年代的秦城监狱以及大大小小的大有牢狱之风的牛棚。那些地方，曾经关过无数范滂、苏三式的所谓“罪犯”、“罪人”，他们每天都要请罪，认罪，请求给予重新做人的机会。我恍然觉得，这景象与古时的祭拜狱神，不是颇有几分相似么？

古代旅人的迷信

古人都迷信，但古代旅人的迷信程度，较之安守在家的人，不知要严重多少倍。研究古人的迷信，不可不研究古代旅人的迷信。因为，古代旅人的迷信极具典型性，对于考见整个古代社会的迷信状况，是一份极有价值的标本。

宗教学家、民俗学家江绍原先生，曾对古代旅人的迷信做过精湛的研究，著有专书《中国古代旅行之研究》。但这项研究很少有人知晓，这本书就更鲜为人知。

这本《中国古代旅行之研究》，原计划写六章，但只写成第一章，题目是《行途遭逢的神奸(和毒恶生物)》。从题目看,这一章的内容显然是研究旅途上的神鬼精怪迷信的。虽然全书未能完成,但这一章的学术价值却是不可低估的。所以,这一章被单独成书出版。但书名还是用《中国古代旅行之研究》。此书最早由商务印书馆于 1937 年出版,1989 年又由上海文艺出版社影印再版。

欲考见古代旅人的迷信,最大的障碍是材料太少。江绍原解决问题的办法是寻觅各种可以视做“旅行指南”的材料。他认为,古代的“旅行指南”中,必包含有关古代旅人迷信的各种信息。他觅得了商周青铜器上的一些与旅途有关的图像,认定其具有“旅行指南”的性质,又考出上古奇书《山海经》也具有“旅行指南”的性质。

他的认定颇具慧眼。那些青铜图像和《山海经》中的许多内容,确都与古代地理方物和古人的旅行见闻有关,是可以视做“旅行指南”的,因之也就可以从中考见古代旅人的迷信心理。图文中的那些光怪陆离、荒诞不经的形象和文字,那些古怪可怖的神鬼精灵,实际上都是古代旅人对于旅途艰险的扭曲记忆和夸张叙述,是他们的迷信心理的产物。

关于青铜器上的与旅途有关的神鬼精怪图像,江绍原说:“行途的,或远近各方的毒恶生物和鬼神精怪,相传在很早的时代便不但有,而且有了大规模(包括多物与多地)的图画表现。”这就是说,古代旅人对于神鬼精怪的迷信,不但起源很早,而且曾经广泛地存在过,兴盛过。

据江绍原推测,古传说中的“夏鼎”上面,就可能画有这类图像。证据是《左传》所记的王孙满向楚子说的那些关于“夏鼎”的话:“故民入川泽山林,不逢不若(不顺);螭魅魍魉,莫能逢之。用能协于上下,以承天休(民无灾害,则上下和而受天佑)。”对这段佶屈聱牙的关于“夏鼎”的文字,江绍原解说道:古人认为,进入川泽山林,必会碰到螭魅魍魉等鬼神精怪,而这些鬼神精怪的形状各不相同,不便记忆,便要画成图像,以供观览了解,供出入山林之用,于是“夏鼎”之类的器物上便铸上了这种图像。他又解释说,即使“夏鼎”未必真有其物,但《左传》所记的王孙满的话，“仍反映了史前和有史、文字前和有文字时代的人们，要求旅途神奸图或云图画式旅行指南之心。”这也就是说，关于“夏鼎”的传说，实际上反映了古代旅人对于“旅行指南”的需求。

对于《山海经》可以视做“旅行指南”的理由，江绍原从分析《山海经》所记的古神话、古异闻入手，将这些古神话异闻分成五大类：1. 种种于人有害的动植物和其他神物；2. 与风雨有关的山岳和神人；3. 神灵的形状和祭祀神灵的方法；4. 有利于人的动植物和异物；5. 奇形怪状的异方之民。然后推断说，“此五项正是行人所不可不知，旅行指南所不可不载”的。据此，他认为《山海经》也是可以视做“旅行指南”的。作为“旅行指南”，《山海经》所记的那些神鬼精怪和毒恶生物，实际上都是著书者认为旅人在行途上可能会遇到的东西，著书者提醒旅人要特别注意和应付这些东西。

古代旅人的迷信，何以会比安守在家的人要严重得多？这源于古人对于旅途之艰险的至深恐惧。恐惧产生迷信，迷信造出鬼神。所谓“行途遭逢的神奸”就是这样产生的。古代，特别是上古，交通极为不便，旅途上艰险甚多，旅行环境极为恶劣，而旅人对于这种艰险环境的抗御能力又极弱，所以古代旅人便产生了极深的恐惧感，进而想象出各种神鬼精怪。对于古代旅途的艰险，江绍原描述道：“言语风尚族类异于我，故对我必怀有异心的人们而外，虫蛇虎豹、草木森林、深山幽谷、大河急流、暴风狂雨、烈日严霜、社坛丘墓、神鬼妖魔，亦莫不欺我远人。”除去“神鬼妖魔”，其他各种艰险确实都是旅途上经常会遇到的，而所谓“神鬼妖魔”，其实也正是旅途之艰险在古代旅人头脑中的一种扭曲、幻化的反映。《西游记》里所描写的那些妖魔鬼怪，其实也正是古代旅人因旅途险恶而生出的种种怪异想象。

或问，研究人类迷信史有何用处？一位法国学者说过一句精辟的话：“古今生活、思想中的神怪方面之史的研究，能够帮助解放人的心灵。”江绍原对于古代旅人迷信的研究，正具有这种破除迷信、解放迷信者心灵的作用。这是用科学来对付迷信。何以研究迷信便有助于破除迷信？道理很简单，就像猜谜语，谜面虽然总让人觉得不可捉摸，甚至有些神秘，而一旦谜底被猜（研究）出来，进而又弄清谜语是怎么造出来的，那种神秘感也就荡然无存了。

卷五

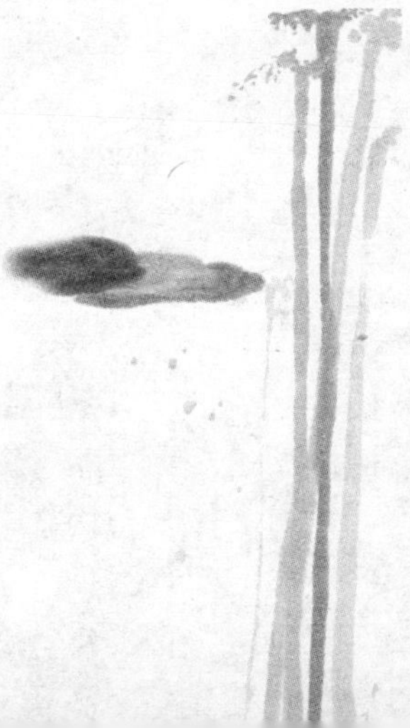

序跋小史

序跋，包括序和跋。序和跋，自古及今，有不少别称。序又称“叙”、“引”、“引言”、“小引”、“序言”、“题记”、“介言”、“自纪”、“缘起”、“前言”等；跋，又称“后序”、“跋尾”、“书后”、“附记”、“后记”等。序和跋都是陈述作品（书、文、诗等）的作意（宗旨、目的、写作动机等）和评价作品内容的文字，所以古人将二者作为一种文体合称。桐城派姚鼐编纂的《古文辞类纂》，将序跋作为一大文章品类与论辩、奏议、书说、诏令、碑志等十二种文章品类并列，选家曾国藩的《经史百家杂钞》也将序跋与论著、词赋、诏令、奏议、书牍等十种文章品类并列。序与跋也有某些差别，但差别不甚大，所以“序跋”成为同一类文体的名称。

序文是相当古老的一种文体。其源头可以追溯到先秦，《尚书》、《诗经》中已有序，《庄子》的“天下”篇也已具有序文的雏形。到了汉代，序文日趋“正规化”。早期序文的代表作品有子夏的《毛诗序》、《史记·太史公自序》、《汉书·叙传》及刘向校书的叙录等。娄坚《重刻元氏长庆集序》云：“序者，叙所以作之旨也，盖始于子夏之序《诗》。其后刘向以校书为职，每一编成，即有序，最为雅驯矣。”娄氏把子夏的《毛诗序》作为序的正式肇始，如果按照此说，则序文的历史至少已有两千多年了。

以今人的习惯而论，冠于一书之前的称为序，置于一书之末的称为跋。但在古代，序的位置却经历了一个从书末到书前的变化过程。清人纪晓岚评《文心雕龙·序志》时说：“古人之序皆在后，《史记》、《汉书》、《法言》、《潜夫论》之类，古本尚斑斑可考。”所举的四部汉代典籍，序文都是放在书末的。到了宋代，书序逐渐由书末置于书前。宋代学者王应麟《困学纪闻》卷十云，汉代扬雄《法言》的序文本在卷后，司马光为《法言》做集注时，“始置之篇首”。又据《四库全书总目》说，司马光这样做是沿袭了注家宋咸的做法。这表明，北宋时书序已多放在书前。李清照曾做《金石录后序》，文天祥曾做《指南录后序》，“后序”二字，说明至迟到南宋，序已不再置于书末了。序移到书前以后，放在书末或一篇文章之后的类似文字就称为跋了。跋，原意为足后，引申为作品之后的文字。明人吴师曾《文体明辨》云：“题跋者，简编之后语也。……其后贤者，或因人之请求，或因感而有得，则复撰词以缀于简末，而总谓之题跋。”大约宋代以后，序与跋逐渐各安其位，成为定位于作品前后的两个部件。《文体明辨》又云：“凡经传子史，诗文图书之类，前有序引，后有后序，可谓尽矣。”序引、后序，即序与跋。这句话道出了明代时序跋定位于作品前后及各类作品普遍有序有跋的状况。

序文有作者“自序”和旁人“他序”二种，跋也如是。旁人做的序跋，多出自师友、名家或整理者、赏鉴者、刊刻者之手。

序跋的应用范围相当广泛，诚如吴师曾所说，“凡经传子史，诗文图书之类”，皆可做序做跋。经部之序跋，如子夏《毛诗序》、孔安国《尚书序》；史部之序跋，如司马迁《太史公自序》、袁宏《后汉纪序》；子部之序跋，如郭象《庄子序》、葛洪《抱朴子序》；集部之序跋，如茅坤《青霞先生文集序》、钱谦益《跋傅文恪公文集》；诗赋之序跋，如皇甫谧《三都赋序》、王羲之《兰亭集序》；小说戏曲之序跋，如俞樾《余莲村劝善杂剧序》、蒲立德《聊斋志异跋》；杂著之序跋，如黄庭坚《跋王荆公禅简》、张岱《西湖寻梦序》、刘毓崧《古谣谚序》。

序跋的内容非常丰富，作用也很重要。史学家吕思勉曾从“序”的字义出发，阐述了序文的内容和作用。他说：“书之有序，其义有二。一曰：序者，绪也，所以助读者，使易得其端绪也。一曰：序者，次也，所以明篇次先后之义也。《史记》之《自序》，《汉书》之《叙传》，既述作书之由，复逐篇为之叙列，可谓兼此二义。”（《史评通》）意思是说，书序的内容和作用有二，一是要交代写书的缘由，使读者读书时有头绪，二是要逐篇说明书的内容，使读者对书的梗概有所了解。《太史公自序》通过强调《春秋》褒贬现实的精神暗示了自己的写作意图，又通过列举圣贤发愤著书，表明了自己心有郁结，借著书以抒发满腔悲愤的心境。班固在《叙传》中也阐明了自己要绍续《史记》，补述"阙而不录"之史的著书动机。二序又都逐篇叙列了内容提要。读了二序，确是感到读《史记》、《汉书》时有了头绪，明了了梗概。文学家叶圣陶对于序跋的内容和作用也有精辟的论述，他说："序文的性质常常是全书的提要或批评。"(《略读指导举隅·前言》)"序文的责务，最重要的当然在替作者加一种说明，使作品的潜在的容易被忽视的精神很显著地展开于读者的心中。"(《雉的心·序》)这里所说的序跋当然包括古代的序跋。其中所说的"提要"、"批评"、"说明"，也就是介绍作品、评论作品、阐发作品的义旨。

除了吕思勉和叶圣陶所论的序跋的内容和作用以外，还有许多序跋常常由所评介的作品生发开去，阐发自己的各种见解，表露自己的种种心境。西晋哲学家郭象为《庄子》作注时写了一篇《庄子序》，但序文并未只是就注谈注，而是阐述了自己对庄子思想的见解。辛弃疾的《跋绍兴辛巳亲征诏草》，全文对诏草本身未谈一字，而是感叹诏草的晚出致使抗金的有利时机失去，抒发了壮志难酬的悲愤。

总起来说，序跋的内容大体包括四个方面：一、说明著述或整理、刊刻的缘由和旨趣；二、介绍作者和作品；三、评论和阐发作品；四、由所评介的作品生发出各种见解及抒发种种心境。序跋的作用可以归结为两个方面：一是使读者易于了解作者和作品；二是使读者获得与作品相关的学问、知识，了解作者的各种见解和心境。总之，序跋对于读者来说犹如一把钥匙，用它可以开启书中世界的大门，又如一扇窗户，可以窥见与作品有关的广阔世界。

序与跋在内容上有所区别，序一般重在对全书做总体说明，跋则一般有感而发，内容较灵活，或议论，或考订，或抒情。但二者作用大体相似。

由于序跋大都出自文人、学者、专家、名家之手，且多是精心结撰之作，所以序跋一般都具有丰厚的文化内涵和较高的文化价值。例如，孔安国的《尚书序》记述了今古文《尚书》的来历和异同，说明了孔子整理古籍的方法和目的，对于人们研究《尚书》和孔子具有很高的学术价值。阮元的《刻〈山海经笺疏〉序》历述《山海经》的各种注本、校本，评其优劣，对于人们了解《山海经》这部名著的特点及其版本源流、刊刻情况有重要的学术价值。《毛诗序》中的两段话："故正得失，动天地，感鬼神，莫近于诗。先王以是经夫妇，成孝敬，厚人伦，美教化，移风俗"和"故诗有六义焉：一曰风，二曰赋，三曰比，四曰兴，五曰雅，六曰颂……"，定了中国两千年文艺理论和文艺政策的基调。明清两代的许多小说序跋提出了许多充满艺术辩证法的小说美学范畴。黄越《第九才子书平鬼传序》提出了"虚"与"实"，无碍居士《警世通言序》提出了"真"与"赝"，等等。序跋的作者常常是文化名人，他们本身就具有重要的研究价值，而他们写的序跋由于经常袒露心境，所以成为研究这些名人"心史"的绝好材料。顾亭林《日知录自序》中曾透露自己的内心世界："若其所欲明学术，正人心，拨乱世以兴太平之事，则有不尽于是刻者，须绝笔之后，藏之名山，以待抚世宰物者之求。"这是理解顾炎武及《日知录》的一把钥匙。

序跋作为一种文体，有自己的特点和优点。

序跋的个性很强，感情色彩浓厚，作者个人的性情、风格在序跋中常有鲜明的反映。明代戏曲家汤显祖在《艳异编序》中云："不佞，懒如嵇，狂如阮，慢如长卿，迂如元稹，一世不可余，余亦不可一世。……左蟹螯，右酒杯，拍浮大呼，漫兴书此，以告夫世之读《艳异编》者。"其疏狂、豪放的性情，名士的风格、派头，跃然纸上。清代小说家刘鹗在《老残游记自序》中称自己的这部书是一部哭泣，如同《离骚》、《庄子》是屈子、蒙叟之哭泣，并称此书作意云："其感情愈深者，其哭泣愈痛：此鸿都百炼生（按：刘鹗笔名）所以有《老残游记》之作也。"其深挚的情感和坦诚的性格流露于字里行间。

序跋的主观色彩较浓，是作者发表个人的思想、主张、见解的园地，故在序跋中常能见到“一家之言”。司马迁对自己的主观见解和对史实的客观描述是分开来处理的：纪传中的叙述往往是纯粹客观的，而主观的评衡则见之于《太史公自序》、传序和“太史公曰”。皇甫谧的《三都赋序》认为司马相如、扬雄等人的赋藻饰过甚，夸张失实，故而提出了“美物者贵依其本，赞事者宜本其实”的论点，钱谦益的《跋傅文恪公文集》提出了文章贵在使人看到作者的精神面目的论点。刘毓崧的《古谣谚序》提出了谣谚无异于“言志之诗”的论点。

序跋具有很强的杂文气质：长短不拘，庄谐杂出，随意漫笔，千姿百态，不拘一格。长的序跋可达数千字，短的序跋则只有几十字、一二百字。庄重严肃的序跋，如文天祥的《指南录后序》、曾国藩的《经史百家简编序》；诙谐幽默的序跋，如钟嗣成的《录鬼簿序》、张罗澄的《书偷头记后》。随意漫笔，宋人写题跋最是如此。洪迈说他写题跋等随笔文字时的情境是：“宽闲寂寞之滨，穷胜乐时之暇，时时提笔据几，随所趣而志之。”序跋的千姿百态、不拘一格，可以从其内容的丰富斑斓，风格、笔路的多样，长短庄谐的杂出等多方面看出来。当代作家、古籍专家黄裳曾谈过古代书跋样式的繁多，从中也可以窥见序跋的博杂：“书跋曾经有过种种样式：经生的考订，史家的辩证，目录家罗列版本源流，收藏家赏析纸墨优劣，古董家历数流传端绪，掠贩家夸说宝货难求，……花样多得很。”（《翠墨集·后记》）

序跋常出自文章家之手，故序跋的文字多精警凝炼，渊美雅隽，富有文采。文学家唐弢在《晦庵序跋》中说：“序在中国古代是应用得相当广泛的文体……至于梓印书文，一卷行世，自不免前序后跋，抒其所见，言之有物，成为一篇篇美丽的散文，一个个深邃的感情的渊薮，令人反复讽诵，莫逆于心。”李清照的《金石录后序》由书籍之得失聚散，写人世之离合悲欢，感情淋漓，文情跌宕，诚如清代文章家李慈铭所评：“叙致错综，笔墨疏秀，萧然出町畦之外。”明人华淑的《闲情小品自序》更是清新流丽，文采飞扬。如云：“长夏草庐，随兴抽检，得古人佳言韵事，复随意摘录，适意而止，聊以伴我闲日，命曰《闲情》。非经，非史，非子，非集，自成一种闲书而已。然而庄语足以警世，旷语足以空世，寓言足以玩世，谈言足以醒世。”这是一篇上好的文学小品，一篇清隽优美的散文。序跋中有许多文学珍品，读序跋可谓一种文学欣赏。

一个“弱”字，驰骋天下

——序刘庭华《弱者之道——老子纵横谈》

一、

老子死去两三千年了，但他的魂仍飘散在人间。这个魂，就是他的思想和学说，都包涵在他写的(或后学整理的)《老子》一书中。传说老子失意后要去大西北，骑着青牛过函谷关时，关尹喜说，您写点东西留下吧，他便写了五千言，把自己的思想和“化天下”的学说都写了进去，这些内容，也就成了老子的不死之魂。这五千言有三个名称:《道德经》、《老子》、《老子五千文》，一般多称为《老子》。人道是，老子过关，紫气东来，祥瑞也。老子这一写，给中华民族留下了一部经典，确是我中华民族之祥瑞也。

我对先秦诸子一向抱有浓厚兴致，一喜其思想精致，二喜其文字美，三是因为他们的学说对后世影响太大，不读他们的书，没法理解后世的思想和文献，真可谓“不读子，无以言”，而《老子》又是先秦诸子中极重要的一家。我搜罗过不少子部书，其中注老解老之书有十多种。陈鼓应的《老子注译及评价》、徐梵澄的《老子臆解》，皆出版于八十年代，我认为都是功力甚深，胜义纷出之著，对我初识老子，助益甚大。

最近，我又看到三种注老解老的新作品。一是李零的《人往低处走》，写得精粹，潇洒，《老子》的神髓，被他大量地提纯出来，特别是那个书名，轻易就把老子学说的真谛点出来了。二是王蒙在电视《世纪大讲堂》里讲《老子》，讲得也很漂亮，作家本色，观众爱看。再就是我作序的这本《弱者之道》。著者刘庭华，是军事科学院的一位学者，问学甚勤，根底也厚。我认为此书之最大特色，在于其“发思古之幽情”而意在省察今日，读老解老时“今古一线牵”(借王春瑜语)。我认为此书足可与前二者势成鼎足。

刘庭华知道我读过一点《老子》，也读过他写的论老子的文章，便让我为他的大著写序。这显然是高看了我。我推辞，但无效，于是只好转念:那就随意谈点关于老子的话题，再谈些读了《弱者之道》之后的杂感吧。

二、

老子作为思想家，在中国思想史上的位阶，可与孔子相伯仲，在世界思想史上，他又是与苏格拉底和柏拉图同量级的人物。但在非理性的以至癫狂的年代，人们对老子却甚为轻慢，虽也对其人其书下过一些研究工夫，但兴趣似乎主要在审查其阶级成分和阶级立场，在判定其思想属于唯物主义还是唯心主义，总之最关心的及研究的重点，在于老子究竟属于哪个阵营;而对老子的许多真正有价值的思想菁华，却挖掘得很不够，肯定得就更不够。记得二十多年前我上大学时学过一门思想史课，也读过一些评老子的文章，得到的印象是，老子是一个非常消极、灰暗的人，不但不干实事、徒作大言，还是个阴谋家，此人好像跟奴隶主有点瓜葛，但又似乎常为小生产者做代言，他喜欢过一种鸡犬之声相闻而人却不相往来的幽静生活，鲁迅曾在小说里讥他为“一段呆木头”。但是，后来我明白了，这些印象许多属于误读误解，虽然有的也不错，但相当肤浅，太低看了老子的价值。

《老子》才五千言，搁在今天，哪能算一部书？然而这又是一部智慧何等高超、见识何等深刻的大书！我以为，此种书之写作，实乃大哲人之专利，非大哲人而莫办也。陈鼓应曾借用德国哲学家尼采的一句话来形容《老子》的价值，说《老子》“就像一个永不枯竭的井泉，满载宝藏，放下汲桶，垂手可得”。此喻生动恰切，确实如此。

从古以来，人们从《老子》中汲取了大量生动而隽永的词语。“天长地久”、“出生入死”、“大器晚成”、“福祸相倚”、“金玉满堂”、“天网恢恢，疏而不漏”、“千里之行，始于足下”，这些一般人已经不知其来历的词语，其实都出自《老子》。人们取名，更是常从《老子》中摭词取义。三国人物刘备，字玄德，《老子》曰：“玄德深矣，远矣，与物反矣，然后乃至大顺。”近代思想家严复，字几道，《老子》曰：“水善利万物而不争，处众人之所恶，故几于道。”叶挺将军，字希夷，《老子》曰：“视之不见，名曰‘夷’；听之不闻，名曰‘希’。”国民党空军司令周至柔，《老子》曰：“天下之至柔，驰骋天下之至坚。”文学家钱玄同，《老子》曰：“挫其锐，解其纷，和其光，同其尘，是谓‘玄同’。”哲学家王若水，《老子》曰：“上善若水。”

从《老子》中摭词取义的现象还有很多。老北京有个孔德中学，“孔德”二字，取自《老子》：“孔德之容，惟道是从。”文人墨客写诗作文，更是常从《老子》中摭拾词句。赵朴初《八声甘州·咏梅》词，开头一句是：“对飘风骤雨乱群山，仰首看梅花。”“飘风骤雨”一词，出自《老子》的“故飘风不终朝，骤雨不终日”一语。张中行著文，爱用“损之又损”一语，此语出自《老子》的“损之又损，以至于无为”。每当看到各类文章中出现《老子》的词语时，总仿佛感觉老子还活着，尼采夸赞不竭井泉的话也便会油然浮上心头。

《老子》的价值当然主要不在语言，而在其思想学说，在它那些永远不会过时的，总会有用武之地的，既抽象却又能落到实处的理念、方略。从历史上看，许多有眼力的思想家、政治家，都非常重视老子的学说，或探究、辨析其义理，或考察其对社会历史发生的作用，或吸取、践行对自己有用的东西。

曾国藩深通《老子》之三昧，在晚清政界，虽有震主之功却并未被主子猜忌，史家究其因，谓其甚得益于熟知老子的“处下”、“不争”之道，善行韬晦隐身之术。曾国藩甚为推崇老子的“天下大事，必作于细”的思想，写家书，几乎是一件小事一件小事地叮嘱家人；带湘军，为给属下做表率,更是亲自去看操,点名,站墙子。他在一封信里说:“军中阅历有年,益知天下事当于大处着眼,小处下手。”完全是老子的曾氏版。

毛泽东也喜读《老子》,出行有时也要带上它。他最看重《老子》的朴素辩证法思想,对《老子》提出的难易、有无、高下、刚柔、祸福、智愚、进退、静躁、巧拙等一系列对立统一的概念尤感兴趣,对《老子》强调的“以进为退”、“以静制动”、“以弱克刚”、“以弱胜强”的矛盾转化思想极为重视。他在《中国革命战争的战略问题》这部名著中,在阐述实行必要的战略退却时,曾引述《老子》的“将欲废之,必固兴之;将欲取之,必固予之”的策略思想来加以说明。

《老子》有句名言“治大国若烹小鲜”,是老子提出的一个重要的治国理念,实际是一种政治哲学。自古以来,学者看重之,高明的政治家就更是推重并实行之。《韩非子·解老》曾发挥其义说:“藏大器而数徙之,则多败伤”,“事大众而数摇之,则少成功”,“治大国而数变法,则民苦之”。我国曾政治运动不断,搞得民疲国弱,正应了韩非解老之说。粉碎“四人帮”后,我党决定不再搞政治运动,今天党中央又提出了“不折腾”的治国方略,我以为,从哲理层面上说,这与《老子》的“治大国若烹小鲜”之义是相通的。据说,美国前总统里根也很推崇老子的这一政治哲学,曾倾心践行之而获得实效。

老子学说也会被恶人采用而发生不良作用。王船山在论及唐武宗宦官之祸时,曾用《老子》学说解释之:“老氏曰:‘天下之至柔,驰骋天下之至坚。’此女子小人滔天之恶,所挟以为藏身之固也。唐之宦官,其势十倍于汉、宋。……及观仇世良教其党曰:‘天子不可令闲,日以奢靡娱其耳目,无暇更及他事。’然后知其所以驱中材之主,入于其阱而不得出者,惟以至柔之道縻絷之,因而驰骋之,蔑不胜矣。”王船山认为,唐代宦官之所以能成气候,为祸甚烈,一个重要原因是他们擅用老子的以柔克刚之术。

三、

《老子》涵义极丰，意蕴玄远，读者可以从多种角度去读去解。正如一部《红楼梦》，经学家看见《易》，道学家看见淫，才子看见缠绵，革命家看见排满，流言家看见宫闱秘事；《老子》也一样，读者也会因眼光和阅读目的不同而所见不同，所重不同：哲学家重其辩证思维，政治家重其理政治国方略，军事家重其韬略思想，伦理家重其做人之道，医药家重其养生原理，等等。

刘庭华之读老解老，没有采用“经学家看见《易》”那种单角度的眼光，而是对《老子》做了综合性的、多角度的解读。他的解读，当然是以学术研究为根基的，但却又并非是纯学理的，而是始终贯穿着一种精神，一个旨趣，即读老解老是为了“济世”，为了“修齐治平”——这当然都是老词儿，用现在的话说，就是为了国家民族的昌盛而从《老子》中汲取智慧，汲取有益的思想资源，借用鲁迅的话，就是：发思古之幽情，是为了现在。刘庭华之读老解老，所重者，端在此也。

《弱者之道》这样的书，没有学问根底是写不出的，但没有社会责任感也绝写不出。我与刘庭华闲谈过几次，深感他学问既好，社会责任感尤烈，故此书出自他的笔下，固非偶然。语云，“一切历史都是当代史”。准之，一切历史人物也都是当代人物，一切历史上的思想也都是当代思想。此间之转换，靠的是长于解读和发挥古人思想的当代史家、学者。老子思想，如今大为世人所关注，所取法，老子也就成了当代人物，老子思想也就成了当代思想，这当中的转换中介，就是刘庭华这样一些史家、学者。

“弱”字，是《老子》的核心概念和关键词之一，“弱”字在《老子》中屡见，如“柔弱胜刚强”，“强大处下，柔弱处上”，“反者道之动，弱者道之用”，“天下莫柔弱于水，而攻坚强者莫之能胜”，“弱之胜强，柔之胜刚，天下莫不知，莫能行”等等，而与“弱”字相近或相关的词语和概念，在

《老子》中就更多了。刘庭华将此书取名为《弱者之道》，表明他极为重视《老子》中屡出的这个“弱”字，表明他是以这个“弱”字作为主线来考察老子学说的方方面面的。应该说，这个书名，不如李零的《人往低处走》那么俗白有味，但一个“弱”字，却更能精准地抓住《老子》的思想特征。依我看，刘庭华解老，是大得益于他从《老子》中提取出的这个“弱”字的，而读者阅读《老子》，若是一个“弱”字在心，也定会更易于抓住老子学说的真谛。

老子所说的“弱”，其实并非本质的弱，而只是表面的弱，谋略性的弱，这种“弱”，目的是要胜强，要达到强。“弱者之道”，是老子教给世人的一条行事做人的大思路，大诀大法，常常是能够达到预期目的的。如老子说他有三宝，之一是“不为天下先”——骨子里便是一个“弱”字——在许多情形下确实堪称至宝。苏联、东欧剧变后，我们不当头，不出头，韬光养晦，埋头干好自己的事，所实行的实质上就是“不为天下先”的弱者之道，结果，国家变得越来越强盛。赵朴初读《韩非子》时写过一句诗：“不为天下先，功成可盖世。”正可作为此之写照。

我常感到，《老子》里的一些话，似柔实刚，看似隐忍不露而实则雄野之气逼人。“天下之至柔，驰骋天下之至坚”，“天下莫柔弱于水，而攻坚强者莫之能胜”，便是如此。每当我读到这些话，总能感觉到一种逼人的气势，此即“弱者”克强之势也。我曾请书法家把“天下莫柔弱于水，而攻坚强者莫之能胜”写成条幅，送给了当企业家的家兄，意在提醒他：在商战中，有一种胜强之法，叫做“示弱”。

《弱者之道》新意迭出。比如论老子的“无为而治”。对于“无为而治”，过去人们常理解为“不干事”，实际离老子的本意甚远，属于误解歪解，后来学界否定了这种解释，回归到了老子的以“顺其自然”为指归的理政思想的本义。刘庭华则更进一层，对老子关于如何实行“无为而治”的思想做了富有新意的阐发。

《老子》曰：“我（君王）无为，而民自化；我好静，而民自正；我无事，而民自富；我无欲，而民自朴。”就是说，君王只要清静无欲不乱折腾，老百姓自然就会奔向富裕，也自然会懂得守规矩，讲礼义。但是，“无为而治”还只是一个原则，具体怎么实施呢？老子对此是怎样论述的呢？以往学者很少论及。刘庭华认为，《老子》实际已经给出了答案。具体说就是：一是领导者要“以百姓之心为心”，把百姓当自己的孩子看。二是领导者要“谦下”谨慎，浑厚质朴，先民后己，不可欺压百姓。三是领导者不能政令频出，或朝令夕改。四是领导者要爱惜民力，减轻赋税，去除腐败。

对于其中的每一条，刘庭华又依据《老子》做了具体的阐发。例如，在领导者要“以百姓之心为心”这一条目之下，刘庭华胪列出了老子对于执政者高下优劣的分类，使读者看了自然会推断出：领导者之优劣，实际也就是他的“以百姓之心为心”的程度如何。

老子对于执政者高下优劣的分类是这样的：一、最高明的领导者，人民感觉不到他的存在；二、比较好的领导者，人民亲近赞美他；三、差的领导者，人民畏惧他；四、最差的领导者，人民侮骂他。老子还认为，最高明的执政者总是深思熟虑，不轻易发表意见，功勋建立了，事业完成了，老百姓便会说：“我们本来就是这样干成的。”对老子这些论述，刘庭华评论说：这不都是“以百姓之心为心”，以人民的评断为标准吗？旨哉斯评。

刘庭华又发挥说：“我们从老子把从政领导者划分为四类，可以清楚地知道，老子是用人民（或老百姓）拥护不拥护，喜欢不喜欢，作为唯一标准来衡量领导者的。应该说，这是非常了不起的民本思想。”这是刘庭华对老子思想做的一种新阐释。这个阐释，自然会使读者联想起今天执政党实行的以人为本，以人民的愿望为执政依据和归宿的执政方针。古今之人的思想，本来就是相通的，古人的思想可以启发今人，今人的思想又往往高过古人。

刘庭华是军人，懂些军事学，所以他对《老子》这部被有些学者视为“兵书”（据说毛泽东也有此看法）的书的解读，有天然的优势。他用军事学眼光读《老子》，阐发出和阐明了不少一般人不好理解的老子的军事思想。这可从《“不以兵强天下”与“师贞”和“鸣谦，利用行师征邑国”的正义战争观》，《“以奇用兵”与讲求“师左次，无咎”的灵活用兵战法》，《“用人之力”与“王用出征，有嘉折首”的区别主从的瓦解俘虏策略》等几章中见之。兵家谈兵，可说是《弱者之道》的一个特点。

《老子》内容抽象，文字艰深，文气神秘，不少文字难获达诂，所以向称难读难解。刘庭华为让普通读者能够读懂《老子》，在行文上下了很大工夫，使艰深的《老子》原文变得平浅易懂了。宋儒语录，禅宗说法，都有化深为浅的特点，这是他们“化育天下”的一招。

《老子》也有糟粕。老子主张愚民，愚民的伎俩还很狡猾。愚民，是前资本主义时代的策士们经常给统治者出的坏主意，老子大概是打头儿的。对老子这一点，我很反感，因为我亲身体验过“四人帮”愚民政策的恶辣。“四人帮”的愚民政策，是他们亲自操刀付诸实践的，而老子只是在简册上提建议。刘庭华这本书，主要是研究老子的思想菁华的，对于糟粕研究得不多。今后倘若修订此书，我认为最好做些增补。此之老子，才是老子的全人，才是更真实的老子。

是为序。

李 乔

2009 年 6 月 20 日写讫于京西定慧寺之扪虱堂

我写《清代官场图记》

凡是对中国传统社会了解多一些的人，都知道官的重要。清末人欧阳钜源这样写道："官之位高矣，官之名贵矣，官之权大矣，官之威重矣，五尺童子皆能知之。"士人因此对做官趋之若鹜，阿Q因此见了官腿就发软，民间因此也就有了形形色色的官崇拜习俗。中国的思想家和有见识的史学家都很重视这个社会阶层，关注官本位给中国社会的方方面面打下的深刻烙印。胡适认为，"中国旧社会里最重要的一种制度与势力"，是官。鲁迅认为，中国人一种魂灵叫"官魂"，"那魂灵就在做官，——行官势，摆官腔，打官话"。先哲们的话是极富洞察力的，他们一下子掐住了两千多年来封建社会的一根神经：官僚制度。正是这个制度，造就了拥有巨大势力的社会阶层——官，形成了以官为轴心和主要活动者的政治生活、社会生活的圈子——官场。官权、官职、官威、官势、官名、官制、官话、官腔、官谱、官派、官箴、官诀、官习、官俗、官仆、官亲、官场病、官样文章、官场教科书……这林林总总的官场现象，构成了中国传统社会中一道独特、厚重、百态纷呈的官场景观。了解有关官的知识和这种官场景观，对于认识中国传统社会的政治史和社会史有非常重要的意义。我写《清代官场图记》的根本缘由，实出于此。

但怎么来写官场呢？自民国以来，史学界、社会学界曾出版过一些专门研究古代官制和中国官僚政治的著作，但这些著作多是骨架多，血肉少，即对于缺乏人物具体活动的制度的考证和描述多，宏观的理论性的探讨多；而对于官僚制度的微观形态，对于官场中的方方面面的具体情况，则缺少具体的、细致的描述和介绍。因之，我打算从微观方面补缺拾遗，给人们对官场已有的骨架式的认识增加一点血肉。但一部二十五史，从何说起呢？就以清代的官场为个案吧。清代的官场，应当是最典型的，因为，处在中国传统社会残灯末庙之时的清代官场，集中了两千年来中国官僚制度的众多特点，表现出中国官僚制度的烂熟状态。但清代的官场又是一言难尽的。我只着重选择了几个视角，即主要从官员的道德规范、官场仪注、官场风习、官场弊端、官员生活、官场人际关系、官场小人物、有关官场的谣谚俚语等方面加以介绍和描述。“官场”二字，历来多含贬义，重在强调其中的虚伪、逢迎、庸碌、倾轧、贪婪、弄权等特点，因而我在书里所述者也以清代官场的病态、丑史为多。

了解清代官场的情况，常常要追溯到古代，这就需要有一种通史的眼光，因为清代官场是古代官场的继续，积淀了厚厚的历代官场的堆积物。例如，清代州县衙门中设置的戒石铭“尔俸尔禄，民膏民脂，下民易虐，上天难欺”，就是经过了肇始于五代、演变于宋明的过程而定型的。又如清代的捐官以及由此而来的种种弊端和官场风习，是秦汉“纳粟拜爵”以来的买官制度及其弊端的高度发展和“集大成”者。有鉴于此，我在写到清代的官场情况时，间或也要略考其古代渊源，以见其来龙去脉。当然，这方面的比重不大，谈清代的官场还是最主要的。清代的官场较之前代官场，有许多独具的特点，如八旗官员的颟顸昏聩，公门中的吸食鸦片之风，师爷在衙门中的重要作用和显赫地位，军机处和南书房等机构的设置和特殊作用，仕宦会馆中政潮的涌起，等等，都是前代官场所没有的，特别是晚清官场的极端腐败，作为封建王朝处于崩溃前夜的一大征象，更是具有清代一朝的特点。我对于晚清的官场的腐败，着墨不少，这既是因为这一段官场腐败史自身的丰富性，更是由于这段历史对于认识中国古代官场的腐败机理有着重要的价值。

考清和描述微观历史，需要丰富、多样和具体的史料，如果有图像可以目击，就再好不过了。我在史料的丰富性方面，花了不少力气。我采用和征引的古籍达百余种，其中有许多是以往不被史家重视的野史笔记。受陈寅恪先生“小说证史”之法的启发，我还使用了不少清代小说中的材料，如乾隆时的《歧路灯》和晚清时的《官场现形记》、《孽海花》

等。“左图右史”，本是中国古籍向有的一种体例，近年来中国出版界更是迈入所谓“图文时代”，这给微观史学的兴旺带来了空前有利的条件。拙书便是上承古意，兼采时尚，携图版之直观性，结合文字之细密性，而成的“图记”之体。细察书史，清代高官麟庆曾著有《鸿雪因缘图记》，体例即为“左图右史”，我的这本《清代官场图记》，可以算是麟庆之书的一点余绪吧。

《烈日秋霜》自序

给这本小集子取名，并不容易。古人说："一名之立，旬月踌躇。"我为集子取名，恰是如此。思来想去，忽忆前人常用一法——以集子中某篇文章之名作为整本集子的名字，便也逐篇检视有无合格者。我发现《烈日秋霜》这篇名字差强人意，便决定以此作为书名。

《烈日秋霜》一文，谈了明清绍兴师爷，又谈了鲁迅先生的文化气质；既涉及了浙东的风土和文化史，又牵涉到中国古代政治、法律和文化的许多方面；既有考据的因素，又有思想性和历史判断，诸多内容和因素杂糅于一文，像是这本小集子的驳杂性的一个缩影。这也就是以"烈日秋霜"作为书名的缘由之一。

"烈日秋霜"这几个字，是携了一点肃然冷峻之气的。这恰与集子中许多文章的内容相合。比如，文中辨析了坑儒是阳谋抑或阴谋，孙膑受的刑是斫足或者是剔掉膝盖骨，又谈了司马迁"肠一日而九回"的确切含义，谈了清史从剃头开始，又以剪辫终结，谈了曾国藩"打脱牙、和血吞"的挺经，谈了中国造神运动怎样植根于民间，谈了中国古代妇女怎样被当做玩具和工具写进"货单"，又谈了张献忠的屠川剥皮和洪秀全、杨秀清进南京城以后的悲剧，谈了铁蹄踏遍神州的八旗兵后来怎样沦为穷汉，还谈了红卫兵怎样演出了血腥的"革命"史……从这些历史中，我似乎感到了烈日的烧灼、秋霜的阴冷，所以，我觉得"烈日秋霜"这几个字是颇合乎集子中的许多内容的。因此，以"烈日秋霜"作为书名应该说是恰当的。

太史公是中国第一大史学家，但我却感到他似乎很有些自卑的心理。他在《报任少卿书》中说："文史星历，近乎卜祝之间，固主上所戏弄，倡优畜之，流俗之所轻也。”这不只是司马迁的自况，更是自古以来不知多少史家的命运。我不是史家，但念过历史系，在故纸堆里讨过生活，我知道“流俗”是如何轻视吾侪的。我没有“主上所戏弄”的经历，但读过史家被戏弄的史学史。我不在乎“文史星历，近乎卜祝之间”的地位，我舍不得脱掉身上的长衫，我仍然要出入故纸堆，所以，我便写出了这些文史随笔。

鲁迅先生不是职业史家，但他有独到的史观，有自己的史法，更不会为“主上所戏弄”，他以烈日秋霜般的冷峻目光，审视历史，打通古今，写下了足为后世法的历史随笔。陈寅恪先生是两司马（司马迁、司马光）的一大传人，但绝非在“主上”脚下口称“臣光曰”的那类史家，他绝不苟同“流俗”，曲学阿世，而是以烈日秋霜般的刚烈气质坚守着“独立之精神、自由之思想”。我在集子中多次写到了鲁迅和陈寅恪，他们烈日秋霜般的风骨和气质总是吸引着我，督促着我多写些有思想、有见解的历史随笔。我把“烈日秋霜”作为书名，也含着这样一个意思。

自序写到这里，有关书名的话便说完了，而其他想要说的话，也随之差不多说完了。这也就算是自序。

李 乔

2004年3月20日于水涯斋南窗下

《人在史中》自序

很早，有位史学家曾告诉我，史学是一座幽深的殿堂，不好进。但我总想夺门而入，探个究竟。上大学时，我听过隋唐史家王永兴的课。王先生是史学大师陈寅恪的入室弟子，我因此便窃想，我该算是“陈寅恪再传弟子”了吧。这自然是自我调侃，但也多少有一点沾沾自喜的意思。谁知一堂王先生的课听下来，立马就“晕菜”了：如此严密、正宗的陈氏治学路子，我哪有天赋去搞呀。多年以后，我写了几句诗，记录了那段学史的感受：“曾在寅老门前过，唐史皮毛未拾得。义宁之学无涯涘，零篇断简费琢磨。”

正宗的史学殿堂不得入，我只得改弦更张。读了鲁迅的《魏晋风度及文章与药及酒之关系》、郑振铎的《汤祷篇》、江绍原的《发须爪》，我对历史学与民俗学的嫁接发生了浓厚的兴趣。结果，我写了一本这两种学问嫁接在一起的专著《行业神崇拜——中国民众造神运动研究》。但后来我发现，我真正的兴趣也不在这里，而是在写历史随笔。我感到，历史随笔这种文体，可以把自己的思想、见解融注进去，胸中块垒，亦可发于笔端。我喜欢历史随笔有一种雍容大雅的姿态，可以在其中谈点学问，更喜欢历史随笔的通脱、潇洒，不是正襟危坐那种样子。鲁迅的《魏晋风度及文章与药及酒之关系》，其实就是历史随笔，我喜爱得不得了，崇拜得五体投地。今人孙犁、黄裳也都写过不少精湛的历史随笔，也都让我倾心，比如孙犁写的《买〈宦海指南〉记》、《读〈哭庙纪略〉》，黄裳写的《翻案文章》、《关于〈挺经〉》。

我写历史随笔，很用过一些力气，有几篇也还算大体上满意。所说的满意，是说我通过写这些小文，弄明白了一些原来不懂的事情和道理。我写过一篇《剃头痛史》，发现中国人的头发真是倒楣，剃头与杀头常联系在一起，剃了留，留了剃，不知如何是好。古代刑罚中有髡刑，现代私刑中有阴阳头，先是你剃我，后是你被剃，真可谓一部剃头史，万根烦恼丝。什么皇权专制，什么中原问鼎，什么主奴根性，还有无情的历史辩证法，都包含在这剃头痛史中了，真个是“一发千钧”哪。我写的历史随笔，也有的自己并不很满意，但因见解或材料有些新意，便收进集子了。比如《韩家潭的帽影鞭丝》一文。清朝官员按国家规定，是不许嫖娼的，但可以嫖像姑，于是像姑堂子便兴盛起来，八大胡同里便多了许多“下处”和“私寓”，韩家潭一带更是随处可见清朝官员的帽影鞭丝。此间历史真相，历来谈者甚少，但此问题实关乎清朝政治制度、官场风气、社会风俗及文学艺术，故不可漠然视之。鲁迅先生在《中国小说史略》中特别谈到过清代的像姑，以证《品花宝鉴》等狭邪小说与历史之关系，文云：“明代虽有教坊，而禁士大夫涉足，亦不得挟妓，然独未云禁招优。……清初，伶人之焰始稍衰，后复炽，渐乃愈益猥劣，称为‘像姑’，流品比于娼女矣。”我写《韩家潭的帽影鞭丝》一文，窃有为鲁迅之言做笺注之意，但又自知这是离谱之想。但这篇随笔，我总觉得还是有新意的，所以，虽然行文有些滞闷，也仍收进书里了。

我写的有些历史随笔，在报刊上发表时，自我感觉良好，甚至得到过别人的称赞，但随着时光的流逝，就渐渐觉得“不是东西”了。这或许就是前人所说的“悔其少作”吧。这些文章，自然不敢收入这本集子，只好用来覆酱瓿了。这本集子里的文章，有的曾收入过其他集子，但这次收入集子前，做了若干重要的修改或补充，使之有了新的面貌。有些文章，原来在报刊上发表时被删节过，这次编入集子前，恢复了原貌，有的还增补了一些内容。

书名叫做《人在史中》，我觉得还是有一点意味的。我写历史随笔时，或是在日常生活中，常有一种“人在史中”的感悟。我感觉到，任何人，今人，古人，总离不开历史，总是被笼罩在历史的影子中。人们生活的环境和条件，包括物质的、精神的种种状态，其实都是历史的遗存，是历史发展的结果，其中不知包含了多少历史因子。就说那场浩劫吧，你说人们是处在现实当中，还是历史当中？那株连法，那文字狱，那“万岁万万岁”，当然是活的现实，但又何尝不是瓜蔓抄、“维民所止”（被指为影射雍正无头）、“吾皇万岁万万岁”的历史回声呢？“史无前例”而又史有前因，有时我们真是感觉到生活在历史中了。生活常识也告诉我们，新闻转瞬就会变成旧闻，正在发生的现实立即就会成为历史。我们的的确确是“人在史中”。我大学毕业以后，虽然当了报人，但一直没有放弃对历史的学习和研究，仍如同蠹鱼一样出入于故纸堆，这也算是“人在史中”的一个含意。

这本小书被收进《千年眼文丛》，我有一种受宠若惊的感觉，既欣喜，又惭愧，因为我知道，文丛中的不少作者是文史名家，是我的前辈，有的还是我求教过的师长，我忝列其中，很有些“僭越”的不安。我感谢丛书主编王春瑜先生和出版社对我的信任，我也祈望这本小书不让读者失望。

2004 年 8 月 22 日于水涯斋南窗下

四乐居里的忧思

《四乐居随笔》，李禾先生之新著。初览书名，猜度大体属于时下所流行的谈逸乐之书，细读之，方知此书全与逸乐无关，乃是一本思想之书、忧患之书、激愤之书。“四乐居”，为其书室名，将其嵌入书名，不过是袭文人旧惯，标明著书之处所耳。

思想，并非思想家所独有，更非伟人之专利。民间也有思想，也有“民间思想家”。鲁迅原是有思想的“民间人”，思想一多且精，便为思想家，便为“现代圣人”。伟人也是先有思想，后被尊为伟人。李禾自然不是思想家，连“民间思想家”也够不上，但他有思想。这是一个民间思想者的思想。李禾懂得思想的珍贵性，他赞赏高尔基的名言：“对于每一个人来说，自己的任何思想都是宝贵的。”在《四乐居随笔》中，李禾的思想触角，可谓既广泛又细密，上及庙堂之高，下及江湖之远，既言宇宙之大，又论芥豆之微，铁马冰河，市场风云，诸子学说，人生百态，中外历史，宗教世俗，等等方面，李禾都有自己严肃的思考和精到的见解。德国人长于思维，整个民族都是思想者，所以能产生出康德、黑格尔、叔本华、尼采、海涅和马克思。我祈望中国人也都能成为思想者，中华民族成为“思想的民族”，而绝不像以往那样，普天之下，只有一种思想，亿万人都只能当鹦鹉。善于思考，特别是勇于独立思考，应当成为当代中国人的新的国民性。

思想的天性是自由的，但从古以来思想自由却总是受到王者、人主或权势人物的扼杀或限制。夏桀时代，百姓“道路以目”，不仅言论自由被剥夺，思想自由也被戕害殆尽。秦汉以来有所谓“腹诽罪”，就是说，即便你在肚子里表示不满，在脑子里进行“诽谤”，也有罪。“文革”时代,人们被要求“在灵魂深处爆发革命”,其结果是思想自由被彻底剥夺。大史学家陈寅恪何以备受世人敬重?学问深湛固然是重要原因,但更让人敬重的是他一贯坚持“独立之精神,自由之思想”的主张,从不曲学阿世。李禾自然不能与陈先生相提并论,他只是凡夫俗子,但他也很有一点独立思考的精神和追求自由思想的品格。何以见得?其一,在书中,李禾的独立见解匕匕皆是,不阿世,不随俗,言之成理,言必有据。其二,我曾劝他正式编一本随笔集交出版社出版,前提是集子里不能出现易被当道和流俗所疑忌的篇目和字句,李禾断然回答:宁愿不出,也不能改变观点!对他这个态度,我略感惋惜,因为这样就失去了出版自己著作的机会,但我又深知,这种宁要思想自由,也不苟且逢迎的态度,正是思想者的本色。时下,因坚持不修改自己的观点而导致著作不能正式出版的著书者有很多,他们只能自费印制自己的文集,文集也只能在亲朋好友间流布。这种现象似乎越来越普遍,它说明了什么,是喜还是忧,颇值得深长思之。

钱锺书先生的《管锥编》是一部深奥的学术书,但他自己又说这是一部“忧患之书”,意思是书里表面讲的学术,骨子里却含着忧国之思。细读这部写于十年浩劫中的书,的确可以发现,许多隐伏在学术字样下面的内容,实际都深含着钱先生的忧思。纵览中国书史,这类忧患之书委实是很多的,推其原,中华民族历来多灾多难,忧患之思便总会流溢于志士仁人的笔端。志士仁人不同于官吏士夫,是没有等级之分的,四品章京谭嗣同是,镖局武师王五也是,总书记胡耀邦是,中学生遇罗克也是。李禾虽是小人物一个,但也颇有些志士仁人的气质。翻开《四乐居随笔》,满纸肃然惕然,何曾见到一乐?见到的只是忧国忧民之思勃然溢出。他忧虑国人拿“实事求是”一词当摆设,实则“假、大、虚、空,瞎话连篇”;忧虑国人“敬业精神的崩坏”,连匪徒绑票时“拿钱不撕票”的老规矩即所谓“盗亦有道”也被破坏;忧虑“文革”幽灵的复活,故而强烈质疑样板戏进课堂的荒唐计划;忧虑天下贫士“茅屋为秋风所破”,所以力倡强力推行廉租房制度,等等。四乐居主人,固然不是“后天下之乐而乐”，却着实有几分“先天下之忧而忧。”

书有两极：有闲逸平淡之书，有激愤慷慨之书。后者最撄读者之心。《离骚》乃屈子之牢骚，《史记》乃太史公“心有郁结”之作，《水浒传》实为施耐庵为发泄一肚皮牢骚而作，三书皆激愤慷慨，撄千古人心之名作。大凡物不得其平而鸣，激愤慷慨之书便由此而来。名人之书如此，凡人之书亦复如此。李禾之书，便也是心有郁结的一肚皮牢骚之作、不平则鸣之作。读其书，仿佛看到一位慷慨耿介之士，正在向世人痛陈天下利病，大有欲澄清天下而后快之概，其牢骚之言、不平之语，皆非因一己私念而发，而是全然为国家民族计也。

李禾此书取名为“随笔”，从文体上讲，名符其实。宋人洪迈说，自己写《容斋随笔》时，“意之所之，随即记录”，随意得很。《四乐居随笔》从其流畅、快意的笔调来看，也是很随意的，让人读起来感觉很“舒适”，这正是随笔的正宗。但必须强调一点，《四乐居随笔》的这个“随”字，仅是指文笔的随意畅快，而非内容的散漫随便，在李禾貌似随意的笔调里，实包含着绝不随便的、严肃峻刻的内容。《四乐居随笔》不分章节，不以篇计，全书分为 200 多个独立的段落，每段几百字、一两千字不等；读者随意翻到哪页都可阅读，都会有所得。“虽云长篇，颇同短制”，这是鲁迅对《儒林外史》体裁的点评，借来描述《四乐居随笔》的体式，也是合适的。

读其书，不知其人，可乎？一般来讲，写随笔杂文小品文的人，大多是一些文人墨客学者记者之类靠笔杆谋生的人，商海中人是极少见的，而李禾恰恰是商海中人。做商人当然要琢磨赚钱，但儒商、义商，则不只是想着赚钱，还会有自己的政治或文化抱负和道义担当。子贡既是儒生，也是商人，作为孔夫子的弟子，他应该是深受过老师的“富贵如浮云”之教诲的影响的。孙中山“驱除鞑虏”搞起义，提供经费的主要是爱国的海外华侨商人。为资助贫困的马克思写书，恩格斯曾经经营过工商业。在古今商人或经过商的人中，有高尚精神和宏大抱负者，大有人在。李禾自然只是一介小商贾，但他位卑未敢忘忧国，经商而心存国事，他一手执算盘，一手操铁笔，眼观八方，心悬天下。他是典型的商人问政，商人忧国。

李禾这本书也有些缺点，主要是有些论点还有可商榷之处，有些史实也不够准确。这当然与他使用“随笔”这种文体有关，因为，写随笔毕竟不是做论文，不用正襟危坐，而是心境松弛，所以下笔也就随便些，也就难免出现些纰漏；再有，他本人的理论根底和学术素养不是很厚实，也是一个原因，因为他毕竟不是专业的理论家和学问家。

《四乐居随笔》是正式出版，还是仅为自印本，现在似乎还没有最后确定下来，但这无论怎样，只要印出来，把思想固化为文字，从而方便阅读和流传，就好。作者命我做序，我不能辞。是为序。

2008年5月3日写于扪虱堂北窗下。

推窗放眼，雨过新晴，空气如洗，木叶如碧。

改定于5月7日午后。

卷六

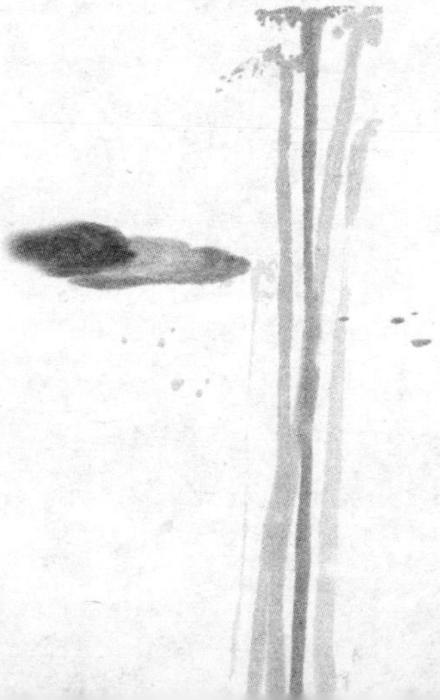

“《史记》乃无韵之《离骚》”小释

鲁迅对《史记》有两句赞誉的评语，尽人皆知，就是：“史家之绝唱，无韵之《离骚》。”第一句是说，《史记》之后的史书皆难与之相匹。对于第二句，今人的解释一般是：鲁迅是在夸奖《史记》富于文学性，可与《离骚》相比。我觉得，对于第二句的解释，虽有道理，但有些肤浅，还应做进一步的解读。比如，若论文学性，诗三百篇也自有特色，但鲁迅却未言“无韵之《诗经》”，而言“无韵之《离骚》”，这其实并不是随意的选择，而是其中别有原因。

这个原因，我推测主要有两点：

一是鲁迅认为司马迁和屈原皆曾受过大磨难，同为牢骚忧愤之人，屈原写《离骚》以抒愤懑，司马迁著《史记》寄托忧思，故《史记》便是《离骚》。姑援引鲁迅在谈到《史记》是“史家之绝唱，无韵之《离骚》”时的那段原文来看：

> （司马迁）恨为弄臣，寄心楮墨，感身世之戮辱，传畸人于千秋，虽背《春秋》之义，固不失为史家之绝唱，无韵之《离骚》矣。（《汉文学史纲要·司马相如与司马迁》）

所说“恨为弄臣”，是说司马迁对于自己所处的“主上所戏弄，倡优畜之，流俗之所轻”（《报任少卿书》）的地位深为不满，“感身世之戮辱”，是说司马迁痛心于自己遭受宫刑的奇耻大辱。这些，都成了司马迁发愤著书，完成《史记》的动因。而屈原与司马迁的身世甚为相似：“事怀王为左徒”，也属“弄臣”之类；被谗放逐，怀石投江，也与司马迁遭受的大磨难相似。屈原为抒愤懑,遣牢骚,遂做《离骚》。所谓“离骚”,即牢骚、愁思也。司马迁对屈原是有深切的了解的。他在《屈原贾生列传》中写道:“信而见疑,忠而被谤,能无怨乎?屈平之作《离骚》,盖自怨生也。”司马迁深知,《离骚》之作,源于怨愤牢骚,而他自己也正复如此。司马迁与屈原的心是相通的。正是因为二人身世相似,心境相通,他们便都“寄心楮墨”,发为雄文。司马迁可谓汉代的屈原,《史记》也就是汉代的《离骚》。故此,鲁迅才说《史记》不失为“无韵之《离骚》”。实际上,鲁迅本人也是牢骚忧愤之人,同心相知,他对两千年前屈原和司马迁的心境——牢骚、怨愤与愁思,是相知甚深的。也正因为如此,他才能将《史记》深刻地解读为“无韵之《离骚》”。

二是缘于鲁迅对《离骚》、对楚辞的偏爱。鲁迅对《离骚》的评价非常高,他在《汉文学史纲要·屈原与宋玉》中写道:

> 战国之世……在韵言则有屈原起于楚,被谗放逐,乃作《离骚》。逸响伟辞,卓绝一世。后人惊其文采,相率仿效,以原楚产,故称“楚辞”。较之于《诗》,则其言甚长,其思甚幻,其文甚丽,其旨甚明,凭心而言,不遵矩度。故后儒之服膺诗教者,或訾而绌之,然其影响于后来之文章,乃甚或在三百篇以上。

鲁迅认为《离骚》“逸响伟辞,卓绝一世”,对后世的文学产生了莫大的影响,与《诗经》比较,《离骚》在文学特质上有许多超拔之处,因而其影响往往超过《诗经》。例如,《楚辞》是“凭心而言”,即我写我心,表现的是真性情,与《史记》的“发于情,肆于心而为文”(《汉文学史纲要·司马相如与司马迁》)相同。鲁迅对于《离骚》(以及《史记》)这种“凭心而言,不遵矩度”的文学作品是非常喜爱的。这与鲁迅超迈峻洁的人格和不同流俗的文学好尚有很大关系,与他喜欢魏晋文章、喜欢嵇康是一致的,与他不苟同于“温柔敦厚”的诗教也是一致的。从这一点来看,鲁迅也是不会将《史记》赞为“无韵之《诗经》”的。鲁迅对《离骚》的偏爱,还特别表现在他一生酷爱楚辞文字之美、寓意之深。他的诗文，每每借用、征引《离骚》的文辞和典故，如他写的诗句“泽畔有人吟不得，秋波渺渺失《离骚》”(《无题》)，“高丘寂寞竦中夜，芳荃零落无余春”(《湘灵歌》)等等。他曾经集《离骚》句两度书写条幅。所集《离骚》句为“望崦嵫而勿迫，恐鹈鴂之先鸣”。第一次是求人书写而自勉，第二次是自书而赠友。第一次是请乔大壮书写的，这条字幅至今还悬挂在北京鲁迅故居“老虎尾巴”的西墙上。正因为鲁迅对《离骚》的文学特质非常喜爱，又看到了其与《史记》在文学特质上的相同之处，他便将《离骚》移来评论《史记》，也因而将《史记》比喻为《离骚》。

“史家之绝唱，无韵之《离骚》”——鲁迅对于《史记》的这两句评价，既非常准确，又包含个人情感和好尚，通过以上对“无韵之《离骚》”的分析，可以体会出一二。

“水浒真义奚在？”

——史家罗尔纲的《水浒》一家言

一副概括罗老学术生涯的长联

稍涉文史领域的人，大约都知道罗尔纲老先生是著名的太平天国史专家，知道他经过精严缜密的考证，弄清了许多太平天国史上的重要问题，如金田起义的时间、《李秀成自述》的真伪、军师责任制、洪大全疑案，等等。但很少有人知道，罗老也是一位《水浒传》研究家，曾在《水浒传》的作者、原本及“真义”等重要问题上立有一家之言。

罗老去世以后，他的学生郭毅生教授写了一副长挽联，上联是：“金田起义何日？着佃交粮何时？军师制、伪降考，探微索隐，阐发幽迹。卓见永垂翰苑，晚生同悼太平天国一代宗哲。”下联是：“洪门创始奚年？水浒真义奚在？金石门、考据学，旁征远引，雅博宏通。巨著长留人间，八方缅怀中国近代史传世名家。”上联写的是罗老在太平天国史研究领域中的成就，下联写的是罗老在其他学术领域中的成就。下联的第二句，“水浒真义奚在”，说的就是罗老研究《水浒传》且立有一家之言的事。

二十年前，我作为一家报纸的理论版编辑，曾与罗老有过一段书信往来，也曾到罗老府上访问过。罗老曾当面向我谈起他研究《水浒传》的事，我看得出，他对这项研究相当重视，我甚至有一种感觉，觉得他对《水浒传》的兴趣，在某种程度上，甚至比对太平天国史的兴趣还要大。后来，我从罗老赐赠的他的大著《困学集》中得知，原来他年轻时就极为喜爱《水浒传》，并且下工夫钻研过，后来转入了太平天国史研究，就把《水浒传》放下了，但晚年又把这项研究拾了起来，并建立了自己的《水浒传》一家言。

《水浒传》何以会受到罗老的青睐呢？我想，这大概与罗老对下层民众的造反、起义一向抱以同情和赞佩的态度有关，与他对中国的民众造反史感兴趣有关。《水浒传》与太平天国史都是民众的造反史，只是一个在书上，一个是历史真实；《水浒传》在宣扬造官府的反这一点上，与太平天国是相通的。由此看来，罗老既研究太平天国史，又研究《水浒传》，就是很自然的了。

罗老的观点集中反映在他的两篇学术论文中。一篇是《水浒真义考》，发表在中华书局编辑出版的大型考据性学术辑刊《文史》第十五辑上；一篇是《从罗贯中〈三遂平妖传〉看〈水浒传〉著者和原本问题》，发表在《学术月刊》1984 年第 10 期上。罗老对自己的这两篇论文非常看重。《水浒真义考》被他收入到《困学集》中，这本《困学集》是罗老一生所写的可以用于授业传经的文章的结集，所选文章都具有范例作用，《水浒真义考》就是作为“考证文选”被收入的，可见罗老对此文的重视。对另一篇论文，罗老也很重视，他很希望我能理解这篇文章的内容，为此他特意寄赠给我一本罗贯中的《三遂平妖传》。

我对《水浒传》没有研究，没有资格对罗老的学术观点做出评价。只想把罗老的观点及考证过程简述一下，以供广大读者特别是《水浒传》爱好者参考。

《水浒传》的作者是罗贯中

罗老对《水浒传》的考证，主要集中在三个问题上，一是作者究竟是谁？二是最早的原本是多少回的？三是《水浒传》的真义亦即主题是什么？罗老的看法是：《水浒传》的作者并不是人们通常所说的施耐庵，而是那位写过《三国演义》的罗贯中。《水浒传》的原本也不是一百回本或七十一回本等等，而是七十回本。这个七十回本的主题思想是“替天行道救生民”和“替天行道公平”。

《水浒传》的作者是罗贯中，而不是施耐庵，罗老的根据何在呢？

首先，罗老认为，施耐庵其人其事无可考。明人胡应麟就说：“世传施耐庵，名字竟不可考。”名字都不可考，事迹更不待说。近世《兴化县续志》所载的《施耐庵墓志》，据考也系伪造。罗贯中则是一位有史可考、证据足征的著名小说家、剧作家。

其次，从对《水浒传》与已被确认是罗贯中所著的《三遂平妖传》的对勘中，也可以确认罗贯中应为《水浒传》的作者。罗老发现，两书在赞词、叙事和对待下层民众的态度上，有很多相同或极为相近的地方，这都表明两书皆为罗贯中一人所著。

先说赞词的相同。《三遂平妖传》全书赞词仅 21 篇，但竟有 13 篇被插入到《水浒传》里。如把《三遂平妖传》记宋朝主师文彦博战败逃走的赞词，插入《水浒传》里作为记徐宁失甲纳闷的赞词，一个字都没改，只是后者的赞词增加了两句，为的是照应情节。其余 12 篇赞词的情况也大致如此。

再说叙事的极为相似。如《三遂平妖传》第八回“野林中张鸾救卜吉”写道：“当时知州将卜吉刺配山东密州牢城营，当厅断了二十脊杖，唤个文字匠人刺了两行金印，押了文牒，差两个防送公人，一个是董超，一个是薛霸，当即押了卜吉，领了文牒，带卜吉出州衙前来。”《水浒传》第八回“鲁智深大闹野猪林”则与之极为相似：“此日府尹来升厅，叫林冲除了长枷，断了二十脊杖。唤个文笔匠刺了面颊，……该配沧州牢城，……押了一道牒文，差两个防送公人监押前去。两个人是董超、薛霸。二人领了公文，押送林冲出开封府来。”何其相似！而类似相似之处，还有不少。

罗老认为，这些相同或相似之处，显著地表明，二书只有同出一人之手，才会出现上述情况。因为从古以来还没有一个“文钞公”敢这样明目张胆地抢劫他人的著作，社会上也不会容许有人这样做，更断断不会是传为“罗贯中的老师”的施耐庵来抢夺他的学生的著作。正因为罗贯中是《水浒传》的作者，所以他才可以把自己钟爱的旧作中的大半赞词和许多叙事内容放到新作里去。

罗老还提出了其他证据。例如，明代有人骂《水浒传》的作者“包藏祸心”，“非猾胥之魁，则剧盗之靡”，这说明作者是一个反抗封建统治的人物，而这恰恰与《续文献通考》的作者、明代著名历史家王圻所著的《稗史汇编》记罗贯中是“有志图王者”相印证。罗老又据顾苓《跋水浒图》记罗贯中曾帮助过张士诚，以及《三国志通俗演义》对两浙淮南舟船方言的熟悉，进一步指明罗贯中确是一位参加过农民起义的“有志图王者”。罗老还指出，《水浒传》与《三国志通俗演义》里写的战略、战术，非内行的人是写不出来的，而罗贯中恰恰是一个亲身参加过农民战争的内行。这些，都可以作为两书同出于一人之手的证据。

《水浒传》的原本只有七十回

《水浒传》的版本之多，在中国古典小说中恐怕是数一数二的。那么《水浒传》原本是怎样的？众说纷纭。罗老的看法是：罗贯中所著的《水浒传》原本，只写了七十回，是一部歌颂农民起义、反抗官府到底的小说；而百回本《忠义水浒传》，是一个对朱元璋杀功臣不满的人，将罗贯中的原本加以改造、续写而成的。此人先是把原本的楔子“张天师祈禳瘟疫，洪太尉误走妖魔”改做为第一回，使原本的七十回变为七十一回，再把原本第七十回的后半回改写，又加写了二十九回，于是成了百回本《忠义水浒传》。总之，《水浒传》并不是像有人所说的那样，全书本来是一百回，是歌颂投降主义的，而后来被金圣叹“腰斩”成了七十回。总之一句话，是先有了七十回，后来才有了一百回。

对这个结论，罗老提出了多方面的证据。罗老从考释“水浒”一词出发，比较了七十回原本和百回本后二十九回半之间各自不同的主题思想，从而证明这两部分内容绝不会是出自同一个作者之手。“水浒”

一词，源出于《诗经·大雅·绵》："古公亶父，来朝走马。率西水浒，至于岐下。"意思是歌颂周朝建国开基。罗老认为，罗贯中取"水浒"作为书名，实暗寓了歌颂梁山泊的新兴政权。罗老又认为，七十回本所宣传的，亦即它的"真义"，乃是"替天行道救生民"，"要和大宋皇帝做个对头"，建立一个"八方共域，异姓一家"的理想社会；而百回本后二十九回半所宣传的，则是"自古江山归圣主"，"神器从来不可干"，只反贪官，不反皇帝，竭力维护封建统治。更主要的是，后二十九回半的作者以指桑骂槐的手法，借写宋徽宗鸩死宋江，来发泄他对朱元璋诛戮功臣的不满，而这一点正是后二十九回半的主题思想。

有人曾质疑说，前七十回里也有类似后二十九回半所宣扬的思想，例如阮氏兄弟就唱过"忠心报答赵官家"，"京师献与赵王君"之类拥护皇帝的歌，"聚义厅"还被改名为含有对封建王朝尽忠效死之意的"忠义堂"。这种情况该怎样解释呢？罗老认为，这些与七十回原本的主题思想截然相反的情节，实际上都是续加者为了照应和弥缝所加故事而盗改的结果。罗老为此又提出不少证据。例如，百回本的第七十一回后半部分写道，宋江做了一首《满江红》词，词中有一句是："望天王降诏，早招安"，武松听到"招安"二字便大叫起来："今日也招安，明日也招安，冷了弟兄们的心！"这一段，罗老认为就是盗改的。但盗改者太疏忽了，他忘了自己在第三十二回所布置的伏笔，正是由武松首先提出希望招安的。

罗老还从对《水浒传》"引首"的分析中，证明后二十九回半是续加的。古典小说常有所谓"引首"，具有概括全书的作用，而所见《水浒传》的"引首"都是只概括到梁山泊英雄大聚义为止，并没有招安等情节。假如原本中本来就有受招安等情节，那么"引首"肯定不会只概括到大聚义为止。王圻《稗史汇编》所记的"《水浒传》从空中放出许多罡煞，又从梦里收拾一场怪诞"，也证明七十回原本只到梁山泊英雄惊噩梦为止，并无招安之事。明朝人徐复祚写的《三家村委谈》，也指出了《水浒传》"征辽征腊，后人增入"这一事实。这些都说明后二十九回半是别人续加的。罗老还从《三遂平妖传》和《水浒传》的赞词的对勘中发现，插入《水浒传》中的《三遂平妖传》赞词，没有一首是插在后二十九回半里的，这也证明了罗贯中写的是七十回。

罗老又考明罗贯中是明朝洪武初年的人。据此他指出，《水浒传》也成书于那时，而那时朱元璋还未杀功臣，所以罗贯中根本不会去写充溢着对杀功臣不满情绪的后二十九回半。即使是写后二十九回半的那个人，也必定是宣德、正统以后的人——他很可能是一位在洪武中被诛杀的功臣的后代，因为在洪武、永乐这两个文网严密的时代，谁敢在讲史的小说里大书特书“韩彭功业人难辨，狡兔身亡猎犬烹”之类的话呢？

版本不同，读者的观感和评论自然也就不同。鲁迅在《流氓的变迁》一文里，说过一段关于《水浒传》的很有名的话：“一部《水浒》，说得很分明：因为不反对天子，所以大军一到，便受招安，替国家打别的强盗——不‘替天行道’的强盗去了。终于是奴才。”这段话曾受到毛泽东的激赏，并在“文革”的“评《水浒》运动”中广泛流传。毛泽东在评论《水浒》时也曾说过：“《水浒》好就好在投降”，“《水浒》不反皇帝，专门反对贪官，后来接受了招安”。鲁迅和毛泽东说这些话所依据的版本，显然不是罗老所说的七十回原本，而是一百回等其他版本。

“笔墨官司，有比无好”

一次我去罗老家拜望，他向我说了这样一句话：“考证历史就像做几何题一样。”我不敢说罗老对《水浒传》的考证肯定就像证几何题那样精确，但我可以说，这句话表明了罗老对历史考证之严谨性、准确性的追求。

一个学术问题，学者之间有不同看法，发生争议，是再正常不过的事了。《水浒传》研究便是如此。著名的《水浒传》研究家张国光先生就不大同意罗老的意见。张先生曾来我的办公室介绍过他与罗老的观点的分歧，我觉得他讲的也有一些道理。张先生送给我一本他研究《水浒传》的专著《“水浒”与金圣叹研究》，拜读之余，由衷地敬佩他的学问。毛泽东对于学术界的争论，曾有过“笔墨官司，有比无好”的批示。这个批示，无疑是对百家争鸣的鼓励。的确，只有百家争鸣，学术才能兴旺，学问才能长进，学术界也才能呈现出生机和繁荣。

刘老老不简单

——读《红楼梦》札记

谈“刘老老不简单”这个话题，恐怕红学家会觉得多余——本来如此，何必饶舌。但对于那些对《红楼梦》半生不熟的读者来说，他们可能会觉得新鲜。因为，“刘老老进大观园”这句俗语留给一般人的印象——刘老老是个“憨愚”的村妇，恐怕在他们脑海里早已铸成铜像了。

刘老老进了大观园，土里土气，少见多怪，层出不穷地闹笑话，七十多岁的人，头上插满了鲜花，一喝酒就喝得烂醉：刘老老的确让人觉得憨愚。

但是，这其实并不是刘老老的“全人”。在土里土气的外表之内，她还有很精明的一面，甚至有些“小市民气”，她也并非是一个纯粹的粗人，而是小有一点文化素养。

刘老老一出场，曹雪芹就介绍说：“这刘老老乃是个久经世代的老寡妇。”有的版本作“积年的老寡妇”。言下之意似在告诉读者：刘老老是个饱经世故，有社会经验的人。到了第三十九回，作者更明确地介绍说：“那刘老老虽是个村野人，却生来的有些见识，况且年纪老了，世情上经历过的。”这似乎是曹雪芹在有意提醒读者：别小看了这个刘老老。

我仔细查了一下刘老老的行迹，觉得有两件事最能反映刘老老的精明和有见识。一是她谋划了“闯”进大观园的行动，二是她进入大观园后，很会讨主人欢心，特别是竟胜任愉快地当了一回清客。

刘老老本是一个乡野村妇，按常理，她怎么可能进入大观园，怎么可能攀上贾府这样的贵族呢？但刘老老有办法。

刘老老的女婿王狗儿家，历史上曾与金陵王家有过一点“绕脖子”

的关系(王昆仑语),就是:王狗儿的爷爷,在北京做小京官时,与金陵王家王熙凤小姐的做大京官的爷爷,曾在同一个衙门里供职,王狗儿的爷爷因为贪王熙凤的爷爷的势利,“便连了宗,认做侄儿”,于是王狗儿的爷爷成了王熙凤的爷爷的“本家”。但隔了两代以后,王狗儿家成了穷庄稼汉,金陵王家的人则成了高门大户贾府的贵夫人(王夫人)和少奶奶(王熙凤),两家人也就没来往了。

但刘老老可没忘记这层关系。她“闯”进大观园的办法,就是利用这层关系。“闯”大观园的动议,缘于一次王狗儿因生活困难而发牢骚。王狗儿埋怨生活太清苦,刘老老便帮他出了个主意:利用与金陵王家的旧关系,到贾府弄钱去!清代,有一种风俗叫“打抽丰”,也叫“打秋风”,就是利用各种关系到富贵人家去求得钱财。刘老老出的主意,就是去贾府“打抽丰”。

刘老老对“打抽丰”这个主意的“论证”,是最能显示她的精明的。她对王狗儿分析道:

1.“当日你们原是和金陵王家连过宗的。”

2.“如今是你们‘拉硬屎’(不肯低眉屈尊),不肯去就和他,才疏远起来。”

3.“他家的二小姐(王熙凤的姑姑王夫人)着实爽快,会待人的,倒不拿大(摆架子)。”

4.贾府主人“如今上了年纪,越发怜贫恤老的了,又爱斋僧布施”。

5.“只要他发点好心,拔根寒毛,比咱们的腰还壮呢!”(第六回)

这无疑是一份完整的“策划书”,知己知彼,细致周到,颇像现代的可行性研究。实行的结果是,大获成功。

刘老老虽是个乡野农妇,却极会逢迎。初见贾母时,便立刻说出一句新奇的问候语:“请老寿星安!”既巧妙,又恰当,博得了老太太满心欢喜。我猜测,她这句话很可能是提前就琢磨好了的,要不就是她太精于逢迎,脱口便说出了。

刘老老当过清客,这恐怕是很多人没想到的,甚至会觉得不可思议。但她确实当了一回清客，不过是这个清客有点特别罢了。

清客也叫篾片，是明清时代专门在富贵人家帮闲凑趣的门客。鲁迅对清客曾有过一个简要的说明："明末清初的时候，一份人家必有帮闲的东西存在的。那些会念书会下棋会画画的人，陪主人念念书，下下棋，画几笔画，这叫做帮闲，也就是篾片！"（《集外集拾遗·帮忙文学与帮闲文学》）贾府里便有不少这样的清客，如詹光、单聘仁、程日兴、胡斯来等。刘老老当然不是这种正规的清客，她没有文艺方面的技艺，有的只是一点粗俗的草根本领。但就是靠着这点本领，她把帮闲凑趣的职事完成得呱呱叫。

清客，一般都是由男人充任，女的很少见，清宫里曾有个缪太太，是个很有名的女清客。（张伯驹等《春游琐谈》）刘老老当清客，自然也是少见的女清客。第四十回写道，大观园里摆宴，鸳鸯说道："外头老爷们，吃酒吃饭，都有个凑趣的，命他取笑儿，咱们今儿也得了个女清客（有的版本作'女篾片'）。"这个"女清客"，指的就是刘老老。刘老老是怎样凑趣的呢？请看：

贾母这边说声"请"，刘老老便站起身来，高声说道："老刘！老刘！食量大如牛，吃个老母猪不抬头！"说完，却鼓着腮帮子，两眼直视，一声不语。众人先还发怔，后来一想，上上下下都一齐哈哈大笑起来。

诙谐的语言，滑稽的动作，俨然是在演滑稽小品。类似的表演，刘老老还有不少。刘老老的清客，就是这样当的。要说效果，比詹光、单聘仁之流要让主人开心多了。当清客，光有技艺还不行，最要紧的是会逢迎取媚，揣摩主人的心思，迎合主人的好尚。在这方面，刘老老绝不比詹光、单聘仁之流逊色，要不主人怎么那么高兴呢。

从外表看，刘老老很土气，像个粗人，实际上她不乏内秀，甚至多少有一点文化素养。你看，刘老老与人谈话，常会引用一些成语俗谚，不但脱口而出，而且恰到好处。第六回中，在不多的几次谈话中，她就用了"谋事在人，成事在天"、"侯门似海"、"贵人多忘事"、"瘦死的骆驼比马大"等成语俗谚。第四十回中，她在恭维主人时，又用了"大家住大房”、“礼出大家”等成语俗谚。与鸳鸯对酒令时，她对出的文词虽然俗浅，却都能合辙押韵。在刘老老的肚子里，还真有一点东西呢。她的这种语言能力，在一般庄稼人中，是很少见的。

刘老老是个纯粹的乡野老妇吗？她是否有过都市生活的经历？一些红学家因为从她身上看到一些小市民的影子而发出疑问。我也曾有过类似的想法。王昆仑先生推测，刘老老“可能有过都市生活的见闻与磨练”。(《红楼梦人物论》)这个推测，大概是有些道理的。封建时代的小市民，一般来讲，既具有善良、勤劳和淳厚的品性，又常有庸俗、投机、油滑等毛病。刘老老就似乎兼有二者。萨孟武先生曾这样评论刘老老：刘老老当过清客，而在救巧姐一事上，又是侠客。(《〈红楼梦〉与中国旧家庭》)清客加侠客，这是萨先生的两点论。刘老老的本质无疑是善良的，人也是可爱的，但也确有些小市民身上常见的毛病。

刘老老究竟有没有都市生活的经历？王昆仑推测有，但曹雪芹却并没有这样描写过。实际上，像刘老老这种精明、有心计的人，未必都产生于有过都市生活经历的人当中。在农民中，也是会有这种人的。史学家黎澍先生就讲过自己的亲身感受：“千万不要小看了农民。我在湖南家乡见过一些农民，工于心计，手段不凡，可不简单。”(陈铁健《绿竹水南集》)在环境复杂一些的农村中，也是很可以历练出精明或油滑的人来的。

文末，说一说林黛玉的眼力。对于刘老老的“打抽丰”，黛玉是洞若观火的；对刘老老逢迎取媚的表演，黛玉很看不惯。别人对刘老老的逢迎凑趣都是哈哈一笑，黛玉却讥讽刘老老是“母蝗虫”，是“百兽率舞”中的蠢牛。林黛玉的眼力是很“毒”的，她看出了刘老老身上的一些不那么质朴的地方。这也许是曹雪芹自己的看法吧？

王癞胡芳名考

——读《阿 Q 正传》札记

《阿 Q 正传》里有个人物，名唤王癞胡，简称王胡。此君是阿 Q 的同乡，是未庄里的一位知名人士。鲁迅为阿 Q 做传记，王癞胡便沾了光——他将伴着阿 Q 而名传千古。

王癞胡，特别是王胡这个名字，我以为起得极妙。

阿 Q 因为头上有癞疮疤而讳说"癞"字，这在《阿 Q 正传》里已有专节描述。而王胡这一取名，则又从另一个侧面，对阿 Q 的讳"癞"心理做了补证。

请看鲁迅对王胡这个名字的介绍："这王胡，又癞又胡，别人都叫他王癞胡，阿 Q 却删去了一个癞字……"何谓又癞又胡？胡，鲁迅做了解释："一部络腮胡子"也。癞，鲁迅未直言，但一望便知，癞，就是秃疮，与阿 Q 头上的产物一样。阿 Q 所以删去王癞胡的"癞"字，肯定也是出于讳"癞"心理，怕叫王癞胡叫不出口。试想，他连"光"字、"亮"字都讳说，哪能直言"癞"字呢？

如此看来，王胡这名字，其实只是阿 Q 个人的叫法，在未庄众人口里，还是叫王癞胡的。鲁迅为阿 Q 做传，自然也就随顺了阿 Q，通篇《阿 Q 正传》都用王胡这名字，而未用王癞胡。

王癞胡是个什么样的人物呢？是个贫穷的百无聊赖的闲人。他浑身长虱子，不修理胡子，又长了皮肤病（癞），性格凶横，擅要胳膊根儿，与阿 Q 打架，全然不顾阿 Q"君子动口不动手"的告诫，打完阿 Q 了事。如此人物，冠以"王癞胡"之名，真是恰切。王癞胡这名字，其实半是姓氏，半是诨号，其真名叫什么，谁也不知道。这正合了他的下等人的身份——下等人要什么正经名字呢？“癞胡”二字，除了合于他的“又癞又胡”的身体特征外，又很有些青皮无赖气，这又正合了他的闲人身份和凶横个性。

欺软怕硬，是阿Q性格的一个明显特征。将王癞胡的名字删去一个“癞”字，实际是阿Q在欺软。在阿Q眼里，王癞胡的一部络腮胡子，是个极大的缺点，只有被他奚落的份儿。他与王胡并排坐下时，其心理状态是：我肯坐下去，简直是在抬举你。正是由于在阿Q心目中，王癞胡是低自己一等的，所以他才藐视王癞胡的一脸络腮胡子，敢于将王癞胡的名字删去一个“癞”字。若是赵太爷长了一脸络腮胡子，他岂敢藐视？再则，他已经因为是否姓赵的问题挨了嘴巴，若不是王癞胡被他视为低自己一等，他岂敢再在姓名问题上造次？所以，王癞胡被删去一个“癞”字，并不是名字被雅化了，而是被阿Q藐视的结果。

王癞胡这名字的得来，大概与鲁迅小时候的一段经历有点关系。鲁迅在三味书屋上学时，绍兴城里还有另一家叫“王广思”的私塾，这家私塾的老师叫王侃如，因为身材矮小，头皮光秃，满脸胡须而人送外号“矮癞胡”。矮癞胡对学生很苛刻，学生小便，先要向他领取“撒尿签”。此公又很卑琐，没收了学生的食物便自己吃掉。鲁迅为了给“王广思”的学生打抱不平，曾和几个同学到“王广思”里大闹过一场。这个矮癞胡，给鲁迅的印象一定是很深的。鲁迅写王癞胡这个人物时，当是取了一点矮癞胡的影子。

鲁迅是小说大师，也是为小说人物取名的大师。他取的小说人物的名字，许多都是极耐人寻味的，是小说取得成功的不可或缺的因素，是创作匠心的表现。王胡这个名字，就是一个例子。

鸿渐

钱锺书先生的小说《围城》，有“学人之小说”之称，书中人物的取名极为考究，多出自中国古代文化经典。方鸿渐，这位《围城》主人公的名字的取义，就出自《易经》。

《易经》“渐”卦有“鸿渐于干，鸿渐于磐，鸿渐于陆，鸿渐于木，鸿渐于陵，鸿渐于阿（又作陆，逵）”的卦文。鸿指鸿雁，渐是渐进之意。卦中的这只鸿雁由海上飞来，先后栖息于滩头、岩石、陆地、树木、山陵、山头，以次而进，渐至高位。由此成典，“鸿渐”成一专词，本义即鸿雁渐进于高位，引申义则含进取之义，特别是喻仕进，即进身为官或仕宦升迁。钱锺书先生为《围城》主人公取名“方鸿渐”，即含有“鸿渐”进取的寓意。钱锺书对“愚而不诬”的方鸿渐，虽然不乏针砭、讥刺，但仍寄予期望，希望他能从荒唐、愚庸中清醒、彻悟、进取。为他取名“鸿渐”，就蕴含了这种期望。

由钱锺书笔下的方鸿渐，使我联想到中国历史上以“鸿渐”为名者颇不乏人。这些“鸿渐”的取名，也都出典于《易经》“渐”卦。

唐代茶圣陆羽，字鸿渐，其姓、其名、其字，都出自《易经》“渐”卦。唐人李肇《唐国史补》云：竟陵有一僧人在水滨得一婴儿，育为弟子，及长，以《易经》自筮，得卦文：“鸿渐于陆，其羽可用为仪。”于是以陆为姓，名羽，字鸿渐。这段记载表明，陆羽的姓、名、字，皆出自《易经》“渐”卦的同一句卦文。从中又可看出，当时人起名有喜从《易经》中撷取字词的习俗。宋代有位被称为“洛阳才子”的诗人，叫安鸿渐；另有一位宋人，姓陈名渐，字鸿渐。这两位鸿渐的取名，也都出自《易经》“渐”卦。

明代散曲大家王磐，字鸿渐。其名、其字都出自《易经》“渐”卦卦文:“鸿渐于磐”。蒲松龄《聊斋志异》中有一篇《张鸿渐》,写的是河北卢龙县一位叫张鸿渐的名士的故事。此“鸿渐”之命名,也出自《易经》。蒲松龄在《聊斋》小说中仅写到他叫张鸿渐,未完整地介绍他名什么,字什么。但后来蒲松龄在自己编写的俚曲《磨难曲》(由《张鸿渐》改编而成)中,加写了这些:“自家卢龙秀才,姓张名逵,字鸿渐。”其名与字,皆当出自《易经》“渐”卦卦文:“鸿渐于逵”。

中国古代的人名,名与字的含义通常互相关联。这在历代诸位鸿渐的名字上反映得尤为明显。羽与鸿渐,磐与鸿渐,逵与鸿渐,这些名和字都关联得极为紧密。《围城》里的方鸿渐,虽然没有被细分出名与字来,但如果用中国古代人名的名、字相关的习俗来推究,那么我想他应该名干、名磐或名木、名陵什么的,而字鸿渐吧。

古人起名多“鸿渐”,反映出古人的一种人生愿望,即期望有所进取,特别是期望能进身为官。长辈给晚辈取名“鸿渐”,都是抱着望子成龙的期许,而所谓望子成龙,大都是望子成官。望子成官,是中国古代官本位文化的一种表现,而取名多用“鸿渐”,则是这种官本位文化在取名习俗上的投影。

《易经》是儒家的重要经典,对中国人的思想意识和社会生活影响至深至巨。古人起名多“鸿渐”,就是这种深刻影响的一种表现。

读孙犁

似鲁迅

孙犁的《远道集》后记文字，似鲁迅，似蒲松龄，也似曹雪芹。孙犁的陋屋生活，绝像《聊斋》意境，像雪芹绳床瓦灶之苦况。穷而后工，孙犁亦如此。“夜深了，月光从窗口射进来，也有些凉意了，我钻到蚊帐里去。”多像鲁迅的小说呀，特别是末一句。

弦外之音

从事情中引出道理，孙犁擅之。鲁迅的理论，许多都是从古书今书中的事情中引出的——先生自己这样说。这个方法、现象乃是认识规律之一，用史家的话说，叫做“从史实中求史识”。孙犁的一篇文章，清样刚排出，“文革”就来了，文章先遭批判，后无踪影，于是孙犁引出道理说：“文章的命运，历史证明，大体与人生相似。金匮之藏，不必永存；流落村野，不必永失。金汤之固不可恃，破篱残垣不可轻。”由书的命运引出了人的命运。言在文章，意在文外，弦外之音，最扣心弦。

大作家的劳苦

身边放着小字典，抄书张挂背诵之，这就是大作家孙犁的学习之道。他用的是死力，下的是苦功，“经国之大业”就是在这样的基础上完成的。

写文章诚非易事，大手笔也不免劳苦。孙犁说他自己“几乎是终日矻矻，不遑他顾，夜以继日，绕以梦魂”。孙犁尚且如此，况愚钝如我辈者，不下苦功怎么成？王春瑜师曾电告，夜梦中觅得一佳题。我也曾有此梦境。

虎跑泡龙井

孙犁曾谓，不喜郑振铎的文字。我好奇，遂览郑文。郑文学究气略重，个人性灵少，“化众物为己物”略阙。而此诸点，孙犁正具优长。孙与郑，实各有千秋，然我更喜孙犁文字。孙犁文字是作家文字，郑氏文字为学者文字。作家辞章好，乃题中应有之义。孙犁常以作家文字谈学问，读之若饮虎跑泉泡的龙井茶，真上上之品也。

麦子上的露珠

文学就在普通的生活中。用美妙的文字写普通生活，就是好文章。关键在观察细致和辞藻。孙犁这样写麦子上的露珠：“在农村生活时，日出之后，步至田野，小麦初生，直立如针，顶上露水如珍珠，一望无垠，耀人眼目，生气蒸蒸，叹为奇丽。”古代文人写农事、写田家乐的不少，孙犁此段文字，端的是驾而上之，乃文人写农事之大妙笔。孙犁是极富乡野情结的作家，于此可见一斑。

文白相间

辞藻是语言的基干之一，善用辞藻乃作家的看家本领。孙犁著文，重视辞藻，善用辞藻。孙犁文章之美，绝活之一是用高雅的文言、半文言辞藻写极凡俗之事。如前引描写露珠的一段文字。又如《远道集》后记:“人到晚年,前途短促,而所思忆,常常是貌远玄虚的往事。”鲁迅的文章之美,也得益于文白相间。关键是搭配得当,而成错落有致之美,搭配不当,便成文白混杂之状。文言自有一种深沉凝重之力,易给人以沧桑之感,有着白话不可替代的作用,用得好,魅力夺人。

昨四百,今一千

《孙犁文集》,前年售价四百余元,我于长安街三味书屋购得,视为鸿宝。日前逛琉璃厂中国书店,见文集已涨至一千元。咋舌之余,不胜庆幸,转而忧虑:如此高昂书价,孙犁怕是难进寻常百姓之家了。

一则日记

偶写日记,只为自观,未曾有“贩卖”之意。兹迻录一则关于“现代书话丛书”及所收《孙犁书话》的日记,意在揄扬这套足可传世之书。文云:

> 12月5日,星期四。晴,大风。家中卧读北京版“现代书话丛书”,极惬意,满室生春。不慎将《孙犁书话》落地,书角微折,心疼甚。余平日读书,遇须注意处,辄折角,画线,虽签名本也在所不惜,唯此套书不忍折与画也。与妻言:“难得有如此之书令我爱不释手。”鲁迅、孙犁、黄裳三人书话,最合我心,卧读之间常跃起,蹀躞室中。窃欲摹之仿之,心绪难平,然仰视前贤,奔逸绝尘,自知今生只可学些皮毛也。余曾有下海心,此套书实下海心之消散剂,越读越想固守书斋,远离市门。读是书至子夜,心满意足,就寝。

卷七

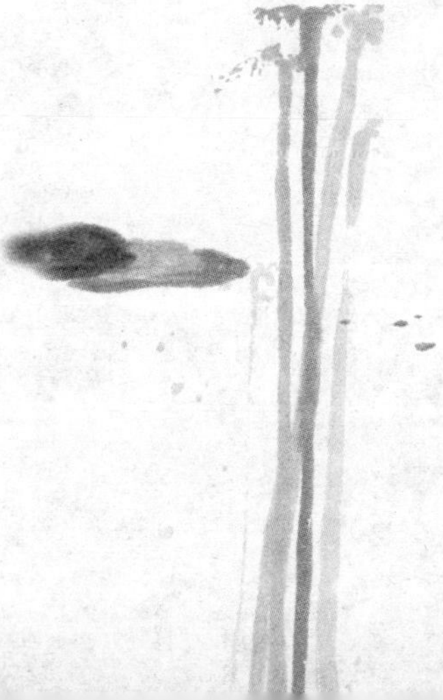

愿天下有志者都成了读书种子

谁要是被称为“读书种子”，我觉得那真是极高的赞誉。

方孝孺，有奇节的大儒，因不肯为明成祖起草登极诏书，被诛了“十族”。此前，大臣姚广孝曾劝谏明成祖说，方是读书种子，即使不从，也杀不得。但方终于被杀了。叶德辉，湖南有名的劣绅，革命党要杀他，章太炎先生说，叶是读书种子，不要杀。但叶后来终因自作孽而被群众团体杀掉。方叶二人是否该杀，姑且不论，但由此可以看出，读书种子是多么的可贵。

何人才算是读书种子？除了方叶二人，大经学家阎若璩称大思想家、大学者顾炎武、黄宗羲为读书种子，大学者傅斯年又称大史学家陈寅恪为读书种子。

那么，普通人就不能称做读书种子么？就做不了读书种子么？不然。读书种子宁有种乎？

昔时有一首《沁园春》词写道：“也要他有个，读书种子，一丁不识，富贵何为？”看来普通人也是能做读书种子的，而且应该努力做个读书种子，否则，富贵了，脑满肠肥了，又有什么意思！

《聊斋·邵九娘》里写到清代民间择婿时，谈到一种看重读书种子的择婿标准：“王侯家所不敢望，只要个读书种子，便是佳耳。”普通人不仅可以做读书种子，而且，读书种子还会被视为佳婿。这是飘逸在古代婚恋生活中的一缕书香。

那么，究竟何为读书种子？简单说，你应该是一个优秀的读书人，你要宛如一粒能使中华文明传承、发扬下去的种子，你就是读书种子。

读书种子的有无与存续，实关系国家的兴亡。日寇欲亡我中华，便大力捕杀中国读书人(老舍、孙犁、王元化都曾讲过这个史实),因为他们知道,要让中国亡,必先亡中国文化,要让中国文化亡,先要让中国的读书种子断绝。他们更知道,中国的读书人一向民族意识极强,绝不肯俯首为奴。但中国的读书种子终究没有断绝,相反,日寇被彻底打败。

而今,繁花迷眼,百里歌吹,铜臭正在与书香比高。读书种子还有多少?不会断绝么?我曾经担心过。但我又想,中国人终究是一个具有悠久文明传统的民族,是一个深知书籍具有无穷能量的民族。读书种子是不会断绝的。

“几百年人家无非积善,第一等好事只是读书”,根植在中国民间的这种书香情结,曾经造就过无数的读书种子,便得中国文明的血脉悠久绵长。历史上是这样,未来一定更是这样。

愿天下有志者都成了读书种子!

考据谈屑

——从《新编日知录》谈起

凡是搞历史的，几乎无不受到过考据（考证）学之赐。搞实证的自不必说，他们或用考据学的方法自行解决了历史事实的真相问题，或是利用他人的考据成果，廓清了自己所研究问题的迷雾；即使是搞形而上的思想史研究、宏观规律研究的学者，也无不需要先弄清事实，再发议论，因此也需常常拿来考据家的成果一用。这不是因为别的，只是因为弄清历史真相，是研究、评论历史的基石，而考据学则是构筑这块基石的工具。但怪哉的是，考据家常常受到讥笑和贬损，说他们是鸡零狗碎，雕虫小技，说清儒的考据学只知细微末节，而不管文化的大纲目。

考据之魂

我搞过几天历史，起初也曾受过反考据者的蛊惑，对考据无好印象，以为此种学问不过是一群弓着腰、蓄着胡须的老经生们的营生，我所就读的那个名牌大学历史系也号称以理论见长，并不重视考据，而这也成了我轻看考据的一个原因。但这种轻看并非是已经谙熟考据，或是已经占领了什么形而上的思想高地而俯察考据学，而正是无知者无畏，不过是一个考据门外汉的幼稚想法而已。

学清史，读文字学，读顾炎武的《日知录》，读钱大昕的《十驾斋养新录》，又读晚近学者陈垣、陈寅恪、顾颉刚、罗尔纲诸先生的书，始知考据学之博大、之精微、之重要。考据学对于弄清历史真相之重要，给我印象最深的有三个例子。一个是陈垣考证顺治出家问题，一个是陈寅恪考证《三国志》所载的“无涧神”，一个是罗尔纲考证李秀成是否伪降的问题。陈垣用《汤若望回忆录》与和尚语录所说的“大清国里度天子”等材料，证实了顺治削发之事。陈寅恪考证出“无涧神”即地狱神，从而窥知“释迦之教颇流行于曹魏宫掖妇女之间”(《魏志司马芝传跋》，载《金明馆丛稿二编》)。罗尔纲根据曾国藩后人家传口碑所说的“李秀成劝文正公做皇帝，文正公不敢”，推断出李秀成被俘后的表现实际上是在仿效三国姜维伪降曾国藩。对于这三位先生的观点，也有学者不尽同意，但考据学对于研究历史真相的重要性，于此昭然可见。

渐渐地，我敬畏起考据学，并也想学着考证点什么了。陈垣先生曾鼓励自己的学生挖掘宗教史材料，从中寻找研究题目。陈先生本人是考证、研究宗教历史，借宗教以窥社会大势的圣手，他的《明季滇黔佛教考》、《清初僧诤记》、《南宋初河北新道教考》，皆是传世名作。受了陈先生的学术遗泽，我觅得了行业神崇拜这个社会史、宗教史的题目来研究，并最终写成了专著。最近，兰州大学出版社出版了一本《新编日知录》，编者王春瑜先生，里边收了许多考据名家的名作，如缪荃孙的《永乐大典考》、王国维的《浙江考》、余嘉锡的《宋江词辨伪》、顾颉刚的《刍狗》、胡适的《贺双卿考》等，也收了若干无名者的小文，我的《造神的根据》一文(《行业神崇拜——中国民众造神运动研究》一书之一节)即为其一。王春瑜先生编此书的立意，大抵在于弘扬考据的科学精神，也兼做一点考据的示范，介绍一点考据的方法。当我收到出版社寄来的发散着油墨香气的样书时，竟有些飘然了，俨然成了一个“草莽考据家”。但我当然知道，拙文不过是牛溲马勃、败鼓之皮，因略有其用才被收入的。这时，我回想起了早年漠视考据学的情状，真有一种俯仰之间乾坤已变的感觉。

要分析评价历史，当然首先要看清楚历史的真相，而欲看清历史真相，就必须先行考据。这犹如医家诊病，必先考察病情，诊断病因，而后才可下药。又如法官审案，必先考明案情，掌握证据，方可断案。这当中贯穿的，其实也就是四个字:“实事求是”。这四个字，由汉儒提出(见

《汉书·河间献王传》)，一直为考据学之灵魂，清代考据学亦称汉学，而"实事求是"亦自然贯通其间。清代考据家阮元说："推明古训，实事求是而已。"另一考据家钱大昕说："学殖无成，惟有实事求是。"戴东原说："实事求是，不主一家。"陈垣说："欲实事求是，非考证不可。"这里所谓"实事求是"，乃"弄清或符合真相"之意，"求是"，即求实。毛泽东将此四字做了新的解说，侧重"求是"二字，阐发为"寻找规律性"，或曰"求得客观规律性"，但"弄清或符合真相"之含义仍在其中。实际上，求得客观规律也是求得一种真相，但得到的是真相的本质，真相的内部联系，真相的发生、发展的规律。毛泽东比考据家们高明。但"若要求是，必先求实"(周恩来语)——也就是说，欲寻找客观规律性，必先要搞调查与探究事实，要弄清事实。就此观之，说我党思想路线的渊源之一是汉至清考据学所奉"实事求是"之旨，也是可以说得通的。

"左"的触角曾缠上过考据学，说考据学是封建阶级、资产阶级的学问，说胡适提倡考据学("有一分材料，说一分话"、"大胆假设，小心求证"，等等)是反抗革命。于是，学者开始游谈无根，放言宏论，不顾事实地下结论。其实，考据学不过是寻求历史真相的一种方法、工具而已，无所谓阶级性，谁都可以用，就像市场经济一样。考据学这种工具因以实事求是为原则，故有很强的科学性，与西方的科学实证是相通的。清代考据学包含了发轫于西方的科学精神，梁启超称其具有"科学的研究精神"，是"科学的研究法"。曹聚仁也说："钱大昕推许戴东原'实事求是，不主一家'，俨然是科学家的头脑了。假如他们研究的对象是自然科学的话，他们便是达尔文、法布尔那样的科学家了。"他还称赞说："这(考据学)便是牛顿、达尔文的治学态度。"(《中国学术思想史随笔》)我觉得考据家的头脑实类似自然科学家的头脑。考据家是社会科学家，而在求真这一点上，他们可谓社会科学家中的翘楚。《新编日知录》所收的文章，细读之，皆可见作者的科学头脑，可见其"实事求是"之心。如宋代的"拐子马"是什么？岳飞之孙岳珂，大学者朱熹都将其与"铁浮图"牵合为一，邓广铭先生不为前贤所拘，根据李焘的《续资治通鉴长编》、曾公亮等人所编《武经总要》等文献，详加考证，得出了“拐子马”就是左右翼骑兵的科学结论。

考据如法官断案

考据家、法律家、历史家，以及务实的政治家，在求实这一追求上，本是一样的，因而都需要具有“实事求是”的考据学思维。四家之中，考据家、法律家的思维尤为精微细密，特别值得历史家、政治家在考察社会及判断情况时仿效，而历史家、政治家的宏观眼光、规律意识，也值得考据家、法律家借鉴。陈寅恪先生长于考据，又极具闳通眼光，故能写出既扎实又具通识的大文章。在思想家和考据家当中，我尤敬重思想家，在古人所谓义理、辞章、考据这三类文章特色中，我也最看重义理，我自己也希望能把文章写得有思想性，但我又尤其藐视游谈无根，只说空话，不懂考据甚至轻视考据的所谓学者，所以我自己便非要写一本以考据或考述见长的书不可，结果便有了《行业神崇拜》。我特别推崇顾炎武先生，原因在于他既是思想家，又是考据家，既有宏观见解、精彩思想，又注重实证、擅长精微的考证。他的《日知录》就是二者的结合。《新编日知录》实际就是以顾书为楷模的，是自期继承顾氏学风的。顾炎武在挖掘和使用史料上自我要求极严苛，自谓如采铜于山，又言虽已考证明白了某个问题，但一旦发现前人已有类似成果，便将自己的考证结果废弃不用。《新编日知录》里所收的考据文章，承继了顾氏这一学术品质。比如王国维的《说商》、罗振玉的《高丽好太王碑跋》、章炳麟的《八卦释名》，以及当代学者陈高华的《杨四娘子下落》、薛天纬的《“乌纱帽”小考》等文，皆是承继了顾氏采铜于山学风的考据精品。

给历史断案，必须懂得责任的严重。胡适喻之为犹如法官决狱判案一般，不能轻率。所以，胡适提倡考据学“应该充分参考法庭判案的证据法”。胡适还提到，因为中国许多考据家是曾经断过案的官吏出身，所以他们听诉折狱的经验养成了他们考据时的好习惯，他们常用的考证名词有“证据”、“左证”、“左验”、“勘验”、“推勘”、“比勘”、“质证”、“断案”、“案验”等等，这些本来都是法官听讼常用的名词。这反映了考据思维与断案思维的一致性。实际上，考据家就是在给历史断案，反过来说，决狱之官也就是在做考证。因此，我总想，历史学家特别是考据家应当具备一些法官的素质，懂一点司法上的证据学最好，而法官们也最好懂一些考据学，从中国传统考据学中学一点考证方法。法官也应该读读这本《新编日知录》。甚至我还想，政界人士也应该懂一点考据学，这样能训练自己求实的思维和习惯。我常感到某些政界人士发表意见，证据意识差，信口开河，夸夸其谈。你有多少证据呀？证据准确吗？你就那么说。所以政界人士读读这本书也有好处。

随着法制的普及，人们的证据意识空前强化，但只是在涉及官司时才知道证据、考据的重要。实际上，考据思维应当成为一个高素质民族的普通思维方式。所谓考据思维，实际就是科学的思维，是求实的思维，是实事求是的思维。日本人在这方面是有优点的，他们做学问重实证，办公司、做事的口头语就是“确认了吗？”他们中的右翼，与中国人打“南京大屠杀是否存在”的官司时，就充分施展了考据思维的本领，比如，他们说“邮袋是装不下一个人的，所以不存在日本兵把人装在邮袋里烧死的事实”，而我们也用考据思维找出了证据，找出了当年的邮袋，推翻了右翼分子的证据。与日本右翼分子打历史官司，实际就是在拼证据，拼考据的本事。中国某地方曾有一日寇屠杀现场，白骨成堆，但不懂得留证据的中国人把这些白骨都叠摞起来了，想赖账的日本人就说，哪能死人是这种样子呢？这个例子说明，如果当事的中国人有考据意识，懂得怎样保留证据，日本人就钻不了空子了。

考据的细密与朴实

对于有人爱讥笑考据学者过于屑琐，不识大体，我是这么看的：的确，这是从清代考据学家开始就遗下的考据者常爱犯的毛病。但这毛病本是康雍乾这些英主们的文字狱政策逼的，不能过多嘲笑那些既想创造文化事功又战战兢兢的学者。若从考据的特性看，它天生就是细密的、精微的，甚至是屑琐的。但这细微，可能大关宏旨，如考证《红楼梦》的作者是谁，考证遵义会议选举的第一把手是谁，都是很大的事。但即使考证的题目不关宏旨，也可能自有价值，如《新编日知录》所收的黄云眉先生的《朱元璋画像考》，使我们得见这位大名鼎鼎的朱洪武的大致相貌，满足了我们的求知欲和好奇心，如果博物馆里要为朱塑像，此文就是蓝图。我们刚刚纪念完郑和下西洋600周年，人们对郑和发生了兴趣，但人们对郑和的家世只知皮毛。书中所收邱树森《郑和先世考略》一文，通过细密繁复的考证，证实了郑和的先世是来自西域的色目人，弄清了郑和的家世渊源，画出了世系表。对郑和这样一个伟大的人物，通过细密繁复的考据弄清真相是完全必要的，有重要价值的。所以，当评论某一项考据的价值时，首先要看他考证的是什么，是否值得，而不在于是否屑琐细微。

考据学又称朴学。"朴"字不仅表现其治学风格，也摹状出朴学家的道德风貌。朴者，实而不华也，诚而不欺也。梁启超在《清代学术概论》里讲过朴学家的特色，共十条，其中有"隐匿证据或曲解证据，皆认为不德"，"凡采用旧说，必明引之，剿说认为大不德"；"虽不肯枉自己意见，同时仍尊重别人意见。有盛气凌轹，或支离牵涉，或影射讥笑者，认为不德"等语。这些，都被认为是考据家的本色或曰行规。这绝不只是考据的技术，而更是考据的道德。《新编日知录》的文章都是循着这条道德之路走来的。但环视如今学界文坛，有多少文章是不遵从梁启超所说的这些考据规则的啊！梁氏所言，其实也不仅是个学术道德问题，实质是个做人的道德问题。他所言的朴学家的行规，其实也应是一般学界乃至政界都应当遵守和学习的。有些所谓政治家，实乃无诚不实乏信的政客，其道德操守不及清代朴学家之万一。

日记大千

人大概都有一点窥视别人内心秘密的愿望，所以，读人家积存多年而最终发表出来的日记便成了一桩快事。学者可以靠研究日记窥见作者的深心，找到对自己有用的研究资料，普通读者也可在阅读他人日记时获得一种骋目杂览、了解人情世态的满足。或许是人同此心吧，近年来，日记的出版颇有些走红的趋势。不但出古人的日记，也出今人的日记，不但出名人的日记，也出普通人的日记。有的人还把日记作为著作来写，为了出版而写日记。有位日记作者把他新出版的日记寄赠给了我，看着这部精心写作、装帧考究的日记，真觉得日记快要跻身于著作之林了。

日记的"热"起来，并不是人们起哄的结果，而是由日记自身的价值决定的。有眼光的学者早已把日记作为一种文化现象来审视了。鲁迅先生至少写过两篇关于日记的杂文:《马上日记》和《马上支日记》。近几十年来，研究日记成就最大、也最有代表性的学者是陈左高先生，他自四十年代就研考日记史，经眼日记逾千种，当中多有珍稀的孤本、稿本，他所著的《中国日记史略》，是一部系统论述和总结日记史的独一无二的著作。邓云乡先生写过《日记文学丛话》一文，这是我第一次见到"日记文学"一词。乐秀良先生写过有名的《日记无罪》一书，为日记的私人属性正了名，为人们堂堂正正地写日记壮了胆，而在三十年前，不知有多少人因写日记而蒙难，从而导致了差不多一代人不敢写日记。注意到日记的利用价值，以日记为框架或主要资料的著作也不乏见，邓云乡的《鲁迅与北京风土》即是一范例，他以鲁迅的日记为经，以日记所记录、所涉及的种种掌故、旧事为纬，通过摆谈旧京风土人情，巧妙地把一个伟大思想家的日常生活境况展现给读者。这本书在国内曾一再重印,并行销日本等国。

真实性强,恐怕是日记的第一等价值。一般来说,日记的属性是“私人的”,是写给自己看的,是为满足自己的备查旧事、宣泄情感等私人需要而写的,所以日记的内容一般来说是真实的,是无须作伪的。鲁迅先生说,“写日记往往不像作《内感篇》、外冒篇似的,须摆空架子,所以反而可以看出真的面目来,我想这是日记的正宗嫡派”。的确,真实性强的日记,是日记的大多数,是日记的主流。清末士大夫孙宝瑄写过一部《忘山庐日记》,友人叶景葵为之作序,序里说:“日记中于友朋酬酢、家庭琐屑,以及诙谐狎邪诸事,无不据实直书,绝无隐饰,盖君固以毋自欺为宗旨者也。”连做狎邪之游即嫖妓这类丑事也据实直书,可见此日记内容的真实。孙宝瑄之所以能写出这种真实文字,正如叶景葵所说,是因为孙氏写日记时抱着一种“毋自欺”的态度。这种态度,其实也正是大多数日记作者所抱的态度。

“真善美”,人皆喜之赞之。巴金老写的《真话集》之所以备受欢迎,主要就是因为讲真话,道真情。日记,其实天然地具有讲真话、道真情的品质,日记文字一般都会流溢出作者的真情实感。写日记时,作者大抵是无须看谁的眼色的,也不用遵从什么硬性的规定和标准,而是用自己的眼睛看世界,用自己的标准论是非,用自己的语言状物评人。比如,要评论张之洞这个人,若是写奏章,或写论文,那就一定要正襟危坐地写,但在日记里做评论就不同了,可以随心随笔书之。近代实业家张謇曾在日记中记下他与张之洞交往时的印象,说张身上带有“五气”——少爷气、美人气、秀才气、大贾气、婢姬气。如此生动、精炼而又坦率、尖锐的评说,大概也只有在私人日记里才可以见到。日记之具有讲真话的特点,从某些作者的自道中也可以看出来。《沈醉日记》开篇有一首诗写道:“迷离往事无从记,每向心房频索取,过眼烟云,待我今朝都写起。”从“心房”里索取的文字,大抵都是真话真情。可以这样说,文章是“做”出来的,而日记则是自然流淌出来的,是真心话、真性情的流淌。

但是，也不可一概而论，也有人写日记是故意写给别人看的。清朝翰林院中有个习惯，翰林们都喜欢记日记，而且爱互相传看。这个习惯的起因是什么，尚无确考，但确有这个习惯。因为要传看，所以他们的日记内容便带有很浓厚的自我表白、自我宣扬之意。晚清翰林院侍读学士恽毓鼎，写过一部有名的《澄斋日记》，光绪三十四年二月二十七日这天写道："余性不喜谒权贵，尤不敢登王门。以庆邸父子之知我也，感其意，不忍矫情远避，故于新年及寿日均往投刺而不献仪。"文中所说的庆邸父子，即庆亲王奕劻及其子载振，二人皆为当时声名狼藉的贪黩之吏。恽氏素常确有清高之习，但出于某种考虑曾经帮助庆王父子传递过一封重要的奏章而获赠一万银元，为了避免旁人讥弹自己与庆王的关系不清，便在日记中表白自己一向是不喜欢奔走权门的，即便与庆王父子有来往，也只是年寿之时循一般习俗望门投个名帖而已，礼是不送的。这是一段典型的写给别人看的日记。日记的读者都是恽毓鼎的同僚，不知他们看了以后会不会认同恽氏的表白。

晚清大名士李慈铭写日记，更是常怀着要给别人看的动机，特别是准备着要给皇上看，所以他常常大段连篇地抄上谕。鲁迅曾说，李慈铭在日记中抄上谕是为"防某天蒙御览"。李氏的《越缦堂日记》是研究晚清史的重要资料，但研究者切不可忽视作者写日记时的心态，这样才能准确地把握日记内容。李氏这种抄上谕的行为，颇像后来"文革"时某些人在日记中抄语录——当然也可说是后者颇像前者。看来，不论是哪个时代，个人威权的社会效应常常是相似的。这种预备给别人看的日记，其真实性的分量，当然是要打折扣的。但是，从另外一个角度看，其实也正反映出作者的另一种真实心境。对于那种把日记当做著作来写，为了出版而写的日记，我是有一点担心的，担心它的真实性会受到损害。这样的日记尽管可能写得很精致，但由于有公开出版的目标萦回胸中，故而"据实书写"的日记本色便有可能减色。当然，也不能一概而论，倘若日记作者肯于将赤诚献与读者，那他的日记也一定会是心灵的实录。

还有一种日记，具有调研报告的性质，是专门写给上峰看的。晚清的“奉使日记”就是这种日记。我的大学同窗杨益茂君研究过这种日记，他认为，这种“奉使日记”是清政府要求驻外公使必须写的，是驻外公使必须履行的一项责无旁贷的“使命”。光绪三年，清政府明确规定，出使大臣“凡有关系交涉事件及各国风土人情，该大臣皆当详细记载，随事咨报，数年以后，各国事机，中国人员可以洞悉，不至漫无把握，况日记并无一定体裁，办理此等事件，自当尽心竭力，以期有益于国”。清政府对于日记的好处颇为了然，懂得日记体裁具有灵活方便、凡事可记的特点，正合于记录海外诸般见闻。这种日记，实际是一种日记体的调查报告，或曰日记体的情报汇编，并非“日记的正宗嫡派”。

日记具有个人之史的性质，是自撰的个人之史。读日记也算是读史书，读列传。日记，是窥见和研究个人心史乃至社会心理史的第一等材料。我感到日记资料对于研究人物，特别是人物的心理，作用太大了，不论是单个的人，还是人物群体。郭沫若有名言云，“古人的心理，史书多缺而不传”，他写历史剧时就深感此类材料的缺乏。而研究人物若不究其“心”，则是一大缺憾。诗词虽能表达作者一时的心境，但因受到格律等因素的限制，难以挥洒自如，日记则不受任何文体模式的拘限，“我写我口”，“我写我心”。所以，比较起来，日记在反映人物的内心世界方面，是具有独到价值的。

某些历史人物，你要看他公开发表的文章、诗词等文字，往往是看不出他的真实想法的，可如果看他的日记，便会窥见到他的真心思。晚清名臣曾国藩，时人多知道他有“肩半壁东南，挽回劫运”之志、之功，但察其日记，他却写过“东南大局，殆无可挽回之理，此心茫茫，不克自持”这样悲观、沮丧的话，这些话反映出了他内心隐秘的不为人知的一角。我曾写过一本普及性的学术著作《中国的师爷》，里边谈到了师爷的性情、心理，所引证的材料，多取自清代师爷的尺牍和日记。清代师爷虽然在当时官场上极为活跃，但正史中却很少有关于他们的记载，野史笔记中虽有零散记载，却又少有关于他们心理方面的内容，这样，师爷留下的尺牍和日记就显得尤为珍贵了。

日记，虽然具有个人之史的性质，但由于个人总是处在大环境、大时代之中，所以，许多日记的内容都具有国史的史料价值。如《忘山庐日记》，由于作者孙宝瑄生于官宦之家，所交游者多为上流社会的人物，像章太炎、梁启超、谭嗣同、汪康年、严复、夏曾佑、张元济等等，故其所闻见之事多为国家要事，因而他的日记中包含了大量珍贵的近代史史料。比如，对于甲午战争、戊戌变法、辛丑国变、日俄战事等重大事件，孙宝瑄在日记中记下了很多珍稀的见闻，记下了当时士大夫阶层对这些事件的看法，这些珍贵史料，与一般常见的近代史资料相比，具有无可替代的价值。红军将领陈伯钧在长征中坚持记日记，为后人留下了一份极其珍贵的红军长征史料。红军长征的路线，极为曲折复杂，大路线好记，细节就很难记忆，但有了陈伯钧这部日记，就好办了。陈伯钧将军也正是靠着这部日记，在陕北红军大学绘制出了第一幅较为精确的红军长征路线图。

日记作者的身份，对于其日记史料的特征和价值，往往有决定的作用。如前几年出版的《杨尚昆日记》，披露了许多新中国成立后中共高层领导的活动，由于杨尚昆在中共中枢机关屡任要职，所以他的日记具有极高的党史和当代史价值。前几年还出版过一本《宋云彬日记》，作者是著名文化人，长期生活在高层文化圈中，日记记录了很多文化界名人在新中国成立后多次政治运动中的言行，可谓一幅中国知识界的浮世绘，学界公认这本日记是研究中国当代政治史和文化思想史的重要史料。还有一本日记，因作者身份相当特殊，故史料价值甚高，特别值得一提，即《唐纵日记》。唐纵是抗战时期蒋介石侍从室负责特务工作的组长，日记中所谈的关于特务工作的内容，是特别珍贵的第一手史料。延安的"抢救运动"，包括所波及的根据地，错斗了十万干部，理由是延安和各根据地"特务如麻"，"有十万大兵"。但唐纵在1942年8月23日的日记中写道："现在延安很乱，可惜我们没有一个内线！"可证

"抢救运动"之"左"之荒谬。李锐同志多次引用过这条材料批评"抢救运动"。唐纵日记多年前由群众出版社出版过,现在已经不大好找了。

日记的内容大都是细碎的,这是它的特点,也是它的优点。它的细碎,在我看来,很具有一种微观事实的客观性,又具有一种阅读上的可欣赏性。浦江清先生谈到记日记的目的时,总结了四条:"练习有恒的笔墨";"作日后追忆过去生活之张本";"记银钱出入、信札往来,备一月或一年内查考";"记零星的感想及所闻所见有趣味的事,备日后谈话或作文的材料"。这些内容都是细碎的,但读起来却很有意思,也很有用处。浦江清本人的《清华园日记》就让人读后如食胡桃,如饮花雕,觉得很有滋味。浦先生是一位很有灵秀之气的文史学家,他一直生活在以清华为核心的杰出学者的圈子里,做过陈寅恪先生的助教,他的学术生活和日常生活,关联着中国现代的学术史,所以,研究中国现代学术史,读读《清华园日记》是会有好处的。浦先生在日记中记述了大量他自己以及周围学人的生活细节,特别是格外真切地反映出他的爱情经历、情爱观、人生观和生活情调,读来是非常有趣的。

日记是往事、古事的记录,读日记很容易让人产生忆旧怀古的心境和幽情。曾国藩曾赋予日记一个有趣的叫法:"过隙影"。白驹过隙之留影,这便是日记。留影,人们总是喜欢时常翻看一下的,因为人的天性中都有怀旧的情结,特别是人到老年。我虽然年纪尚未称老,但因为是学历史出身,素有好古的雅兴,所以,只要是能够反映真实历史的作品,无论是哪种文体,都会让我沉浸其中。日记,由于它能够真切细微地反映出许多早已消逝的历史情境,所以尤为我所喜爱。浦江清的日记曾把我带入二三十年代的清华园中,他在 1929 年 2 月 22 日的日记中写道,当夜"月色甚佳……皓魄一轮",自己与两位同事"不归室睡",出游校园,"全园似均已入梦,绝无灯火,静极,惟闻三人脚步声",其中一人道:"朋友中有合有不合,不可用理由讲解,我等即出一千块钱,有谁肯陪我们闲谈到二三点钟,又犯寒出门看月耶!"读后仿佛身临其境,让我油然想起浦先生的挚友朱自清笔下的荷塘月色。鲁迅先生的日记中也不乏类似的幽情。1917 年 1 月 22 日，鲁迅记下了自己是怎样度过大年三十的："旧历除夕也，夜独坐录碑，殊无换岁之感。"寥寥数语，透出一种广阔的时空感和沉郁的落寞情境。热闹的年景我们看惯了，倒是鲁迅过的这个清寂、别致的除夕夜，值得我们细细品味。

书山乱叠读《夜语》

一、三字概观

《三平斋夜语》，九思著。灯下读《夜语》，未及半部，脑中蓦然涌出三个评点性词语：读书人、鬼才、神来之笔。细酌三词，不免一笑：竟是人、鬼、神也。

我与九思先生素不相识，询之，谓乃一官员。如今，能跻身官员队伍者，大抵皆"学而优则仕"之人；学而优，按说当然可以称为读书人，但我却以为不可概称之。我眼中所谓读书人，乃是一种葆有纯正书生底色的人，而非那种虽有学历但书生气质早已荡然，身上已发散不出一丝书香气息的人。观《夜语》，雅人深致，满纸书卷气，若非具有深厚的诗书典籍根底者决然写不出。故我评九思：仕为其表，士乃其里，此君实为一道地读书人也。

才具，向有类别与高下。鬼才者，大才、异才之谓也。我评曰：九思有鬼才。此评绝非溢美，更非阿谀。诚如欧阳修所言，"文章如精金美玉，市有定价，非人所能以口舌定贵贱也。"有《夜语》书在，观之可也。

我观此书，质雅而文美，颇合孔夫子"文质彬彬"之义，每翻一页，精言屡屡，胜义纷出，神来之笔扑向眼帘，一如王子敬从山阴道上行，山川景色，目不暇接。

二、走在古代“清言”的延长线上

此书有一“奇”处：500 篇短章，原稿竟皆为手机短信；此次辑为一编，又竟聚为 500 页之大观。古人写短文，初刻于龟板，次书于竹帛，盖因书写工具所限，不得不简短。九思写短文，则是适应时代之需，驭使现代之具，拇指与电波齐飞，创作共传播一体。《夜语》，固九思先生之创获，实亦时代之产儿也。

《夜语》的文体，九思自序称曰“小品”、“格言式随笔”；又谓此种文体古已有之，如《菜根谭》、《呻吟语》、《围炉夜话》之类。此说大体确当。但近些年来，学界倾向于把此种文体定名为“清言”。我也认为叫“清言”更合适些。“清言”，非一般意义的小品，它是“小品之小品”，是“以清词雅言表达提纯了的思想”的小品。

“清言”之主要特征，我以为有四：一曰思精，二曰文美，三曰短制，四曰文风恬静，无烟火气。清言兴盛于明清时代，尤为士隐阶层所乐书。此中人物，多外表淡泊而内心炽热，一纸“清言”，既心系庙堂，又眼观江湖；治乱兴衰、世态炎凉、三教经典、稗官野史，随兴驱遣，百味杂陈。“清言”一体，若单以其清雅精警的文字及深得广众青睐而言，是颇可与《论语》、唐诗、宋词和元曲颉颃一下的。近世，“战斗文体”兴，“清言”遂式微。改革开放以后，“清言”复苏，但能书者不多，质优者尤鲜，视之为正宗事业而苦心经营者更属寥寥。九思则是自觉传承古代“清言”写作传统的写家。读读《菜根谭》，再读读《三平斋夜语》，可以显见其间的承袭痕迹。《夜语》是走在古代“清言”的延长线上的。

三、睿智的见解

“清言”的高下，首在思想见解，思想要睿智，见解要精警。写作“清言”，夸张些说，颇需要一点思想家的潜质。

《夜语·人生如棋》借弈棋论人生曰：

进退如棋，让一步方见胸襟。
忙闲如棋，投一子必有深意。
轻重如棋，弃一块赢得先手。
忍争如棋，宽一气即是胜机。
穷通如棋，打一劫换来新路。
智愚如棋，少一眼辄困死地。
得失如棋，饶一着实为上策。
成败如棋，了一局人生如戏。

纹枰之上，变化千般，自古以来人们便用棋局譬喻人生，然浅陋之语多，精妙之语少。《夜语·人生如棋》则思精语妙，可谓"几粒黑白子，参得大智慧"，不但发掘出人生隐伏的种种暗象，更指示出前行的路径。

官场向来是尘嚣地、名利场，要做清廉有为的官员，心境必须清静淡泊。此种心境，用佛家的话说，叫做禅心。《夜语·处世惟静》借用佛家禅意论官箴，多有警语。

处世惟静，知足恬淡；身心自在，不随境转。
凝心于静，寂然笃定；机息无争，养拙见性。
静思则明，神闲气定；以静定动，尚独清净。
红尘滚滚，从容淡定；对境不动，寡欲入静。

恩格斯说过，佛教的思维水平是站在人类思维的高处的(大意)。禅理，便大有可取之处。《夜语》提倡置身尘嚣的官员应有一点禅心，这是睿智的高见。

"清言"文短意长，是厚积薄发的文体，颇像哲理诗。写者若无相当学养，是难以提笔的。九思有学问，熟读诸子，对老庄释道尤有心得，对古代“清言”名著更是娴熟于心，对当今人情物理这部无字之书，也翻得甚熟。

在“世界水日”，他写了一篇《水之四心》，精警地道出儒释道三家的“水观”。

儒讲水之功：逝者如斯，不舍昼夜；载舟覆舟，精进利生。

释讲水之心：水流花开，鸟飞叶落；心如止水，圣洁无生。

道讲水之柔：上善若水，心善如渊；以柔克刚，谦下养生。

“水观”实即人生观、宇宙观。九思熟读三家，经他略一点拨，水的妙谛便凸现在我们眼前。

九思懂辩证法，对于动静、进退、得失等一系列有关社会人生的矛盾范畴，多有深刻见解。如《动静》论曰：

过动者易躁，过静者易枯。

动中有静，静中有动；藏动有度，动静合宜。

静中真境，淡中本然；处喧见寂，出有入无。

心境宜静，意念宜悠；心地常空，不为欲动。

矛盾、转化、渗透、适中，这些辩证法的观念，都包含在文中。所谓辩证法，实亦即“生活的辩证法”，不深谙生活，是断然写不出上面这些充溢辩证法意蕴的精言的。

四、文采的邓林

“清言”无文采，则非“清言”。《夜语》允称“清言”。它是一片文采的邓林，雅语、清语、俊语、逸语，随处可见。如《读书九境》云：

读文学宜竹，其致清也；读史志宜海，其思远也；读哲理宜山，其观弘也；读经济宜潭，其谋深也；读诗词宜水，其味畅也；读言情宜雨，其韵久也；读武侠宜风，其心旷也；读官箴宜雪，其欲淡也；读小品宜夜，其意隽也。

其见解之独到姑不论也，只论文采，诚可谓斐然焕然。其文字之清俊、雅洁、脱俗，颇有晋人之风致。

《夜语》固有文采，然若高标准要求，自然不可与古代“清言”比肩。古人对于“清言”的创作，向来期许甚高，谓优质之“清言”，必“快(快意)若并州之剪，爽若哀家之梨，雅若钧天之奏，旷若空谷之音”。九思先生若想达此高度，无疑是再需狠狠用一把力的。

九思书斋名曰“三平”，何所取义？闻识者释云：“平凡、平淡、平常心”。细品《夜语》，深觉此书之魂大半就在此“三平”中。读其书，想见其为人，九思先生也一定是一位心境淡泊者。

《三平斋夜语》封面有两方印，印文为大文人纪晓岚书斋联语：

书似青山常乱叠　灯如红豆最相思

九思先生喜欢此联，我也甚喜之，喜欢那境界：坐拥书城，书香满室，万籁静寂，心驰八荒。近日，从乱叠的书堆中挑了《夜语》来读，常读到静夜孤灯。

附记：据著者自序，九思之名取自孔子言：“视思明，听思聪，色思温，貌思恭，言思忠，事思敬，疑思问，忿思难，见得思义。”

2010年3月2日初稿，3月9日定稿

“知人论世”的方法

“知人论世”，是个古已有之今天又常用的成语。现在人们使用时常把它分解为两重意思，一是知人，二是论世，仿佛两者之间没有什么内在联系。但这并不是“知人论世”原本的含义。原本的义是什么？《辞海》的释义是：“了解一个人并研究他所处的时代。”并引清代学者王昶的《湖海诗传序》作为书例：“以诗证史，有裨于知人论世。”从释义可以看出，“知人”和“论世”是有内在关联的，不是两重意思的简单相加。释义中所说的“世”，是特指所要了解的那个人物所处的“世”，而不是泛指一般的时世。按照《辞海》这个释义，可知“知人论世”原本是指一种了解和研究人物的方法。

《辞海》的这个释义当然是不错的，但从历史上这个成语的实际使用情况来看，人们对它的理解和所赋予它的含义，并不像《辞海》解释的那么简单。这个成语的源头也不是清代王昶的《湖海诗传序》，而是《孟子》。

《孟子·万章下》云：“颂其诗，读其书，不知其人，可乎？是以论其世也。”“知人论世”这四字成语，就是由孟子这句话演化出的。第一句话好理解，是说学诗、读书，应该了解作者其人。第二句有些费解。何谓“论其世”？“世”指什么？朱熹是注释《孟子》的权威，他解释“论其世”说：“论其世，论其当世行事之迹也。言既观其言，则不可不知其为人之实，是以又考其行也。”朱熹把这个“世”解释为所论对象的身世和经历。朱熹认为孟子的意思是说，要想了解作者其文其人，就必须先了解作者的身世和经历。对《孟子》这句话，可以看做既是一种读书方法，也是一种识人之法。

《孟子》这句话对中国传统的文学批评方法影响甚大，“知人论世”——通过考察作者的身世经历来研究和评价其文学作品，成为一种非常通行的文学批评方法。这种方法，大致也就是《辞海》里说的那句话：“了解一个人并研究他所处的时代。”

南朝文学批评家钟嵘擅长用这种方法考察作品。他在《诗品》中评论晋人刘琨的作品说：“其源出于王粲。善为凄戾之词，自有清拔之气。琨既体良才，又罹厄运，故善叙丧乱，多感恨之词。”这是用刘琨罹逢厄运的经历，来解释其诗作何以多感慨悲愤之词。金圣叹评点《史记·平原君虞卿列传赞》云：“末‘穷愁著书’，另宕一句，乃写自家意思。”这是用司马迁受宫刑的惨痛经历，来解释他发愤著书的动因。当代的文学评论家更是自觉地运用这种方法考察作品。《孽海花》（曾朴著）研究家王祖献曾这样谈自己的研究：“要了解作家的生活，‘知人论世’，故有必要寻觅足迹，探索一下曾朴的生活、思想历程与创作过程。”这实际是朱熹所说的“论其当世行事之迹”的现代说法。

对于“知人论世”的“世”，还有另一种解释，就是“时势”或“时世”，意指作者所处的时代和社会。将这种大眼界的“知人论世”方法用于文学评论，便会把某一作品与当时的时代特征、社会思潮和文学思潮结合起来考察。

这种大眼界的“知人论世”之法，还被用于编纂、著述、治学等方面，成为编纂之法、著述之法、治学之法。

鲁迅在曾谈到编纂文集的方法时说：“分类有益于揣摩文章，编年有利于明白时势，倘要知人论世，是非看编年的文集不可的，现在新作的古人年谱的流行，即证明着已经有许多人省悟了此中的消息。”（《且介亭杂文·序言》）用编年的方法编辑文集，用的实际就是“知人论世”的编纂法。这里的“世”，是“时势”、“时世”。一按年份编排下来，各篇作品便显现于时代和社会的大背景中，作品与时势的关系便一目了然，其内涵也便会凸显出来。

编年谱，实际也是在用“知人论世”的编纂法。人物在年份之中，在“时事”、“时势”之中，考见了某年之“时事”、“时势”，便能更准确地考见人物。梁启超在《中国历史研究法》里谈到，年谱记载的时事，是“谱主的背景”。他的意思是，要想了解谱主及其作品，必须先了解谱主所处的时事背景。梁氏举例说，顾亭林的诗，影射时事的不少，“假使《顾亭林年谱》不记时事，怎么知道这诗所说何事”？有一部近年出版的《三曹年谱》，著者在编例中写道：“时事：略记政治、经济和文化等方面的重大事件，以便与谱主曹操、曹丕、曹植的社会活动和诗文内容互相参证。”这是著者在自觉地运用“知人论世”的编纂法。

邓云乡有一本名著《鲁迅与北京风土》，其成功的妙诀，我看是他采用了“知人论世”的著述法。这本书以鲁迅的日记为经，以北京风土景物为纬，寓人物于“时世”之中，仿佛把当年活着的鲁迅请到了我们中间。出版家王西野在跋语里说：“从鲁迅接触的特定环境来研究鲁迅，于知人论世，是不无用处的。”他看出了邓书得益于“知人论世”之法。

史学大师陈寅恪在为冯友兰的《中国哲学史》写的审查报告中说：“古人著书立说，皆有所为而发，故其所处之环境，所受之背景，非完全明了，则其学说不易评论。”要想准确评价历史人物，必须先“完全明了”其所处之“时世”，这是陈先生教给我们的“知人论世”的研究法。

朱成甲所著的《李大钊早期思想与近代中国》，用的就是陈寅恪所说的“知人论世”的研究法。朱成甲在后记里说：“我费了比研究李大钊本身的材料多得多的时间去研究与之相应的背景，去研究与之相关的大量事件和人物，同时也自然地涉及与这些事件、人物的联系问题和评价问题。”也就是先弄清李大钊所处的“时世”，再用那个“时世”来说明李大钊。这样研究李大钊，无疑要比只研究李大钊本人的材料要准确、深刻得多。李新、刘桂生两位史家共同为这本书所写的序言，对朱书所采用的方法做了一句概括性的评价，就是：“它不是让历史人物自己来解释自己，而是让时代来解释人物。”这是对“知人论世”研究法的进一步阐发。

“知人论世”的方法，是一种富含辩证元素的方法，是用“联系的”、“全面的”眼光观察问题，它的科学含量是比较高的。

《古今谭概》的易名及其他

书业生意经里有这样一则窍门：一本滞销书，若改易书名，随顺时好，便可能购者如云，流布四方。但怎样改易书名，却是需要掌握一点秘诀的。

明人李笠翁的秘诀是追求雅俗共赏。李笠翁是文人兼书贾，他在重印冯梦龙的《古今谭概》时，易其名为《古今笑》，结果销路大开。他记述此事道："同一书名，始名《谭概》，而问者寥寥；易名《古今笑》，而雅俗并嗜，购之唯恨不早。"名曰《谭概》，虽说是渊雅，却略嫌古奥，购者自然冷落，而易以"笑"字，迎合了大众爱读笑话的心理，便自然门庭熙攘，购者如云了。《古今谭概》的内容，确是多记诙谐可笑之事，所以易名《古今笑》是适宜的，并无舍本逐末、取悦流俗的弊端。我前些年曾购得一部《古今笑》，也是先由书名揆其内容可喜有趣的，今日想来，这自然也是中了李笠翁的妙计。

明代另有一位书贾，其改易书名的秘诀是迎合嗜古癖。明人李开先《词谑》记云：

> 尹太学士直舆中望见书铺标帖有《崔氏春秋》，笑曰："吾止知《吕氏春秋》，乃崔氏亦有《春秋》乎？"亟买一册，至家读之，始知为崔氏莺莺事。

书贾实际卖的是《西厢记》，却易名曰《崔氏春秋》。《西厢记》本是一部大可圈点的文学佳构，金圣叹谓之"第六才子书"，但若仅从书名看，却有点不知所云，不知其书之佳者便可能不来问津，书贾便在书名上打起主意。大概时人有嗜古之习，民间又有听说书人讲史的风俗，书贾便杜撰了个有古史味儿的书名，诳引读者。那位名叫尹士直的太学生，正好是个嗜古习史的书种，一下子即入彀中，本以为《崔氏春秋》是《吕氏春秋》一类的古代学术著作，谁知买的却是早已读过的《西厢记》，花了冤枉钱，只好自认倒霉。这位改易书名的书坊老板，在经营道德上是比不得李笠翁的，他的易书名，具有明显的诳骗性质，把个好端端的《西厢记》，叫做什么《崔氏春秋》，实乃有辱斯文，又有悖商德。

今日坊间也盛行改书名。这虽可以说是古风的孑遗，但实则却远迈祖师爷，令前贤愧煞。改易的书名良莠皆有，花样翻新，若说易名秘诀，真达到了一个前无古人的境界。

周作人的《知堂回想录》，敦煌文艺出版社把它改作了《苦茶——周作人回忆录》，应该说是改得好的，既有文学味道，又显豁明白，还能体现周氏的心境，颇合雅俗共赏之道，与李笠翁的"谭概"易之为"笑"，同为妙招，结果也确实得到了人们"购之唯恨不早"的圆满结局。

而有家出版社把金圣叹的《贯华堂刻〈第五才子书水浒〉七十回总评》和张恨水的《水浒人物论赞》合刊，易名为《水浒传的政治与谋略》，就显得有些拙劣了。当然，这其中仍有易名匠心可观：时下有"从政热"、"谋略热"，易名正是为了迎合此热，提示人们请出宋江、吴用们的亡灵，为自己谋划个什么诸如"智取生辰纲"之类的工程。考究这个立意，其实本是不坏的，很合于"古为今用"的教导，何况《水浒传》自来就是政治和谋略的教科书。但只是如此易名，恐怕就要雾失楼台，原味尽失了。

书名上标以"谈秘"、"揭秘"之类，这是不少出版商擅长的做书秘诀。盖因世人喜窥隐秘者多，故谈"秘"之书好卖也。若再标以"性"、"女郎"、"变态"之类字样，就会更加具有勾人魅力。《冯小青性心理变态揭秘》，这书名，把性感、玄虚的字样都占全了，真是富有诱惑力呀。但其实呢，这是一本极严肃的学术名著，原名叫《冯小青——一件影恋之研究》，著者是著名的社会学家潘光旦。《揭秘》一名，是出版社改成了的。这样一改，真像是一位儒雅的正人君子剃了个嬉皮士头，不仅不伦不类，简直是不三不四了。其实出版社对潘先生的原书是下过一番精心整理的工夫才出版的，书中内容绝对上乘，潘先生若地下有知，也会满意首肯的；但一改书名，潘先生就要痛心疾首，叹一声“噫吁哉！惜乎痛哉！”了。

若说当世改易书名之最奇者，还要首推把《水浒传》改成《三个女人和一百零五个男人的故事》。为《水浒传》易名，若是凡庸的出版商，也许会易为《三十六天罡与七十二地煞》、《替天行道传奇》什么的，但都不如《三个女人和一百零五个男人的故事》来得刺激，诱惑力强。因为这个书名深得了一个“性”字诀。三个女人，即母夜叉孙二娘、一丈青扈三娘、母大虫顾大嫂；一百零五个男人，即呼保义宋江、玉麒麟卢俊义、入云龙公孙胜，等等。三加一百零五，正好是梁山好汉一百单八将之数。要说这书名，倒也算是未离《水浒传》之谱，但这书名给了人们什么感觉呢？是三个女人和一百零五个男人乱来的故事。这就是出版商要发出的真正信息。真该受到大大的讨伐。

论曰：书名关乎书的命运，甚于人名关乎人的命运。特别是书在书市，书名尤关财运。书乃商品，为商品“包装”而改易书名，固为情理中事。然个中却有技巧高下之分，品格清浊之别。“名者，实之宾也。”书名之易，总该名副其实，不可名实相违，更不可用倚门之术、术士之法以广招徕。所谓易名秘诀，可谓出版商心血之结晶，而出版商之心术也于此昭然可见。明眼读者，当循名责实，循实责名，庶几不致上当受骗；而出版商若皆能慎独自律，向社会负责，则社会之读书环境，必当大进于净化矣。

韵语书话

清代学问家叶昌炽著有《藏书纪事诗》，继之者有伦明《辛亥以来藏书纪事诗》、王謇《续补藏书纪事诗》等，其体例有诗有叙，皆诗为其名，史为其质，乃有韵之书话、史话也。笔者受其启发，试作《韵语书话》；虽有诗貌，而其质乃读书札记也。

题李慈铭《越缦堂读书记》

稽山一粒读书种，镜水跃出人中龙。
老儒惯操老吏笔，楚狂睥睨万夫空。

李慈铭，号莼客，会稽人，晚清大学者、大名士。曾朴小说《孽海花》中的大名士李纯客，即以李慈铭为原型。鲁迅先生颇重此同乡先贤之书，且受其一定影响。鲁迅文章中常谈及李慈铭，如《中国小说史略》论《孽海花》，独举李慈铭为例，《马上日记》论"以日记为著述"，又举李慈铭《越缦堂日记》为例。《越缦堂读书记》是将《越缦堂日记》中的读书札记辑出编纂成的，编者为云南姚安籍学者由云龙先生。是书由上海古籍出版社重印。

《越缦堂读书记》收有李慈铭对近千种古籍的评议。这些评议，多识见精绝，笔力老辣，俨如老吏断狱，然亦透出李大名士眼空无物、傲视群儒的狂士派头。稽山镜水之间，向来风流人物辈出，读书种子不绝，李慈铭乃其一也。古人品题人物，有龙、凤、虎、犬之喻，李慈铭乃人中之龙而无愧也。绍兴人谋事，向有做吏传统，文坛亦渐染所谓师爷气、老吏气，李慈铭的臧否文字便深染此气。昔者楚狂接舆，高吟凤歌嘲笑孔丘，李白效之（“我本楚狂人，凤歌笑孔丘”），后代更是狂士纷出，李慈铭即为楚狂接舆一流人物。读书种，人中龙，老吏笔，楚狂人，此即我眼中之李慈铭也。

毛边书

抱朴蓬头士子魂，山间璞玉最纯真。

歌吟夫子阳春调，我是毛边党里人。

杨良志兄赐赠一册毛边书，摩挲再三，深爱其古朴自然、参差错综之美，更喜其透出一缕刚健、率真的书生之气。鲁迅先生雅好毛边书，自谓“毛边党”，提倡毛边装，深得毛边书趣之三昧。遗范今日，余也爱起毛边书，俨然成了毛边党人了。

题王灿炽纂《北京安徽会馆志稿》

近得北京燕山出版社老总赵珩所赐《北京安徽会馆志稿》一册，撰者为史志名家王君灿炽。挑灯展读，晚清之都下传舍、淮上人物，跃然目前。闻安徽馆正重新修葺，遂往访之。孤馆坐落于深巷衰草中，然如鲁殿灵光，为文化古城放射出一道异彩。凝神觅句，得小诗一首：

孤馆经年徒自伤，深巷难掩鲁灵光。

公输绳墨志稿笔，重绘楼台写兴亡。

按，鲁灵光，宫殿名，在山东曲阜。汉鲁恭王建。汉代战乱中，未央、建章等宫殿俱毁，唯鲁灵光殿存之。后因称硕果仅存之人物、事物为鲁灵光。清代北京原本会馆众多，后大多被毁，而面积最大、名声最高之安徽会馆仍存之，可谓鲁殿灵光了。

集句记感

《1966：我们那一代的回忆》，于冷摊得之。此书诚一部红卫兵别传，一笔"文革"糊涂账也。然如鲁迅先生所嘉许之野史，不失其真也。可做反思资料，可资国史研究之用，可证《关于建国以来党的若干历史问题的决议》之正确。读罢叹息良久，集旧诗四句以咏之。

论功还欲请长缨，（唐·祖咏）枉抛心力做英雄。（民国·瞿秋白）

卧龙跃马终黄土，（唐·杜甫）是非成败转头空。（明·杨升庵）

红卫兵欲建功业，请缨革命，实则奉旨造反而已。然英雄难做，终以与土地爷为伍做了局，更有命丧于武斗枪棒之下者。而今蓦然回首，是非成败俱已如缥缈轻烟悄然散去，而那段荒唐绝伦的历史也已消逝在时间深处了。

西江月·听《经济学家茶座》论道

妙手裁云剪水，绣口道短说长。茗边论剑著华章，亦雅亦俗模样。

范蠡百嬴奇略，孔门一脉儒商。民生大事费商量，笔底隆中气象。

经济学之书，余一向视做"天书"，懵然不知所云。然读山东人民出版社出版《经济学家茶座》期刊，却如品茗听书赏曲，入耳入脑，快意之至。著者皆为学林高手、论剑名师，所谓"大手笔写小文章"、"绚烂之极，归于平淡”者也。其文论衡有致，臧否相宜，锦心绣口，娓娓而谈，诚学园中异花奇卉也。雅俗两界皆喜之。范蠡功成身退，泛舟商海，以军事谋略施之商战，致百战百胜，而为后世商家奉为财神。《经济学家茶座》中每谈商战谋略，识者叹为范蠡遗风。人道儒商本为二途，实不尽然。孔门子贡即为经商好手。若论儒商之祖，子贡必当列名其中。

咏书史

书，秦皇一炬儒士哭。千秋案，丑角莫施朱。

秦始皇统治术，一曰暴，二曰烧。暴者，以武力、酷刑惩治老百姓，掘大坑活埋读书人；烧者，焚毁图书，禁思想言论自由，将黔首驯化为愚民顺民。“天下苦秦久矣”，终至二世而亡。然亦有为秦始皇焚坑叫好者，捧之为法家伟大人物，赞之为天字第一号英雄。而从人民本位的眼光看，秦始皇酷刑治民，焚书愚民，扮的是丑角，鼻子上应涂以白粉，岂可妄施朱墨？

书，四库琳琅染血污。文网密，珍本叹遗珠。

乾隆自诩编四库乃“稽古右文”，乾隆爱好者便大赞其有功于文治，而文字狱之血，则全然淡化，消失在电视剧“吾皇万岁”的山呼中。乾隆的恶辣，尤在其“宁宽勿纵”——仿佛宁“左”勿右——的总方针。“凡违皆改，无碍不易”，多少珍贵图籍横遭删削毁弃的厄运。这是乾隆爷对中华民族犯下的一次文化罪，是三百年前一次大革文化命的浩劫。

书，圣叹别裁妙意出。六才子，身价要重估。

金圣叹，文思奇，见解奇，负性奇，遭际奇，明清之际奇人也。圣叹检点万卷中国书，抽出六部，曰《庄子》、《离骚》、《史记》、《杜诗》、《水浒》、《西厢》，总名之曰《六才子书》，细加评点。评语一空依傍，自出机杼，锦心断之，绣口出之，惊人之笔，识者叹服。常作翻案语，标新立异，重估价值。评秦始皇，谓“并烧圣经者，始皇之罪也；烧书，始皇之功也”。评《西厢记》，谓“四百余载，推《西厢》为填词第一者”。戏曲家李渔乃大才子，亦惊叹曰：“读金圣叹所评《西厢》，能令千古才人心死”，可知圣叹文思乃才人中之才人。

书，废读十年蠢如猪。娼儒丐，老九泪已枯。

浩劫十年，禁书十年。毛书之外，几无书可读。古人尚能“雪夜闭门读禁书”，今人却“雪夜闭门无书读”。有指示曰：“书越读越蠢”，实则，人不读书，蠢于犬豕。蒙元有“一官二吏……八娼九儒十丐”之说，儒者列为老九。京剧有云：“老九不能走。”然“两个估计”不去，老九眼泪流干，又有何用。

老　饕

知味赵君近庖厨，子才食单有续书。

一粥一饭一部史，谁言老饕不鸿儒。

孟子曰：“君子远庖厨”，据说是不忍睹鸡豕受宰之状，然却不碍簠满尊盈，坦然食之，遂致世人有“虚伪”之讥。赵珩君乃唯物（食物）主义者，自号老饕，高张饕餮贪食之帜，写成《老饕漫笔——近五十年饮馔摭忆》一书。是书颇存孟元老《东京梦华录》之笔意，又具袁子才《随园食单》之风致。《中庸》谓：“人莫不饮食也，鲜能知味也。”盖味中富涵文化因子也。赵君绝非纯然食客，所谈虽在饮馔，却常涉世间风云，风俗移易，此君实“食味”、“世味”双味食客也。君之先祖为清季封疆大吏，书香家风绵延数代，赵君亦大有儒士风。笔下虽是杯盘碗碟，却风雅撩人。窃常叹赵君乃中华古文化之遗少也。

今日“笔部队”

东邻学痞著谬书，考据一如病犬出。

浅陋徒惹史林笑，墨痕难掩白骨哭。

行迹酷肖笔部队，兽心不让谷寿夫。

欲问血证今何在，石头城里万民呼。

东邻日本，近年来，鬼蜮喧嚣：政界人物频频拜鬼，右翼学人竟出谬书。其书名为考实，实则扯谎，称“南京大虐杀（即南京大屠杀）为虚构”云云，妄图抹去人类编年史中那奇惨至悲的六个星期。此所谓学人，实乃学痞、学匪，更实为今日之“笔部队”。当年侵华日军中，既有持枪禽兽直接杀人，亦有操笔禽兽辅助作战，后者即为“笔部队”。“笔部队”由军部和内阁情报部派遣，成员有作家、诗人、学者、记者、画家、摄影家等，皆法西斯蒂文化人，诚中国古语所谓“衣冠禽兽”。著名者有火野苇平、丹羽文雄、片冈铁兵、中谷孝雄、尾崎士郎、林芙美子等。今日之右翼学者，正是昔日“笔部队”之遗族。谷寿夫，南京大屠杀主犯，受审毙命于南京雨花台。右翼学者欲翻案，莫非谷寿夫亦当平反乎？今南京大屠杀纪念馆中，犹存屠杀现场遗迹，白骨累累，触手可及，人行其间，似闻受难同胞泣血哀音。

刘　项

一

粗鄙无文楚霸王，轻将烈焰付阿房。

刘邦纵有流氓气，却无焚书歪主张。

二

可怜竹帛屡遭焚，秦皇火种传楚人。

虽云莽汉厌诗书，且看亭长有文心。

文物图籍，亡于粗鄙无文者之手，古来不胜记也。钱锺书《谈艺录》所引朱排山诗云："诗书何苦遭焚劫，刘项都非识字人。"实道出无知者尤易毁灭文物之通例。项羽焚秦宫室，火三月不绝，多少文物图籍化为寒灰，正所谓"楚人一炬，可怜焦土"。查太史公书，原来项氏少时"读书不成"，乃一粗人莽汉也。史家郭沫若寻其纵火原因，归为"读书不成"，"故不知文物之可贵"，洵为中的之论。然泗水亭长刘邦，虽亦粗鄙无文，却并无纵火恶行，故又不可一概而论。故此，朱氏诗"刘项都非识字人"一句，当改为"项羽本非识字人"，方为确当。另，文物图籍又可亡于文人夫子之手，亦不可不知。秦始皇焚书，肇端于李斯之议，"破四旧"涂毒中华文明，乃江青、陈伯达所操控，皆为其著例。然李斯终究为一代改革家，江、陈则不过人类渣滓耳。

后记

这是本谈书的书，若论文体，大概应归入“书话”类。给“书话”取名，似应有点书卷气，但又不可晦涩，于是取了《书旅》这个名字。书旅，意思是读书仿佛是在书中旅行，目接森罗万象，心游天地之间。发愤忘食，乃艰辛之书旅，有所收获，乃快意之书旅。

对于书，我有一种特殊的感情。这不仅因为读书能长知识，还有一个心理原因，就是文革时代不让年轻人读书，我曾被弄得愚不可及，因而心里存下一种对没有书读的恐惧感，所以，多年来我拼命地读书，大量地买书，仿佛觉得只有这样才能消弭这种恐惧感。

我的职业，非官而近官，官场红尘时时袭来，但我总是提醒自己，切莫失去读书人的底色。古词云：“试看书林隐处，几多俊逸儒流。虚名薄利不关愁。裁冰及剪雪，谈笑看吴钩。”我喜欢这几句词。

读了书，便想写点与书有关的文字，如书话之类。孙犁、黄裳二位先生的书话，我甚喜欢，于是生出模仿之念。已故史学家姜纬堂先生曾鼓励我：“你就学黄裳的路子。”但我心里明白，天下闻名的“黄裳书话”是很难学得像的。但这并不妨碍我效颦一下。我最初写的几篇书话书评类文字，受到了王春瑜、邓云乡和阎崇年几位先生的称赞，其中有一篇，还被孙犁先生注意到了。先生们的鼓励和关注，成为我后来经常写作书话之类文字的起点。现在这些文章要结集出版，我要向先生们道一声谢。

商务印书馆是中国出版业的巨擘，中国文化的重镇。我能在商务出书，真感到莫大的欣喜和荣幸，同时也感到惶恐，我怕辜负了商务这块牌子，怕耽误读者的时间。我感谢商务的出版家对小书的肯定，特别要感谢对于小书的编定给予直接指导和帮助的王乃庄、丁波两位先生及编校工作者。

李乔

2009年12月31日